Frank Baschab/
Angela Kolovos

Tipps für neu- und wiedergewählte Betriebsratsmitglieder

Rechtliches Wissen und soziale Kompetenz

aktiv im Betriebsrat

Frank Baschab/Angela Kolovos

Tipps für neu- und wiedergewählte Betriebsratsmitglieder

Rechtliches Wissen und soziale Kompetenz

8., aktualisierte und neu bearbeitete Auflage

BUND
VERLAG

Bibliografische Information der Deutschen Nationalbibliothek
Die Deutsche Nationalbibliothek verzeichnet diese Publikation in der Deutschen Nationalbibliografie; detaillierte bibliografische Daten sind im Internet über *http://dnb.d-nb.de* abrufbar.

8., aktualisierte und neu bearbeitete Auflage 2026

Umschlag: Bernd Adam, Weinheim
Satz: Dörlemann Satz, Lemförde
Druck: CPI books GmbH, Birkstr. 10, 25917 Leck

ISBN 978-3-7663-7631-2

kontakt@bund-verlag.de
www.bund-verlag.de

Vorwort

Herzlichen Glückwunsch – egal, ob Ihr gerade frisch gewählt wurdet und mit einer gehörigen Portion Respekt (und vielleicht etwas Lampenfieber) vor Euren neuen Aufgaben steht oder ob Ihr als »alte Hasen« wiedergewählt wurdet und genau wisst, welcher Marathon vor Euch liegt: Ihr habt das Vertrauen eurer Belegschaft gewonnen und dieses Vertrauen ist in Zeiten, in denen sich viele Dinge rasant wandeln, wertvoller denn je.
Wenn wir heute über die Zukunft der Arbeit sprechen, dauert es meist keine drei Sekunden, bis die Abkürzung KI fällt. Künstliche Intelligenz schreibt E-Mails, analysiert Daten, optimiert Prozesse und verändert Arbeitsplätze in einer Geschwindigkeit, die uns manchmal den Atem raubt.
Als Betriebsräte steht Ihr genau im Zentrum des Geschehens und habt Euch vielleicht auch schon folgende Frage gestellt: »Wenn KI bald alles kann – braucht es dann uns noch?«
Die Antwort ist einfach und klar: Mehr denn je! Algorithmen können keinen Betriebsrat ersetzen.
Natürlich wird KI auch Eure Betriebsratsarbeit verändern. Sie kann Euch helfen, lange Gesetzestexte zusammenzufassen oder besser zu verstehen, Datenberge zu strukturieren oder den ersten Entwurf für eine Betriebsvereinbarung zu formulieren. Nutzt diese Tools! Sie sind großartige Assistenten.
Aber: Eine KI hat keine Empathie. Sie spürt nicht, wenn die Stimmung in einer Abteilung kippt. Sie hat kein Bauchgefühl, wenn der Arbeitgeber in Verhandlungen »kreative« Argumente vorschiebt und vor allem kann eine künstliche Intelligenz nicht streiten, nicht trösten, keine Hand schütteln und keinen Mut zusprechen.
Es braucht also die Effizienz der neuen Technik und Euren Kampfgeist, um einen starken Betriebsrat zu bilden.
Dieses Buch soll dafür Euer Kompass sein. Es liefert Euch erste Einblicke, sowie das rechtliche Handwerkszeug, strategische Tipps und das nötige Insider-Wissen, das Ihr für die anstehenden Monate und Jahre benötigt. Aber das gedruckte Wissen und die modernste Software der Welt nützen

nichts, wenn sie ungenutzt bleiben. Die größte Gefahr für ein Gremium ist nicht die Digitalisierung, sondern die Passivität. Die Annahme, dass sich die Dinge schon »von alleine« regeln oder dass Technologie uns das Handeln abnimmt.

Deswegen:

- Trefft Entscheidungen!
- Führt gut durchdachte Verhandlungen!
- Zeigt Euch vor der Belegschaft!

Dieses Buch ist kein theoretisches Lehrbuch, sondern ein Werkzeugkasten für die Praxis. Es soll Euch stärken, inspirieren und Euch die Sicherheit geben, die Ihr für Eure tägliche Arbeit braucht.

Wir wünschen Euch für die kommende Amtszeit viel Kraft, jede Menge Durchhaltevermögen, kluge Entscheidungen und vor allem: viel Freude an dieser unglaublich wichtigen Aufgabe.

Ihr seid das Schutzschild, das Sprachrohr und der Motor Eures Betriebs und der Mitarbeitenden.

Das erfordert Mut, Beharrlichkeit und die Bereitschaft, selbst aktiv zu werden, unbequeme Fragen zu stellen und Flagge zu zeigen.

Auf in die Amtszeit!

Im Mai 2026
Frank Baschab und Angela Kolovos

Vorbemerkung

Wir – Autor und Autorin dieses Buches – möchten hier ein Wort zum Thema »Gendern« verlieren.
So dogmatisch, wie dazu Diskussionen geführt werden, wollen wir nicht sein. Wir erkennen alle Geschlechter gleichermaßen an; als Personen, die in diesem Buch in ihren Funktionen und Rollen beschrieben werden, aber auch ganz explizit Dich, liebes Betriebsratsmitglied, und darum geht es im Prinzip.
Damit das auch in unseren Texten sichtbar wird, haben wir bewusst darauf verzichtet, durchgehend nur ein Geschlecht für unsere Formulierungen zu nutzen. Da sich aber keine Form bisher allgemein durchgesetzt hat, die alle Geschlechter involviert, durften wir kreativ werden im Auswählen zwischen den unterschiedlichen Möglichkeiten. Wir haben uns letztendlich nicht gegenseitig eine bestimmte Form auferlegt, sondern versuchen es mit diversen Ansätzen und zwar letztendlich auch, damit Du den Text bestmöglich lesen kannst und Dich angesprochen fühlst.
Viel Spaß dabei!

Inhaltsverzeichnis

Vorwort 5
Vorbemerkung 7
Abkürzungsverzeichnis 15

I. In den Betriebsrat gewählt – und jetzt? 17
1. Was erwartet Euch? 17
a. Für das einzelne Betriebsratsmitglied 18
b. Für das Gremium 18
2. Was wird von Euch erwartet? 20
a. Von dem Gremium 20
b. Von der Belegschaft 20
c. Von Seiten des Arbeitgebers 21

II. Du bist jetzt Betriebsratsmitglied – was bedeutet das für Dich? 23
1. Hintergrundwissen 23
a. Wer ist der Betriebsrat? 23
b. Für wen arbeitet der Betriebsrat? 24
aa. Arbeitnehmer*innen (§ 5 BetrVG) 24
bb. Betrieb 24
cc. Arbeitgeber 24
dd. Gewerkschaft 25
c. Wie bist Du als Betriebsratsmitglied geschützt? 25
aa. Keine Störung / Behinderung / Benachteiligung (§ 78 Satz 1 und 2 1. Halbsatz BetrVG) 25
bb. Kein geringeres Entgelt (§ 37 Abs. 4 BetrVG) 26
cc. Keine Nachteile bei der Beschäftigung (§ 37 Abs. 5 BetrVG) 26
dd. Keine Nachteile bei der beruflichen Entwicklung (§§ 37 Abs. 4 und 78 Satz 2 2. Halbsatz BetrVG) 26
ee. Keine Haftung 27

ff. Sonderkündigungsschutz (§ 15 KSchG, § 103 BetrVG) ... 27
d. Wie lange darfst Du Betriebsrat sein? ... 27
2. Wie funktioniert Betriebsratsarbeit? ... 28
a. Kosten (§ 40 BetrVG) ... 28
b. Freistellung ... 29
aa. Freistellung nach Betriebsgröße (§ 38 BetrVG) ... 29
bb. Freistellung nach Bedarf (§ 37 Abs. 2 BetrVG) ... 30
c. Qualifizierung (§ 37 Abs. 6 und 7 BetrVG) ... 31
aa. Grundlagenschulungen ... 32
bb. Spezialschulungen ... 32
cc. Individueller Schulungsanspruch der Betriebsratsmitglieder (§ 37 Abs. 7 BetrVG) ... 33
d. Organisation der Betriebsratsarbeit ... 34
aa. Vorsitz des Betriebsrats / Betriebsratssitzungen / Beschlüsse ... 34
aaa. Änderung im Vorsitz in laufender Amtszeit ... 35
bbb. Rechte und Pflichten der Vorsitzenden und der Stellvertreter*innen ... 35
bb. Ausschüsse ... 46
e. Öffentlichkeitsarbeit ... 50
aa. Sprechstunde (§ 39 BetrVG) ... 51
bb. Betriebsversammlung (§§ 42–46 BetrVG) ... 51
cc. Abteilungsversammlungen (§ 42 Abs. 2 BetrVG) 53
dd. Teilversammlungen ... 53
ee. Sonstige Kommunikation ... 54
3. Zusammenarbeit mit anderen Akteuren des Betriebsverfassungsrechts ... 54
a. Gesamtbetriebsrat (GBR), Konzernbetriebsrat (KBR) und Europäischer Betriebsrat (EBR) ... 54
b. Arbeitgeber ... 56
c. Jugend- und Auszubildendenvertretung (JAV) und Schwerbehindertenvertretung (SBV) ... 57
d. Gewerkschaften ... 58
e. Sonstige interne Interessenvertretungen ... 58
f. Außerbetriebliche Kontakte ... 59

III. Der Werkzeugkasten des Betriebsrats – das Betriebsverfassungsgesetz 60
1. Vorab: Einordnung der Betriebsratsarbeit in das Rechtssystem 60
   a. Gesetze, Verordnungen, Unfallverhütungsvorschriften 61
   b. Tarifverträge 62
   c. Betriebsvereinbarungen 63
   d. Arbeitsverträge und Direktionsrecht 65
   e. Normenpyramide 66
2. Aufbau des Betriebsverfassungsgesetzes 67
   a. Überblick 67
   b. Arbeit mit dem Gesetzestext 69
      aa. Was ist das Ziel? 69
      bb. Nutzung der rechtlichen Möglichkeiten 69
3. Die Ordnung des Betriebsverfassungsgesetzes nach der Qualität der Betriebsratsrechte 70
   a. Zur Betriebsratsarbeit befähigende Rechte 70
   b. Formale Rechte – Anhörung 70
   c. Inhaltliche Rechte – Mitbestimmung 71
4. Weiteres zu den zur Betriebsratsarbeit befähigenden Rechten 71
   a. Rechte auf Informationen nach § 80 Abs. 2 BetrVG 72
   b. Arbeitsschutz, betrieblicher Umweltschutz und die Gestaltung der Arbeitsplätze, §§ 89 und 90 BetrVG 72
   c. Personalplanung und Beschäftigungssicherung, §§ 92 und 92a BetrVG 73
5. Anhörungsrechte 74
   a. Einstellungen, Versetzungen, Ein- und Umgruppierungen (§ 99 BetrVG) 75
   b. Kündigungen (§ 102 BetrVG) 77
   c. Besondere personelle Bestimmungen (§§ 103–105 BetrVG) 79
6. Die Mitbestimmung im Einzelnen 79
   a. Soziale Angelegenheiten (§ 87 BetrVG) 80
   b. Die Betriebsänderung 81
   c. Betriebliche Bildungsmaßnahmen (§§ 96–98 BetrVG) 84
   d. Eingeschränkte Mitbestimmung 86

IV. Rechtliche Handlungs- und Durchsetzungsmöglichkeiten des Betriebsrats 88
1. Übersicht (Arbeitgeber / Betriebsrat) 88
2. Innerbetriebliche Verfahren 89
3. Einigungsstelle (§ 76 BetrVG) 90
4. Gerichtsverfahren 93
a. Vor dem Gerichtsverfahren / der Einleitung 93
b. Ablauf 94
c. Arten der Gerichtsverfahren 96
aa. Schnellverfahren 97
bb. Das allgemeine Beschlussverfahren 99
5. Strafvorschriften (§§ 119 ff. BetrVG) 101

V. Zusammenarbeit im Gremium 102
1. Die wichtigsten sozialen Kompetenzen für die Arbeit in Gruppen 102
a. Andere und sich selbst wahrnehmen – Situationen erkennen 103
b. Unangenehme Dinge ansprechen – Spontanität und Ausdrucksfähigkeit 104
c. Die eigene Rolle in der Gruppe entwickeln 105
d. Konflikten und Emotionen standhalten – mentale Stabilität 106
2. Der Betriebsrat als soziales System 108
a. Das Betriebsratsgremium als Gruppe 108
b. Gruppendynamik auf der Zeitachse 109
c. Gruppendynamik auf der Achse der Rangdynamik ... 111
aa. Wie wir andere Menschen scannen 111
bb. Modell der Rangdynamik in Gruppen 112
cc. Statuskämpfe in Gruppen 115
d. Team-Performance-Modell 116
3. Die Bedeutung von Teamfähigkeit für Betriebsratsmitglieder 121
4. Kommunikation in einer Gruppe 123
a. Wie tickt das menschliche Gehirn? 123
b. Unbewusste Vorurteile 129
c. Umgang mit Diversität in Gruppen 130
d. Zusammenfassung 130
e. Eine Botschaft – vier Seiten – ein Kommunikationstool 132
aa. Die vier Seiten einer Nachricht 133

bb. Wie könnt Ihr Aussagen besser rahmen, so dass Missverständnisse verringert werden können? ... 135
f. Der Umgang mit Widerspruch im Gespräch ... 138
g. Ein wichtiges Tool: Rollenverhandeln ... 140
h. Geben und Nehmen von Feedback ... 142
5. Beratungsgespräche mit Kolleginnen und Kollegen im Betrieb führen ... 144
a. Rahmenbedingungen ... 144
b. Grundhaltung für ein Beratungsgespräch ... 145
c. Gesprächsstruktur ... 147
d. Gesprächsleitfaden ... 148
e. Techniken für ein Beratungsgespräch ... 150
aa. Aktives Zuhören ... 150
bb. Fragen stellen ... 151
f. Empathie ... 152
g. Integrität und Vertrauenswürdigkeit ... 153
6. Lernbereitschaft und Selbstreflexion ... 155
a. Wie Menschen lernen ... 155
b. Informationsaufnahme des Gehirns ... 155
c. Lernen und wieder Vergessen ... 158
d. Die vier Kompetenzen beim Lernen ... 159
1. Unbewusste Inkompetenz ... 159
2. Bewusste Inkompetenz ... 160
3. Bewusste Kompetenz ... 160
4. Unbewusste Kompetenz ... 160

VI. Der Umgang mit Problemen und Konflikten ... 162
1. Der Unterschied zwischen Problem und Konflikt ... 162
a. Ist eine problem- oder konfliktfreie Zusammenarbeit überhaupt möglich? ... 163
b. Eine neue Denkweise ... 164
2. Konflikte in Gruppen und Organisationen ... 167
a. Wie zeigen sich Konflikte ... 167
b. Konfliktarten ... 168
c. Der Verlauf von Konflikten ... 170
d. Die Konfliktklärung ... 172
e. Weitere Konfliktbeendigungsformen ... 177
3. Konflikte zwischen Gruppen ... 177
a. Denk- und Verhaltensmuster zwischen Gruppen ... 177
b. Umgang mit verschiedenen Listen im Gremium ... 178

c. Bearbeitungsformen für Konflikte zwischen Gruppen ... 180
4. Passiv-aggressives Verhalten ... 181
a. Offenkundiges Zuspätkommen ... 182
b. Falscher Humor - Sarkasmus ... 183
c. Nicht-Zuhören ... 183
d. Pseudo-Rückmeldungen ... 183
e. Bewusst keine positive Rückmeldung geben ... 183
f. Bewusstes Nicht-Antworten auf Nachrichten ... 184
g. Vereinbarungen werden konsequent nicht eingehalten ... 184
h. Permanente Umleitung des Themas ... 184
i. Bewusst das Gegenteil machen ... 184
j. Reaktionsmöglichkeiten auf passive Aggressivität ... 185
5. Der konstruktive Umgang mit schwierigen Kollegen ... 185
6. Mobbing ... 186
a. Was ist Mobbing? ... 186
aa. Die Merkmale von Mobbing ... 187
bb. Faktoren der Mobbingbereitschaft ... 187
cc. Wer wird häufig Opfer? ... 187
dd. Der Verlauf von Mobbing ... 188
b. Rechte und Pflichten des Betriebsrats bei Mobbing ... 188
c. Präventionsmaßnahmen im Betrieb ... 189

Literatur ... 191
Stichwortverzeichnis ... 193

Abkürzungsverzeichnis

a. a. O.	am angegebenen Ort
Abb.	Abbildung
Abs.	Absatz
Aufl.	Auflage
BetrVG	Betriebsverfassungsgesetz
BR	Betriebsrat
d. h.	das heißt
EBR	Europäischer Betriebsrat
EU	Europäische Union
f.	folgende
ff.	fortfolgende
GBR	Gesamtbetriebsrat
IA	Interessenausgleich
JAV	Jugend- und Auszubildendenvertretung
KBR	Konzernbetriebsrat
o. Ä.	oder Ähnliches
s.	siehe
S.	Seite
SBV	Schwerbehindertenvertretung
SP	Sozialplan
u. a.	und andere
usw.	und so weiter
vgl.	vergleiche
z. B.	zum Beispiel

I. In den Betriebsrat gewählt – und jetzt?

Zunächst einmal: Herzlichen Glückwunsch zur erfolgreichen Wahl in den Betriebsrat! Bevor wir in den folgenden Kapiteln dieses Buches Schritt für Schritt darauf eingehen werden, was das neue Amt genau bedeutet, welche Rechte und Pflichten mit der erfolgreichen Wahl und schließlich der Konstitution verbunden sind, erfolgt in diesem ersten Kapitel eine kleine Einführung, die direkt an der Wahl ansetzt.

1. Was erwartet Euch?

Neu in einem Gremium bzw. einer Gruppe zu sein, bedeutet, dass man je nach Situation auf eine vorhandene Gruppenstruktur trifft, auch bezogen auf unterschiedlichen Rollenverteilungen und wer schon auf Erfolge zurückschauen kann und wer vielleicht noch nicht. Aber auch darauf, wer engagiert ist, aber auch, wer vielleicht nur im Gremium sitzen möchte, um vielleicht abgesichert zu sein. Es kommen also soziale Faktoren hinzu, genauso wie die eigentliche inhaltliche Arbeit des Gremiums. Die allermeisten tieferen Konflikte entstehen auf der Ebene der zwischenmenschlichen Zusammenarbeit. Hierzu werden wir in den späteren Kapiteln noch wichtige Punkte erläutern. Klar ist aber, dass Wissen über diese Ebene der Zusammenarbeit genauso hilfreich ist, wie das Wissen über die juristischen Grundlagen der Mitbestimmung im Betriebsverfassungsgesetz (BetrVG). Wichtig ist auch, für sich selbst als neugewähltes Mitglied das Bewusstsein darüber zu schärfen, warum man sich hat aufstellen und wählen lassen, und in welche Fußspuren man damit eigentlich tritt. Denn die Mitbestimmung ist eben so wenig selbstverständlich wie die Tarifgebundenheit und die dazu notwendige und wichtige Arbeit der Gewerkschaften und deren Erfolge.

a. Für das einzelne Betriebsratsmitglied

Die Mitgliedschaft im Betriebsratsgremium ist an Erwartungen geknüpft, die an alle Mitglieder, von mehreren Seiten, gestellt werden. Wichtig zu wissen ist, dass in ein Gremium eingetreten wird, dessen Mitglieder zu sogenannten *juristischen Personen* geworden sind, also ein auf das Amt bezogener Träger von Rechten und Pflichten. Auf der Basis des über lange Zeiträume in der Vergangenheit erkämpften und erstrittenen Betriebsverfassungsgesetzes sind alle Mitglieder eines Gremiums, so gesehen, die Nachfolgerinnen und Nachfolger von Kolleginnen und Kollegen, die vor Zeiten vieles auf sich genommen haben, um die Arbeitsbedingungen für Menschen zu verbessern. Begonnen beim Lohn, bis hin zur Arbeitszeit, weiter mit der Arbeitsausstattung, bis hin zur Gesundheit und vieles mehr. Viele der Errungenschaften der Arbeit der Gewerkschaften und der Betriebsräte sind heute für viele Menschen selbstverständlich. Viele Kolleginnen und Kollegen in den Betrieben argumentieren damit, dass sie die Ergebnisse von erfolgreichen Tarifverhandlungen sowieso erhalten, warum also engagieren? Doch so selbstverständlich sind die stetigen Errungenschaften und Verbesserungen bei Weitem nicht. Es gab Leute, die sich dafür eingesetzt haben, die gekämpft haben und die in den Anfängen der Arbeiterbewegung sehr hohe Preise dafür bezahlt haben. Auf der Basis ihres Engagements setzen Gewerkschaften und heutige Betriebsratsgremien die Arbeit fort und engagieren sich für die Kolleginnen und Kollegen im Betrieb. Alle gewählten Mitglieder des Betriebsrates tragen also ein gewisses Erbe mit sich, dass es zu erhalten gilt. Sie können stolz darauf sein, in eine Position gekommen zu sein, in der sie dies fortführen können. Jeder und jede Einzelne wird dafür gebraucht. Gerechtigkeit und Fairness, Solidarität und ein respektvoller Umgang miteinander im Betrieb sind keine auf Dauer in Stein gemeißelten Selbstverständlichkeiten. Sie müssen bewahrt, verteidigt und in manchen Betrieben vielleicht sogar erst aufgebaut werden.

b. Für das Gremium

Niemand ist je mit vollständigem Wissen und Können in ein Gremium gestartet. Alle haben einmal angefangen. Natürlich dürfen die Erwartungen des Gremiums zu Beginn nicht zu hoch sein. Alles muss sich erstmal finden. Für Neugewählte ist es also wichtig, nach und nach in die neue Rolle im Gremium hineinzuwachsen. Grundsätzlich ist es jedoch hilfreich, sich zu Beginn anzuschauen, wie das Gremium *tickt*, sich gleichzeitig jedoch durch die Erfahrungen und das Wissen der Kolleginnen und

Kollegen nicht abschrecken zu lassen. Denn diese diskutieren auf einem Niveau und mit Begriffen oder Gesetzen, von denen man als Neuling vielleicht noch nie etwas gehört hat. Und gerade die Gesetze und deren Sprache schrecken viele zu Beginn der Arbeit ab.
Wie gesagt, alle haben bei null angefangen. Vielleicht wäre es hilfreich, sich am Anfang der Tätigkeit eine kleine, überschaubare und machbare Aufgabe zu suchen, und diese zuverlässig zu erfüllen. Das Gremium und vor allem die oder der Vorsitzende, wird in der Regel nicht dulden, dass die Neuen auf längere Sicht lediglich zu den Sitzungen kommen und keine weiteren Aufgaben für das Gremium erfüllen. Die Arbeit *hinter den Kulissen* eines Gremiums ist umfangreich und vielfältig und sollte nicht nur auf wenigen Schultern lasten. Zudem, dass es für einen selbst befriedigender ist, einen sinnvollen Beitrag zur Arbeit der Gruppe beizutragen und somit auch wirklich dazu zu gehören. Auf diese Weise, klein angefangen, kann man gut in das Gremium hineinwachsen, wird gesehen und ernst genommen und kann je nach Kapazität weitere und nach und nach auch größere Aufgaben übernehmen.

Beispiel:
Ein Kollege hat in einem Seminar für Vorsitzende und Stellvertretungen erzählt, dass es zwei Kollegen aus dem Gremium schwerfiel, eine gute Rolle im Gremium zu finden. Nach einigen Überlegungen kam schließlich die Idee auf, dass sie auf der kommenden Betriebsversammlung Waffeln für alle anwesenden Kolleginnen und Kollegen backen könnten. Das haben sie getan. Mit dem Ergebnis, dass sich alle sehr darüber gefreut haben, die beiden Kollegen viel Zuspruch und Lob erhalten haben und sich danach, durchaus mit Stolz, zugetraut haben, weitergefasste Aufgaben für das Gremium zu übernehmen.

Tipp:
Zu Beginn der Tätigkeit im Gremium nicht abschrecken lassen und um eine kleine und überschaubare Aufgabe bitten. Diese dann allerdings auch zuverlässig erledigen und bei Problemen die Kolleginnen und Kollegen fragen. Lieber erstmal einfach starten als perfekt starten.

2. Was wird von Euch erwartet?

a. Von dem Gremium

Das Gremium hat das gute Recht, von allen Mitgliedern Beiträge zu verlangen. Auch das BetrVG spricht von Pflichten der Betriebsratsmitglieder. Allerdings sind die genauen Erwartungen zu Beginn der Tätigkeit oft nicht klar. In den ersten Sitzungen nach der Wahl, oder besser noch, in gemeinsamen Klausuren, können diese Erwartungen und ableitbare Beiträge offen besprochen und vereinbart werden. Je nach fachlicher, methodischer oder sozialer Kompetenz und Möglichkeit wird jedes Mitglied eine Aufgabe finden können. Zudem wird es nach einer gewissen Zeit dazu kommen, dass alle Neugewählten die Grundlagenseminare besuchen werden, in denen die rechtlichen Grundlagen des BetrVG vermittelt werden. In aller Regel haben alle Kolleginnen und Kollegen erstmal großen Respekt vor diesen Seminaren. Alle Erfahrung zeigt aber, dass die Seminare sehr lehrreich und gut aufgebaut sind und sogar Spaß machen. Außerdem treffen viele Gleichgesinnte zusammen und ein Austausch kann stattfinden, was als sehr bereichernd wahrgenommen wird. Das BetrVG ist das rechtliche Handwerkszeug, auf dessen Basis alle Mitbestimmung beruht. Es wird also die Erwartung aus dem Gremium an alle Neugewählte geben, sich diesbezüglich fit zu machen. Aber auch hier gilt, je mehr Erfahrung und Wissen man bekommt, umso eher empfindet man die Tätigkeit im Gremium als wichtig und sinnvoll und umso mehr Spaß und Erfolg kann sie bringen. Sich nicht zu trauen, führt dazu, dass man wie ein *Kaninchen vor dem Bau* sitzen bleibt und deshalb kein Selbstvertrauen für die Arbeit im Gremium entwickelt.

b. Von der Belegschaft

Auch die Belegschaft hat Erwartungen an die neuen Betriebsräte und deren erfolgreiche Arbeit in der Interessenvertretung. Vielleicht gab es eine Art Wahlkampf, vielleicht wurde man gebeten sich in das Gremium wählen zu lassen. Vielleicht, weil man sich persönlich gut kennt und die Kolleginnen und Kollegen einem die Arbeit im Betriebsrat zutrauen. Auch hier wäre es schade, würde man diese Erwartungen enttäuschen. Niemand erwartet von Beginn an Wunder. Aber irgendwann sollte ein engagierter und erfolgreicher Betriebsrat wirksam werden. Die Kolleginnen und Kollegen vertrauen auf die Arbeit und die Kompetenz des Gremiums. Werden diese Erwartungen erfüllt, nehmen umso mehr Leute an den Betriebsversammlungen teil, unterstützen Aktionen des Gremiums und stehen hinter ihm. Das wiederum erzeugt Macht gegenüber dem Arbeitgeber, denn eine geschlossene Einheit aus Gremium und Belegschaft kann viele Dinge durchsetzen, was ein eher schwaches Gremium nicht kann. Alle Neugewählten sind deshalb ein wichtiger Teil dieser Kraft und können, zusammen mit allen anderen, vieles zum Wohle aller auf den Weg bringen.

c. Von Seiten des Arbeitgebers

Der Betrieb, der einen Betriebsrat hat, darf dann auf eine vertrauensvolle Zusammenarbeit mit der Arbeitnehmervertretung hoffen und darf diese auch erwarten. Da, wo die Mitbestimmung gut funktioniert, das Belegen Studien,[1] fühlen sich die Kolleginnen und Kollegen in den Betrieben wohler, sind motivierter und zufriedener.
Die Zusammenarbeit funktioniert besser und Probleme werden gelöst. Es stimmt also nicht, wenn argumentiert wird, so wie immer wieder zu hören ist, dass Betriebsräte Firmen finanziell schaden, oder Betriebe wegen des Betriebsrats schließen müssen. Das sind Argumente, die gezogen werden, weil es immer noch Arbeitgeber gibt, die glauben, Gewerkschaften und Betriebsräte als großes Übel ansehen und bekämpfen zu müssen. Auch hier sind Betriebsratsgremien im Laufe der Zeit zu einer stabilen Kraft geworden, die sich nicht mit Minimallösungen abspeisen lässt, die im Blick hat, dass Menschen von ihrem Entgelt leben müssen, aber auch Zeit für sich und ihre Familie brauchen, um gesund in einen wohlverdienten Ruhestand gehen zu können. Die allgemeinen Finanzstrukturen heutiger Konzerne lassen allerdings nicht zu, dass Konzerne automatisch zuerst an das Wohl der Mitarbeitenden denken, andere Interessen werden zuerst bedient. Betriebsräte und Gewerkschaften sind folglich eine wichtige Säule einer lebenswerten Gesellschaft, weil sie sich um die Interessen einer großen Gruppe von Arbeitnehmerinnen und Arbeitnehmern im Land kümmern und für sie einstehen. Daher ist die Mitgliedschaft im Gremium von sehr großer Bedeutung. Sie ist, wie bereits erwähnt, eine Tätigkeit, die zunächst einmal Respekt einflößen, aber im Laufe der Zeit auch enorm Stolz machen kann. Denn Menschen fühlen sich grundsätzlich wohl, wenn sie etwas für andere Menschen tun und sich im Rahmen der gesetzlichen Möglichkeiten und auf der Basis unserer Demokratie für andere einsetzen können. Das zeigen viele wissenschaftlichen Unter-

1 Vgl. Betriebsrat zahlt sich aus! Quelle: Uwe Jirjahn: Ökonomische Wirkung der Mitbestimmung in Deutschland: Ein Update, Arbeitspapier 186, Hans-Böckler-Stiftung 2010. Download und Quellendetails: *www.boecklerimpuls.de*.

suchungen zu Tätigkeiten im Ehrenamt in vielen gesellschaftlichen Bereichen.
Und DU, liebe Kollegin, lieber Kollege, hast entschieden, DICH ehrenamtlich in DEINEM Betriebsrat für DEINE Kolleginnen und Kollegen einzusetzen, und darauf kannst DU bereits jetzt zu Recht stolz sein.

II. Du bist jetzt Betriebsratsmitglied – was bedeutet das für Dich?

Du stehst in den Startlöchern – eventuell nicht zum ersten Mal – und möchtest beginnen das zu tun, was ein Betriebsratsmitglied eben macht. Aber: Was ist das genau und welchen Hintergrund hat diese Betätigung als Betriebsrat?
Hier folgt ein **Überblick über den rechtlichen Rahmen**:

1. Hintergrundwissen

Zu Beginn Deiner Amtszeit, nach der Betriebsratswahl, könntest Du bereits über sehr viel Wissen in diesem Bereich verfügen, wenn Du zum Beispiel vorher Betriebsrat warst. Aber – weil dies keine Voraussetzung ist, um Betriebsrat zu werden –, kann es auch sein, dass Du noch nicht viel über den Betriebsrat, seine Arbeit und Deine Rolle darin weißt.

a. Wer ist der Betriebsrat?

Der Betriebsrat – das sind die Mitglieder des Gremiums in der Anzahl, in der sie zu wählen waren und gewählt worden sind. Die Anzahl der Betriebsratsmitglieder richtet sich dabei nach der Anzahl der Beschäftigten, die der Betriebsrat repräsentieren soll, § 9 BetrVG.
Nicht Teil des Betriebsrats sind Ersatzmitglieder. Sie sind es nur in dem Moment, indem sie für ein Betriebsratsmitglied »nachrücken« und damit selbst reguläres Betriebsratsmitglied (für kurz oder lang) werden.
Die Vorsitzenden des Betriebsrats und ihre Stellvertreter*innen sind ebenfalls – wie die anderen Mitglieder – Teil des Betriebsrats. Wenn von Entscheidungen und Meinungen/Standpunkten des Betriebsrats gesprochen wird, dann ist nicht etwa das gemeint, was die Vorsitzenden oder einzelne Mitglieder meinen, sondern das, was das Gremium, bestehend aus den Einzelmitgliedern, meint. Die Meinungsbildung im Gremium er-

folgt dabei demokratisch durch Mehrheitsentscheidungen – Beschlüsse. Der Betriebsrat ist eine demokratische Institution der Arbeitswelt, bestehend aus seinen gewählten Mitgliedern.

b. Für wen arbeitet der Betriebsrat?

aa. Arbeitnehmer*innen (§ 5 BetrVG)

Der Betriebsrat vertritt Arbeitnehmer*innen – das sind die Personen, die abhängig beschäftigt und eben auf Grundlage eines Arbeitsverhältnisses tätig werden. Dazu zählen auch Auszubildende und im Betrieb eingesetzte Leiharbeitskräfte. Er vertritt keine leitenden Angestellten.
Im Einzelfall kann es sehr schwer sein – auch für Jurist*innen – abzugrenzen, ob es sich bei einer Person um eine*n Arbeitnehmer*in handelt oder etwa um Tätigkeit auf Grundlage z. B. eines Werkvertrags. Der § 611a Bürgerliches Gesetzbuch ist die Norm, die bestimmt, was eine*n Arbeitnehmer*in ausmacht.

bb. Betrieb

Dabei ist es maßgeblich, dass der Betriebsrat nur für die Beschäftigten seines Betriebs zuständig ist. Bei dem Betrieb handelt es sich um die Organisationseinheit, für die Euer Betriebsrat gewählt wurde. Ein Betrieb kann in der heutigen Zeit ganz unterschiedlich aussehen: Es kann eine Produktionshalle oder ein Bürogebäude sein, aber auch eine Einheit von Beschäftigten, die ausschließlich auf Baustellen von Fremdfirmen oder bundesweit im Home-Office tätig ist. Ob eine Person von Euch zu vertreten ist, hängt davon ab, ob sie Eurem Betrieb zuzurechnen ist – das können in der Welt von Matrixorganisationen auch Personen sein, die ihren Arbeitsplatz teilweise oder sogar in Gänze in anderen Betrieben haben. Die Zuordnung zum und Abgrenzung des Betriebs können sehr schwer sein. Da Ihr aber schließlich als Betriebsrat existiert, wurde eine Einschätzung zur Zuordnung Eures Betriebs durch den Wahlvorstand bereits im Rahmen der Wahl vorgenommen.
Der Betrieb ist auch grundsätzlich der Ort, an dem die Betriebsratsarbeit stattfindet. Das gilt auch dann, wenn diese punktuell im Home-Office, in Form mobiler Arbeit oder in auswärtigen Terminen stattfinden kann.

cc. Arbeitgeber

Die Zugehörigkeit zu einem bestimmten Betrieb eben Deines Arbeitgebers ist grundsätzlich entscheidend dafür, ob Du als Betriebsratsmitglied für eine Person zuständig bist und sie als Betriebsrat vertrittst oder nicht.

Der Arbeitgeber kann eine in der juristischen Fachsprache sogenannte »natürliche Person« – also ein Mensch – sein; dies wäre zum Beispiel im Fall einer Werkstatt so, die einem Tischler gehört. Meistens ist der Arbeitgeber jedoch eine juristische Person – also ein Unternehmen. Dieses Unternehmen kann eine beliebige Rechtsform haben (GmbH, KG, AG o. Ä.) und diesem können auch mehrere Betriebe gehören.
Der Arbeitgeber selbst ist nicht jemand, für den der Betriebsrat tätig wird. Vielmehr ist der Arbeitgeber die dem Betriebsrat gegenüberstehende Betriebspartei, quasi sein Gegenspieler. Der Arbeitgeber ist grundsätzlich der Adressat für Ansprüche des Betriebsrats und gleichzeitig derjenige, mit dem Betriebliches zu verhandeln ist.

dd. Gewerkschaft

Die Gewerkschaft ist weder vom Betriebsrat zu vertreten, noch ist sie seine Gegnerin. Als Teil der Arbeitnehmer*innenvertretung steht die Gewerkschaft grundsätzlich auf der Seite des Betriebsrats und es gibt sie, damit man sich gegenseitig unter die Arme greifen kann. Oft sind Personen, die im Betriebsrat aktiv sind, auch gewerkschaftlich aktiv, weil die Gewerkschaft, vereinfacht gesprochen, die Arbeitnehmer*innenlobby ist. Die Gewerkschaft kann den Betriebsrat auch durch Informationen, Beratungen, Empfehlungen sowie Teilnahme an Betriebsratssitzungen und Betriebsversammlungen unterstützen. Es macht daher Sinn, sich mit der*m jeweiligen gewerkschaftlichen Betriebsbetreuer*in auszutauschen.

c. Wie bist Du als Betriebsratsmitglied geschützt?

Als Betriebsratsmitglied bist Du gegenüber dem Arbeitgeber besonders exponiert, da Du als Arbeitnehmer*innenvertreter*in dem Arbeitgeber auf die Finger schaust und für ihn Teil des Gremiums bist, welches – hoffentlich mit Erfolg – versucht, auf seine Handlungen zu Gunsten der Belegschaft Einfluss zu nehmen. Deshalb braucht es für Betriebsratsmitglieder einen besonderen Schutz.

aa. Keine Störung / Behinderung / Benachteiligung (§ 78 Satz 1 und 2 1. Halbsatz BetrVG)

Als Betriebsratsmitglied darfst Du in und wegen Deiner Betriebsratstätigkeit nicht gestört, behindert oder benachteiligt werden. Auch darf es keine Begünstigung wegen des Amts geben.

bb. Kein geringeres Entgelt (§ 37 Abs. 4 BetrVG)

Du darfst keine Nachteile erfahren, indem Dir ein geringeres Gehalt als vergleichbaren Arbeitnehmer*innen mit betriebsüblicher Entwicklung gezahlt wird. Das gilt während der gesamten Amtszeit. Dieser Grundsatz gilt darüber hinaus auch ein Jahr bzw. zwei Jahre lang nach der Amtszeit. Die Verlängerung auf zwei Jahre betrifft Kolleg*innen, die mindestens drei Amtszeiten freigestellt waren.
Wer vergleichbare Arbeitnehmer*innen sind, ist nicht so einfach zu beantworten. Mittlerweile sieht das Gesetz ausdrücklich vor, dass Arbeitgeber und Betriebsrat ein Verfahren regeln können, wie die Vergleichbarkeit festgestellt wird. Auch sieht das Gesetz vor, dass Vergleichspersonen zwischen dem Betriebsrat und dem Arbeitgeber vereinbart werden. Die Vereinbarung über solche vergleichbaren Personen soll mindestens in Textform – hier reicht eine E-Mail – geschlossen werden. Das Verfahren ist in einer Betriebsvereinbarung zu regeln. Wenn eine solche Vereinbarung getroffen wurde, dann soll ein Arbeitsgericht von der Vergleichbarkeit wie abgesprochen ausgehen.

> **Praxistipp:**
> Macht Euch Gedanken über vergleichbare Kolleg*innen und tragt Sorge dafür, hier mit dem Arbeitgeber eine Regelung zu finden. Nehmt lieber mehrere Personen als »vergleichbare« und vereinbart eine durchschnittliche Betrachtung, um nicht durch einzelne Ausreißer benachteiligt zu werden!

cc. Keine Nachteile bei der Beschäftigung (§ 37 Abs. 5 BetrVG)

Der Arbeitgeber darf Euch grundsätzlich keine Tätigkeiten zuweisen, die nicht mit den Tätigkeiten der vergleichbaren Kolleginnen und Kollegen gleichwertig sind. Hier ist es ebenfalls so, dass dies in der gesamten Amtszeit und ein Jahr (bzw. zwei Jahre bei drei Amtszeiten Freistellung) lang nach der Amtszeit gilt.

dd. Keine Nachteile bei der beruflichen Entwicklung (§§ 37 Abs. 4 und 78 Satz 2 2. Halbsatz BetrVG)

Ihr dürft keine Nachteile in der beruflichen Entwicklung erleiden. Das bedeutet, dass soweit es Fortbildungen oder sonstige Entwicklungsmöglichkeiten gibt, Ihr genau wie Nichtbetriebsrät*innen die Möglichkeit zur Teilnahme haben solltet – auch wenn Ihr vollständig freigestellt sein solltet. Bei einer Freistellung nach § 38 BetrVG müsst Ihr bis ein Jahr danach die Möglichkeit erhalten, die Entwicklung, soweit sie doch versäumt wurde, nachzuholen und wenn Ihr drei und mehr Amtszeiten freigestellt wart, dann sogar bis zwei Jahre danach.

> **Praxistipp:**
> Lasst Eure berufliche Entwicklung nicht in Vergessenheit geraten! Sorgt dafür, dass Ihr auch auf dieser Ebene vorankommt und auf dem bestmöglichen Stand seid, so dass, wenn Ihr nicht mehr im Amt sein solltet, Eure Chancen in eurem ursprünglichen Beruf so gut wie möglich sind!

ee. Keine Haftung

Manchmal haben Betriebsratsmitglieder Angst, für ihre Handlungen persönlich zu haften. Diese Angst ist jedoch grundsätzlich unbegründet. Bewegst Du Dich als Betriebsratsmitglied bei der Umsetzung von Betriebsratsbeschlüssen oder bei der Ausführung der vom Betriebsrat beschlossenen Aufgaben im Rahmen der geltenden Gesetze und nutzt eben Deine Rechte als Betriebsrat gegenüber dem Arbeitgeber, so kann Dir nichts passieren. Da kann es keine persönliche Haftung geben.

ff. Sonderkündigungsschutz (§ 15 KSchG, § 103 BetrVG)

Als Betriebsrat bist Du vor Kündigungen besonders geschützt.
Es gibt zwei Kategorien von Arbeitgeberkündigungen: die ordentliche Kündigung mit Frist, die aus verhaltens-, personen- oder betriebsbedingten Gründen ausgesprochen werden kann – vor dieser Kündigung bist Du vollumfänglich geschützt, da Betriebsratsmitglieder nicht ordentlich gekündigt werden dürfen. Dies gilt während der Amtszeit und ein Jahr nachträglich (für Ersatzmitglieder immer ein Jahr lang nach ihrem letzten Einsatz als Betriebsrat). Eine Ausnahme besteht nur, wenn ein Betrieb(steil) geschlossen wird.
Und es gibt die außerordentliche Kündigung; diese ist eine Kündigung aus einem wichtigen Grund, die ohne Frist ausgesprochen wird (§ 626 BGB) – vor dieser Kündigung bist Du derart geschützt, dass der Arbeitgeber sie nur aussprechen darf, wenn der Betriebsrat per Beschluss zustimmt oder das Gericht die Zustimmung rechtskräftig ersetzt hat. Zum Verfahren siehe »*Beschlussverfahren bei personellen Maßnahmen*«.

d. Wie lange darfst Du Betriebsrat sein?

Das Betriebsratsamt ist gesetzlich auf vier Jahre festgelegt (§ 21 BetrVG). Nach diesen vier Jahren finden erneut Betriebsratswahlen statt, welche in allen Betrieben bundesweit im gleichen Zeitraum durchgeführt werden. Dein Amt endet dann, sobald der neue Betriebsrat im Amt ist, jedoch spätestens am 31. Mai des Wahljahres.
Es gibt **Ausnahmen** von diesem Grundsatz:

Zuerst kann es sein, dass Du innerhalb der Amtszeit kein Betriebsrat mehr sein möchtest – dann kannst Du Dein Amt niederlegen und damit endet es. Dann kann es sein, dass Du während der vier Jahre nicht mehr bei diesem Arbeitgeber arbeiten möchtest oder Deine Befristung ausläuft – endet Dein Arbeitsverhältnis, so endet auch Dein Amt.
Das Gericht kann auch über die Auflösung des Betriebsrats oder über den Ausschluss eines Mitglieds entscheiden (§ 23 Abs. 1 BetrVG). Eine erfolgreiche Anfechtung der Wahl (§ 19 BetrVG) oder die Feststellung, dass die Wahl so fehlerhaft war, dass sie nichtig ist, führt auch zum Ende der Amtszeit – bei der Nichtigkeit ist es juristisch sogar so, als ob Ihr Euer Amt nie angetreten hättet.
Und es gibt Fälle, in denen die Wahl vorzuziehen ist (§ 13 BetrVG) – auch dann endet Dein Amt, wenn der neue Betriebsrat gewählt wurde.
Ausnahmsweise kann die Amtszeit länger, bis fast fünf Jahre, betragen. Denn ist der Betriebsrat zum Zeitpunkt der regulären Wahlen unter zwölf Monaten im Amt, dann wird erst im nächsten Wahlzeitraum gewählt.

2. Wie funktioniert Betriebsratsarbeit?

a. Kosten (§ 40 BetrVG)

Der Betriebsrat hat das Recht auf Kostenübernahme für sämtlichen Aufwand seiner Tätigkeit, der erforderlich für die Betriebsratsarbeit ist. Das können ganz unterschiedliche Sachen sein, zum Beispiel:
- Fachliteratur, auch Zeitschriften;
- Technik wie Laptops und Smartphones;
- Büropersonal;
- Rechtsanwaltskosten bei Konflikten mit dem Arbeitgeber und
- Vieles mehr.

Welche Kosten Euer Arbeitgeber übernehmen muss, hängt davon ab, was für Eure Betriebsratsarbeit notwendig ist!

> **Hinweis:**
> Eine Rechtsanwältin kann als externe Sachverständige (§ 80 Abs. 3 BetrVG) für den Betriebsrat tätig werden, wenn es darum geht, dem Betriebsrat mit ihrem Fachwissen zur Seite zu stehen. Wenn es aber darum geht, Konflikte zwischen Betriebsrat und Arbeitgeber durch Vertretung des Betriebsrats zu begleiten, dann wären das Kosten für erforderliche Betriebsratsarbeit. Der wichtige Unterschied ist, dass der Betriebsrat dann die Rechtsanwältin

beauftragen kann, ohne dies vorher mit dem Arbeitgeber abzustimmen! Das gilt sowohl für eine außergerichtliche Vertretung als auch für die Vertretung vor Gericht.

b. Freistellung

Das Gesetz kennt zwei Formen von Freistellungen für Betriebsratsarbeit. Die Freistellung nach Bedarf und eine Freistellung, die faktisch bedarfsunabhängig ist und von der Anzahl der Arbeitnehmer*innen abhängt.

aa. Freistellung nach Betriebsgröße (§ 38 BetrVG)

Hat der Betrieb in der Regel mehr als 199 Arbeitnehmer*innen, dann sieht das Gesetz eine Freistellung vor. Die Anzahl von freizustellenden Betriebsrät*innen ist gestaffelt und hängt von der Betriebsgröße ab.
Die Idee ist, dass bei bestimmten Größenordnungen auch ein bestimmter Mindestfreistellungsumfang notwendig ist, damit die anfallende Betriebsratsarbeit erledigt werden kann.
Die Personen, die freigestellt werden sollen, werden durch den Betriebsrat gewählt. Die Wahl ist geheim. Gewählt werden können nur Betriebsrät*innen, nicht Ersatzmitglieder. Wahlvorschläge kann jedes Mitglied einreichen. Die vollen Freistellungen, die das Gesetz vorsieht, können auch auf mehrere Personen als Teilfreistellungen aufgeteilt werden.

Hinweis:
Keine bevorzugte Freistellung von Vorsitzenden! Diese sind an dieser Stelle genau wie andere Mitglieder zu behandeln – können also zur Wahl gestellt werden.

Der Betriebsrat soll vor der Wahl das Thema Freistellung mit dem Arbeitgeber beraten. Tut er dies nicht, hat das aber keine Konsequenzen für die Wirksamkeit der Wahl. Die Beratung ist dafür da, dass der Arbeitgeber Bedenken zur Freistellung bestimmter Personen mitteilen kann.
Nach der Wahl sind dem Arbeitgeber die Namen der Freigestellten und der Umfang der Freistellung mitzuteilen – der Arbeitgeber hat dann zwei Wochen Zeit, um die Einigungsstelle anzurufen, wenn er mit den Personen nicht einverstanden ist. Ruft er die Einigungsstelle nicht an, dann ist er mit den Freistellungen einverstanden.

Praxistipp:
Über eine Verteilung der Freistellungen, zum Beispiel als 50%-Freistellung, können mehrere Kolleg*innen in die inhaltliche Betriebsratsarbeit einbezogen werden.
Manchmal empfiehlt es sich, dass Vorsitzende gerade keine Freistellung nach § 38 BetrVG beanspruchen, zum Beispiel weil es Vorsitzenden eventuell leichter fällt, sich punktuell freizustellen.

Die Freigestellten können vom Betriebsrat mit Dreiviertelmehrheit durch Beschluss abgewählt werden – die Abstimmung ist geheim. Es empfiehlt sich, nicht nur die Freigestellten zu wählen, sondern auch deren Ersatz. Denn wenn der Betriebsrat hierzu nichts regelt, dann gibt es keinen Automatismus für die Übernahme der Freistellung beim Ausfall einer freigestellten Person. Es gibt die Möglichkeit, eine Reihenfolge festzulegen, in der Betriebsratsmitglieder die Freistellung übernehmen, unabhängig davon, welche freigestellte Person ausfällt. Eine weitere Möglichkeit ist, dass jede freigestellte Person eine für den Ausfall festgelegte Vertretung hat.

bb. Freistellung nach Bedarf (§ 37 Abs. 2 BetrVG)

Soweit ein Betriebsratsmitglied nicht grundsätzlich nach § 38 BetrVG freigestellt ist, muss sich das Mitglied – auch ein*e Vorsitzende*r – nach Bedarf freistellen lassen. Wenn ein Betriebsratsmitglied Betriebsratsarbeit erledigen möchte, muss es sich beim Arbeitgeber abmelden und wenn es fertig ist, wieder anmelden. Diese Pflicht soll dem Arbeitgeber die Möglichkeit geben, auf den Ausfall der Person an ihrem Arbeitsplatz zu reagieren.

Lage und Ausgleich der Betriebsratsarbeit

Die Betriebsratsarbeit darf nur außerhalb der eigenen Arbeitszeit erledigt werden, wenn das notwendig ist. Das bedeutet, dass Betriebsratsmitglieder zunächst einmal auch Betriebsratsarbeit innerhalb ihrer Arbeitszeit zu erledigen haben. Dann sind sie wie oben ausgeführt freigestellt und erhalten unverändert ihr Entgelt.

Achtung:
Wenn Betriebsratsmitglieder Betriebsratsarbeit außerhalb ihrer Arbeitszeit erledigen, dann haben sie nur einen Anspruch auf Freizeitausgleich oder Entgelt, wenn die Erledigung zu dem Zeitpunkt erforderlich war!
Das bedeutet, dass, wenn Du z.B. den Entwurf einer Betriebsvereinbarung zur Krankmeldung, die der Arbeitgeber dem Betriebsrat gegeben hat, auch am nächsten Tag während Deiner Arbeitszeit ohne Nachteil für die Betriebsratsarbeit hättest lesen können, keinen Zeitausgleich und kein Entgelt für geleistete Zeiten außerhalb Deiner Arbeitszeit bekommst.

Hat ein Betriebsratsmitglied berechtigt außerhalb seiner Arbeitszeit Betriebsratsarbeit erledigt, so hat es für diese Zeit von seiner Arbeit bezahlt freigestellt zu werden und wenn das innerhalb eines Monats nicht klappt, dann muss die Zeit wie Mehrarbeit vergütet werden.

c. Qualifizierung (§ 37 Abs. 6 und 7 BetrVG)

Wenn es um die Mitarbeit im Gremium geht, dann ist als Voraussetzung für eine effektive Erledigung wichtig, dass Du als Betriebsratsmitglied so geschult bist, dass Du die Arbeit auch tatsächlich bewältigen kannst. Damit alle Betriebsratsmitglieder das nötige Wissen erlangen, gibt es einen Schulungsanspruch für Schulungen, die für die Betriebsratsarbeit erforderlich sind (§ 37 Abs. 6 BetrVG). Der Anspruch steht **nicht** dem einzelnen Mitglied zu, sondern dem Betriebsrat. Der Betriebsrat hat zu beschließen,

- welches Mitglied
- wann
- welche Schulung besuchen soll.

Diese Entscheidung ist dem Arbeitgeber rechtzeitig vor der Schulung mitzuteilen, so dass der Arbeitgeber die Einigungsstelle anrufen kann, wenn er mit dem Zeitpunkt der Schulung nicht einverstanden ist; aber auch, damit dieser sich auf die Abwesenheit einstellen kann.

Praxistipp:
Arbeitgeber gehen grundsätzlich nicht vor die Einigungsstelle wegen der zeitlichen Lage der Schulung – die Kosten für die Einigungsstelle wären meistens höher als die Kosten, die der Arbeitgeber wegen der für ihn ungünstigen Lage in Kauf nehmen müsste. Die zeitliche Lage ist jedoch das einzige Thema, über welches eine Einigungsstelle entscheiden könnte.
Das eigentlich immer wieder problematischere Thema ist, ob die Schulung tatsächlich für die Betriebsratsarbeit erforderlich ist – das kann die Einigungsstelle aber nicht klären.

Wichtig:
Der Arbeitgeber wird nur informiert, eine Zustimmung oder Genehmigung durch den Arbeitgeber ist im Gesetz nicht vorgesehen!

Du als Mitglied, welches zur Schulung gehen soll, musst eigentlich nicht einverstanden sein. Es ist Deine Pflicht als Betriebsratsmitglied, Dich entsprechend Schulen zu lassen. Dennoch ist es natürlich sinnvoll, dass nach Möglichkeit bei den erforderlichen Schulungen die Wünsche der Betriebsratskolleg*innen hinsichtlich des Zeitpunkts der Schulung und des Themas berücksichtigt werden. Deshalb solltest Du unbedingt Deine Wünsche äußern!

> **Praxistipp:**
> Es ist davon abzuraten, mit dem Arbeitgeber ein festes Budget für Schulungen zu vereinbaren – das ist etwas, was Arbeitgeber oft wünschen. Der Anspruch auf erforderliche Schulungen ist **unbegrenzt** und Ihr könnt nicht für ein Jahr vorhersagen, was alles noch passieren wird und was eventuell eine Schulung erforderlich machen könnte! Schränkt Euren Schulungsanspruch deshalb besser nicht ein.

Der Arbeitgeber muss die Betriebsratsmitglieder für die Zeit der Schulung von der Arbeit freistellen, das Entgelt ohne Minderung bezahlen und die Schulungskosten inklusive der Verpflegung, Übernachtung und Anreise übernehmen.

> **Hinweis:**
> Der Betriebsrat muss sich bei Schulungen nicht auf digitale Formate verweisen lassen, auch dann nicht, wenn es einen großen preislichen Unterschied gibt!

aa. Grundlagenschulungen

Es gibt Schulungen, die Grundlagen der Betriebsratsarbeit vermitteln. Diese Schulungen vermitteln Inhalte, die alle Betriebsratsmitglieder kennen müssen, um sinnvoll im Gremium mitarbeiten zu können. Bei diesen Schulungen wird grundsätzlich von der Erforderlichkeit für die Betriebsratsarbeit ausgegangen. Jedes reguläre Mitglied sollte alle diese Schulungen besuchen, auch Du. Themen solcher Schulungen sind zum Beispiel die Mitbestimmung des Betriebsrats nach § 87 BetrVG oder die Beteiligung bei personellen Maßnahmen nach § 99 BetrVG, aber auch Grundlagen des individuellen Arbeitsrechts.

bb. Spezialschulungen

Andere Schulungen gelten als Spezialschulungen. Auch von diesen gibt es welche, die Kenntnisse vermitteln, die jeder Betriebsrat heutzutage braucht, nur müssen nicht alle Mitglieder diese Kenntnisse haben. Wie viele Mitglieder auf eine solche Schulung geschickt werden dürfen, hängt von der Größe des Betriebs und der Präsenz des Themas dort ab. Solche

Themen sind zum Beispiel das BEM oder der Datenschutz. Wenn Du Dich für ein bestimmtes Thema interessierst, dann teil es im Gremium mit und biete an, dass Du die entsprechende Schulung machst!
Dann gibt es noch Spezialschulungen, bei denen die Erforderlichkeit gesondert vorliegen muss, weil nicht davon auszugehen ist, dass das Thema in jedem Gremium benötigt wird.

> **Praxistipp:**
> Wenn der Arbeitgeber erklärt, dass die Schulung nach seiner Auffassung nicht erforderlich ist, dann sollte der Betriebsrat tätig werden. Zwar kann das Mitglied die Schulung antreten, soweit der Betriebsrat das wirksam beschlossen hat (siehe *»Wirksame Beschlüsse«* unter *»Rechte und Pflichten der Vorsitzenden und der Stellvertreter*innen«)*. Aber: Es ist zu befürchten, dass der Arbeitgeber die Kosten der Schulung nicht übernehmen wird und eventuell Dein Entgelt für den Zeitraum der Schulung nicht zahlt. Deshalb sollte der Betriebsrat bemüht sein, in so einem Fall die Erforderlichkeit der Schulung vorab zu klären – notfalls mit einem Verfahren vor dem Arbeitsgericht.

cc. Individueller Schulungsanspruch der Betriebsratsmitglieder (§ 37 Abs. 7 BetrVG)

Über den eben dargestellten unbegrenzten Anspruch des Betriebsrats haben alle Betriebsratsmitglieder – nicht jedoch Ersatzmitglieder – einen eigenen Anspruch auf Schulungen.

> **Praxistipp:**
> Eigentlich braucht es keinen Beschluss des Betriebsrats, aber es ist teilweise für das einzelne Mitglied einfacher, die Schulung dem Arbeitgeber mitzuteilen, wenn es dazu doch einen Beschluss des Betriebsrats gibt.

Der Anspruch ist auf drei Wochen pro Amtszeit beschränkt, in der ersten Amtszeit sind es einmalig vier Wochen. Hier muss der Arbeitgeber, wie auch bei dem anderen Schulungsanspruch, bezahlt von der Arbeit freistellen. Aber: Der Arbeitgeber trägt keine weiteren Kosten. Du muss selbst für die Schulungskosten, inklusive der Reise-, Verpflegungs- und Übernachtungskosten, aufkommen.
Außerdem muss die Schulung von einer Behörde als geeignet anerkannt sein. Dafür braucht das Thema der Schulung aber nicht erforderlich für deine Betriebsratsarbeit zu sein.

> **Praxistipp:**
> Gewerkschaften bieten solche anerkannten Schulungen an und übernehmen regelmäßig die Schulungskosten für ihre Mitglieder – schon deshalb kann sich Deine Mitgliedschaft in einer Gewerkschaft lohnen.

Dieser individuelle Schulungsanspruch steht den Betriebsratsmitgliedern unabhängig von einem, je nach Bundesland eventuell vorhandenem, Bildungsurlaub zu.

> **Praxistipp:**
> Da dieser Schulungsanspruch zeitlich beschränkt ist und der Arbeitgeber nur die Entgeltfortzahlung übernimmt, ist immer der Anspruch des Betriebsrats zu bevorzugen, wenn die Schulung erforderlich ist!

d. Organisation der Betriebsratsarbeit

aa. Vorsitz des Betriebsrats / Betriebsratssitzungen / Beschlüsse

Eventuell hat Dein Gremium schon eine Vorsitzende oder einen Vorsitzenden und eine Stellvertretung. War deren Wahl rechtskonform?

Wahl des Vorsitzes

Soweit es sich nicht um die erste Betriebsratsamtszeit handelt, sind Vorsitzende und Stellvertreter*innen aus der letzten Amtszeit nicht mehr im Amt – ihr Amt endet automatisch mit dem Ende der Amtszeit des alten Betriebsrats. Die Wahl der oder des Vorsitzenden findet in der ersten Sitzung nach der Wahl des Betriebsrats statt (§§ 29 Abs. 1 und 26 Abs. 1 BetrVG). Zu dieser ersten Sitzung beruft der Wahlvorstand ein. Die Einberufung – nicht die Sitzung selbst – soll innerhalb einer Woche nach dem Wahltag stattfinden. Die Leitung dieser ersten Sitzung übernimmt zu Beginn die bzw. der Wahlvorstandsvorsitzende. Der Betriebsrat bestellt sodann ein Betriebsratsmitglied als Wahlleitung für die Wahl der vorsitzenden Person und der Wahl der diese vertretenden Person. Die Wahlvorstandsvorsitzenden verlassen, soweit sie keine Mitglieder des Betriebsrats sind, an dieser Stelle die Sitzung.
Die Wahl des*r Vorsitzenden findet sodann statt. Es gibt für die Wahl keine vorgeschriebene Form. Wichtig ist aber, dass das Ergebnis eindeutig festgestellt werden kann. Wenn ein Mitglied dies wünscht, ist die Wahl geheim durchzuführen. Die einfache Mehrheit – die Mehrheit der abgegebenen Stimmen – reicht aus, damit eine Person gewählt ist. Das Gremium muss dabei beschlussfähig sein. Die Wahl ist in die Niederschrift

der Sitzung aufzunehmen mit den Kandidaten, den Stimmenmehrheiten und den gewählten Personen (Näheres hierzu unter »*Beschlussfähigkeit*« sowie »*Niederschrift/Protokoll*« unter »*Rechte und Pflichten der Vorsitzenden und der Stellvertreter*innen*«).

Wahl der Stellvertretung
Die Wahl der Person, die die Stellvertretung der*s Vorsitzenden übernimmt, findet im Anschluss an die Wahl der*s Vorsitzenden statt. Für die Durchführung der Wahl gilt das oben Gesagte zur Wahl der*s Vorsitzenden. Die Wahl der Stellvertretung ist somit eine von der Wahl des Vorsitzes unabhängige separate Wahl.

aaa. Änderung im Vorsitz in laufender Amtszeit

Zwar werden nach der Betriebsratswahl, wie oben geschildert, der Vorsitz und seine Vertretung neu gewählt. Diese Wahlen führen jedoch nicht dazu, dass die gewählten Personen die Ämter auf jeden Fall bis zum Ende der Amtszeit des Betriebsrats behalten.
Einerseits darf der Betriebsrat bereits bei diesen ersten Wahlen entscheiden, dass die Amtszeit der Personen auf eine bestimmte, von der Amtszeit des Betriebsrats abweichende Zeit begrenzt ist – dazu bräuchte es einen Beschluss. Andererseits können die Gewählten ihr Amt jederzeit durch Erklärung gegenüber dem Betriebsrat niederlegen. Auch der Betriebsrat kann durch einfachen Mehrheitsbeschluss eine gewählte Person von ihrem Amt abberufen.

bbb. Rechte und Pflichten der Vorsitzenden und der Stellvertreter*innen

Vertretung des Betriebsrats nach außen (§ 26 Abs. 2 BetrVG)
Vorsitzende und Stellvertreter*innen sind für die Vertretung des Betriebsrats nach außen verantwortlich. Das bedeutet, dass sie das Sprachrohr des Gremiums sind, insbesondere gegenüber dem Arbeitgeber, aber auch bei sonstigem Außenkontakt. Dazu gehört zum Beispiel die Stellungnahme des Betriebsrats zu einer Anhörung nach § 99 BetrVG, aber auch die Unterzeichnung einer Betriebsvereinbarung.

> **Wichtig:**
> Die gesamte Vertretung darf nur im Rahmen der Beschlüsse des Betriebsrats erfolgen!

Das bedeutet, dass wenn die/der Vorsitzende anderer Meinung sein sollte als das Gremium, sie bzw. er trotzdem dem Beschluss des Betriebsrats nach außen entsprechen muss. Vorsitzende dürfen nicht gegen die Beschlüsse des Betriebsrats handeln!
Das bedeutet aber auch, dass wenn es keinen Beschluss gibt, die Vorsitzenden gar keine Entscheidungen nach außen mitteilen oder treffen dürfen. Sie dürfen nicht ohne einen Beschluss des Betriebsrats handeln!
So wie die Erklärungen des Betriebsrats grundsätzlich nur durch Vorsitzende oder Stellvertreter*innen nach außen gelangen sollen, können sie auch in umgekehrter Richtung von außen nach innen gelangen. Nur die Vorsitzenden und Stellvertreter*innen sind berechtigt, Erklärungen des Arbeitgebers entgegenzunehmen – da geht es zum Beispiel um Anhörungen nach § 99 oder § 102 BetrVG.
Diese besondere Funktion der Vorsitzenden zeigt den Charakter des Vorsitzes: Diese Rolle ist da, um dem Gremium und seinen Aufgaben Struktur zu verleihen, wie Ihr an den in den weiteren Teilen dieses Kapitels beschriebenen Aufgaben erkennen werdet.
Die inhaltliche Arbeit soll demokratisch erfolgen, der Vorsitz ist nicht nach Prinzipien von Autokratie oder gar Diktatur gestaltet.

Wann sind die Stellvertreter*innen eigentlich dran?
Teilweise gestalten Gremien ihre Arbeit so, dass die Arbeit parallel von nur zwei Personen – eben denen, die als Vorsitzende und Stellvertretung gewählt wurden – erledigt wird. Diese Dynamik hat verschiedene Gründe und ihr werdet in dem nicht rechtlichen Teil dieses Buches auch lesen, wie sie aufgebrochen werden kann.
Aber: Eine Grundlage dafür ist die Annahme, dass sowohl die Vorsitzenden als auch die Stellvertreter*innen gleichzeitig für den Betriebsrat gegenüber dem Arbeitgeber – wie oben geschildert – als Sprachrohr und Ohr tätig werden können. Das stimmt jedoch nicht. Die Pflichten und Rechte, die das Gesetz für den Vorsitz oder die Stellvertretung vorsieht, können nur von einer einzigen Person zur gleichen Zeit ausgeübt werden!

> **Wichtig:**
> Solange die oder der Vorsitzende nicht verhindert ist, kann nur sie bzw. er den Betriebsrat vertreten und insbesondere Erklärungen abgeben und annehmen! Das bedeutet, dass die Stellvertretung nur bei Verhinderung der/des Vorsitzenden diese/n vertreten darf. Dann hat die Stellvertretung alle gesetzlich vorgesehenen Aufgaben der/des Vorsitzenden inne. Diese werden im Einzelnen in dem folgenden Teil dieses Kapitels dargestellt.

Soweit nachfolgend die Rede davon ist, was die oder der Vorsitzende an Aufgaben hat, so ist dies im Vertretungsfall direkt auf die Stellvertretung übertragbar.

Was passiert bei Verhinderung der/des Vorsitzenden und der Stellvertretung?

Es kann jedoch vorkommen, dass beide gewählten Personen verhindert sind – zur Definition von Verhinderung siehe »*Exkurs Verhinderung*« unter »*Ersatzmitglieder/Nachladung*« in diesem Kapitel – dann stellt sich natürlich die Frage, wie der Betriebsrat trotzdem handlungsfähig bleiben kann. Wenn beide fehlen und keine Regelung für diesen Fall getroffen wurde, dann darf der Arbeitgeber jedem Betriebsratsmitglied gegenüber Erklärungen rechtswirksam abgeben – zum Beispiel Anhörungen nach § 99 BetrVG – und sie gelten dann als zugegangen. Deshalb sollte es unbedingt eine Regelung für die gleichzeitige Abwesenheit beider Gewählten geben. Eine Regelung darüber kann generell getroffen werden, zum Beispiel in der Geschäftsordnung des Betriebsrats, oder auch für den jeweiligen Einzelfall per Beschluss. Wird eine Regelung getroffen, so muss sie dem Arbeitgeber auch mitgeteilt werden, damit dieser weiß, wer Sprachrohr und Ohr des Betriebsrats ist.

Hinweis:
Teilt der Betriebsrat die Regelung nicht mit, so kann er sich später nicht auf diese berufen!

Exkurs in die Geschäftsordnung (§ 36 BetrVG):
Das Betriebsverfassungsgesetz sieht vor, dass grundsätzlich jeder Betriebsrat eine Geschäftsordnung hat. In der Geschäftsordnung sollen Bestimmungen über die Geschäftsführung des Betriebsrats aufgenommen werden, für die sich das Gremium entscheidet und die sich eben nicht direkt aus dem Gesetz ergeben. Für die Geschäftsordnung ist die Schriftform vorgesehen. Der Betriebsrat muss sich für die Geschäftsordnung durch Beschluss entscheiden, der durch die Mehrheit seiner Mitglieder, und nicht nur der anwesenden Mitglieder, ergeht. Das bedeutet, dass bei einem 7köpfigen Gremium mindestens 4 Betriebsratsmitglieder für die Geschäftsordnung stimmen müssen, bei einem 17köpfigen Gremium mindestens 9 Betriebsratsmitglieder.
Als Inhalt empfehlen sich eine Vertretungsregelung, aber auch eine Regelung über Betriebsratssitzungen, die nicht ausschließlich in Präsenz stattfinden.

> **Hinweis:**
> Eine Betriebsratssitzung, die nicht 100 % in Präsenz durchgeführt wird, ist nur mit Regelung in der Geschäftsordnung zulässig! (siehe Ausführungen hierzu im nächsten Unterpunkt »*Betriebsratssitzungen*« in diesem Kapitel).

Betriebsratssitzungen

Wie oben erwähnt, sind die Aufgaben des Vorsitzes darauf ausgelegt, die Arbeit des Betriebsrats so zu strukturieren, dass das Gremium seine Aufgaben nach dem Betriebsverfassungsgesetz bestmöglich erfüllen kann.
Die regelmäßige Sitzung des Betriebsrats – meistens wöchentlich – spielt dabei eine wichtige Rolle als Plattform für den Austausch des ganzen Gremiums und für die Entscheidung der anstehenden Fragestellungen.
Die Sitzungen des Betriebsrats sollen in der Arbeitszeit der Betriebsratsmitglieder stattfinden. Soweit Ihr in Schichten arbeitet, kann es natürlich passieren, dass das nicht für alle Mitglieder gleich zutrifft.
Die Sitzungen sind nicht öffentlich. Das bedeutet, dass nur die geladenen Personen an der Sitzung teilnehmen dürfen.

> **Hinweis:**
> Auch Ersatzmitglieder, die **nicht** für verhinderte Betriebsratsmitglieder nachrücken, dürfen nicht an Betriebsratssitzungen teilnehmen!

Ladung zu Sitzungen

Der Vorsitz hat die Aufgabe, zu den Sitzungen des Betriebsrats zu laden.
Geladen werden:

- alle Mitglieder des Betriebsrats (bei Verhinderung Ersatzmitglieder);
- die Gewerkschaft, soweit mindestens ein Viertel der Betriebsratsmitglieder dies wünscht;
- die Schwerbehindertenvertretung (SBV), soweit vorhanden;
- die Jugend- und Auszubildendenvertretung (JAV), ebenfalls soweit vorhanden.

Die Ladung muss rechtzeitig erfolgen. Das ist notwendig, damit die geladenen Personen sich auf die Sitzung vorbereiten können. Deshalb ist der Ladung auch eine Tagesordnung der Sitzung beizufügen. Diese Tagesordnung hat auch die oder der Vorsitzende zu erstellen.
Der Arbeitgeber ist von der oder dem Vorsitzenden über die Betriebsratssitzung vorab zu informieren. Hier geht es darum, dass sich der Arbeitgeber auf den Ausfall der teilnehmenden Mitglieder vorbereiten kann. Die Information betrifft daher nur die zeitliche Lage der Sitzung und keine Informationen über Inhalte.

Ersatzmitglieder/Nachladung

Wenn dem Vorsitz bekannt ist oder wird, dass ein Betriebsratsmitglied wegen Verhinderung nicht an der Sitzung teilnehmen kann, dann hat er ein Ersatzmitglied zu laden.

> **Exkurs – Verhinderung:**
> Wann ist ein Betriebsratsmitglied verhindert? Rechtlich wird grundsätzlich von einer Verhinderung ausgegangen, wenn das Mitglied krank, im Urlaub oder auf einem Seminar ist. Es wird **nicht** von einer Verhinderung ausgegangen, wenn das Mitglied seiner Arbeit nachgeht oder wegen einer bevorstehenden (Nacht-)Schicht nicht erscheint.

Die Mitglieder dürfen aber, entgegen dem Grundsatz der Verhinderung, freiwillig an der Sitzung teilnehmen, auch wenn sie arbeitsunfähig gemeldet oder im Urlaub sind – das müssen sie aber der*m Vorsitzenden mitteilen, da sie oder er in diesen Fällen erst einmal von einer Verhinderung ausgehen muss. Ausnahmsweise kann auch ein Mitglied, welches arbeitet, verhindert sein. Das wird zum Beispiel bei einer Dienstreise, die unaufschiebbar ist, angenommen.

> **Achtung:**
> Nicht jede Abwesenheit führt zur Nachladung. Nur für »verhinderte« Personen darf nachgeladen werden; wird für nicht verhinderte nachgeladen, so führt das zu unwirksamen Beschlüssen!

> **Bitte nicht:**
> Manche Betriebsräte laden grundsätzlich Ersatzmitglieder ein und diese nehmen an der Sitzung teil, auch wenn kein reguläres Mitglied ausfällt – das ist unzulässig und führt zu unwirksamen Beschlüssen!

Die Pflicht, ein Ersatzmitglied zu laden, besteht nicht, wenn die Ladung nicht mehr rechtzeitig wäre, weil die oder der Vorsitzende kurz vor der Sitzung von der Verhinderung erfahren hat.
Wer als Ersatzmitglied geladen werden darf, hängt von der Wahl ab. Wurde der Betriebsrat durch Personenwahl gewählt, dann würde die nicht gewählte Person mit der höchsten Stimmenzahl geladen werden. Wenn diese verhindert wäre, wäre die Person mit der nächsthöchsten Stimmenzahl zu laden. Dabei müsste beachtet werden, dass, soweit die verhinderte Person dem Minderheitsgeschlecht angehört, das zu ladende Ersatzmitglied ebenfalls dem Minderheitsgeschlecht angehören müsste.

Bei der Listenwahl hingegen müsste das gleiche Prozedere wie oben beschrieben innerhalb der Liste der*s Verhinderten durchgeführt werden. Auch hier müsste das Minderheitengeschlecht wie oben berücksichtigt werden. Wenn die betroffene Liste keine Ersatzmitglieder hat, dann ist das Ersatzmitglied aus der Liste, die den nächsten Sitz erhalten hätte, einzuladen.
Gibt es keine Ersatzmitglieder, dann können auch keine geladen werden.

> **Hinweis:**
> Die Ersatzmitglieder rücken bei Verhinderung der eigentlichen Mitglieder nach und zwar nicht immer nur für die Sitzung – sie müssen sich für die Sitzung vorbereiten und schon da machen sie Betriebsratsarbeit, auch im Übrigen rücken sie für die Zeit der Verhinderung in den Betriebsrat und dürfen dann wie ein reguläres Mitglied Betriebsratsarbeit machen.
> Denn wenn ein Ersatzmitglied für ein reguläres Mitglied nachrückt, dann ist es in dieser Zeit selbst ein reguläres Mitglied des Betriebsrats!

Sitzung auf Antrag

Es gibt weiterhin die Verpflichtung, eine Sitzung zu einem bestimmten Thema anzuberaumen, wenn dies von mindestens einem Viertel der Mitglieder des Betriebsrats oder vom Arbeitgeber beantragt wird. Wenn die Sitzung auf Antrag des Arbeitgebers stattfindet, dann ist dieser auch zu laden und darf teilnehmen und sogar einen Verbandsvertreter des Arbeitgeberverbands hinzuziehen.

Digitale Sitzung

Seit der Pandemie haben Sitzungen, die (teilweise) nicht in Präsenz stattfinden, an Bedeutung zugenommen; genau wie auch die Arbeit im Home-Office.

> **Hinweis:**
> Der **Grundsatz** lautet dergestalt, dass die Betriebsratssitzung eine **Präsenzsitzung** ist!

Nachdem es Übergangsregelungen zu diesem Thema gab, ist nun ausdrücklich geregelt, dass Sitzungen, die keine reinen Präsenzsitzungen sind, nur zulässig sind, wenn dies in der Geschäftsordnung des Betriebsrats geregelt ist (siehe auch »*Exkurs in die Geschäftsordnung*« unter »*Was passiert bei Verhinderung der Vorsitzenden und der Stellvertretung?*« in diesem Kapitel).

Es reicht jedoch nicht, dass es irgendeine Regelung in der Geschäftsordnung gibt. Die Regelung muss Sitzungen mittels Video- und Telefonkonferenz unter »*Sicherung des Vorrangs der Präsenzsitzung*« zulassen (§ 30 Abs. 2 BetrVG). Das bedeutet, dass nach der Regelung in der Geschäftsordnung die Präsenzsitzung immer noch die Regel und andere Sitzungen eine Ausnahme bleiben müssen.
Auch müssen Vorsitzende eine Frist bestimmen, in der die Mitglieder der (teil-)digitalen Sitzung widersprechen können – widerspricht mindestens ein Viertel der Mitglieder, so hat die Sitzung als Präsenzsitzung stattzufinden.
Betriebsratsmitglieder, die in Präsenz an der Sitzung teilnehmen wollen, haben immer das Recht dazu. Das bedeutet faktisch, dass sie immer in den Betriebsratsräumlichkeiten an der Sitzung teilnehmen können.
Der Grundsatz der Nichtöffentlichkeit von Betriebsratssitzungen gilt auch für die (teil-)digitale Sitzung, deshalb dürfen keine Aufnahmen gemacht werden und während der Sitzung muss ebenfalls sichergestellt werden, das nicht geladene Personen keine Kenntnis vom Inhalt der Sitzung nehmen können.

> **Praxistipp:**
> Alle teilnehmenden Mitglieder der Sitzung sollten per Textnachricht bestätigen, dass sie allein im Raum sind und niemand anderes von der Sitzung Kenntnis nehmen kann. Diese Nachrichten sollten der Niederschrift der Sitzung beigefügt werden.

Teilnahmerecht der Gewerkschaft, SBV und JAV

Wir haben bereits festgestellt, dass die Mitglieder des Betriebsrats das Recht haben, an Betriebsratssitzungen teilzunehmen. Auch haben wir festgestellt, dass geladene Ersatzmitglieder das Recht haben, an den Sitzungen teilzunehmen, sowie der Arbeitgeber mit seinem Verbandsvertreter, soweit die Sitzung auf seinen Antrag hin stattfindet.
Darüber hinaus gibt es noch weitere Personen, die ein Recht auf Teilnahme an den Sitzungen des Betriebsrats haben können.
Die Gewerkschaft hat dieses Recht, soweit sie mindestens ein Mitglied im Betrieb hat und mindestens ein Viertel der Betriebsratsmitglieder die Teilnahme beantragt – dann ist die Gewerkschaft wie oben geschildert zu laden. Sie darf nur beratend teilnehmen, nimmt also an den Beschlüssen nicht teil (§ 31 BetrVG)!
Die SBV hat das Recht an allen Sitzungen des Betriebsrats teilzunehmen – sie ist daher immer zu laden. Sie hat ebenfalls kein Stimmrecht (§ 32 BetrVG).

Die JAV (§ 67 BetrVG) hat das Recht zu jeder Sitzung eine Person zu entsenden und ist daher immer zu laden. Bei Themen, die besonders die durch die JAV vertretenen Personen betreffen, darf die gesamte JAV teilnehmen – dies ist bei der Ladung zu berücksichtigen –, und hat auch ein Stimmrecht, soweit ein Beschluss des Betriebsrats überwiegend die durch die JAV vertretenen Personen betrifft.

Tagesordnung:
Wie wir wissen, ist die Tagesordnung der rechtzeitigen Ladung beizufügen. Aber was enthält die Tagesordnung?
Sie soll die Themen enthalten, die für die Sitzung aktuell anstehen und soll diese konkret benennen – zum Beispiel »*Anhörung zur Versetzung von Kollegin Meier*« anstatt der Bezeichnung »*Personelle Angelegenheit*«. Zu fassende Beschlüsse sollten auch bereits mit Sachverhalt und Ziel aufgenommen werden.
Die Tagesordnung darf auch geändert werden. Vor der Sitzung ist das zulässig, soweit es so rechtzeitig davor passiert, dass die Betriebsratsmitglieder sich auf die Sitzung vorbereiten können, und zwar auch im Hinblick auf die Änderung. In der Sitzung selbst darf die Tagesordnung geändert oder eine bisher nicht vorhandene Tagesordnung formuliert werden, wenn alle Mitglieder rechtzeitig geladen wurden, über die Hälfte der Betriebsratsmitglieder von der Anzahl her anwesend sind und die Anwesenden sich einstimmig für die Änderung entscheiden.
Die Vorsitzenden sind teilweise verpflichtet, Themen auf die Tagesordnung zu setzen. Dies ist der Fall, wenn der Arbeitgeber beantragt, dass der Betriebsrat ein Thema auf seiner Sitzung behandeln soll oder der Antrag von mindestens einem Viertel der Betriebsratsmitglieder stammt (§ 29 Abs. 3 BetrVG) – hier setzt das Gesetz keine konkrete Zeitvorgabe, es sollte jedoch zeitnah passieren. Beim Antrag der JAV ist das Thema auf die nächste Tagesordnung zu setzen (§ 67 Abs. 3 BetrVG). Soweit mindestens 5 % der Arbeitnehmer*innen einen Vorschlag für ein Thema, welches der Betriebsrat behandeln soll, unterstützen, wäre dieses innerhalb von zwei Monaten auf die Tagesordnung zu setzen (§ 86a BetrVG).

> **Achtung:**
> Auch Betriebsratsmitglieder sind Arbeitnehmer*innen und können je nach Größenverhältnis den Weg über § 86a BetrVG wählen, soweit sie das Viertel im Gremium nicht erreichen.

Leitung der Sitzungen

Die vorsitzende Person hat die Aufgabe, die Sitzung des Betriebsrats zu leiten. Dafür steht ihr auch das Hausrecht in der Sitzung zu. Sie darf in dieser Rolle das Wort erteilen und auch entziehen, aber grundsätzlich keine Mitglieder ausschließen oder des Raumes verweisen.

Beschlüsse und Niederschrift

Wie wir bereits gelernt haben, handeln die Vorsitzenden ausschließlich im Rahmen der Beschlüsse des Betriebsrats. Der Betriebsrat trifft seine Entscheidungen immer durch Beschlüsse – grundsätzlich mit der Mehrheit der Stimmen der anwesenden Mitglieder.
Die Beschlüsse müssen in einer Sitzung des Betriebsrats gefasst werden – es ist ausgeschlossen, einen Beschluss im Umlaufverfahren, also indem die Mitglieder ortsunabhängig nacheinander ihre Stimme abgeben, zu beschließen.

Beschlussfähigkeit

Der Betriebsrat darf nur dann Beschlüsse fassen, wenn mindestens die Hälfte der Betriebsratsmitglieder an der Beschlussfassung teilnimmt (§ 33 Abs. 2 BetrVG). Damit sind nicht die konkreten Personen gemeint, sondern es geht um die Anzahl der Teilnehmenden. Das bedeutet, dass Ersatzmitglieder dabei – soweit sie für verhinderte Mitglieder teilnehmen – mitgezählt werden.
Da Betriebsräte aus einer ungeraden Zahl von Mitgliedern bestehen, geht es immer um mehr als die Hälfte der Mitglieder.
Es geht hier auch nicht um die Anzahl der an der Sitzung teilnehmenden Personen, sondern es kommt wirklich auf die Teilnahme am Beschluss an. Eine Enthaltung gilt insoweit als Teilnahme an der Beschlussfassung.

Mehrheit

Der normale Beschluss kommt zustande, wenn über 50 % der an der Beschlussfassung teilnehmenden Mitglieder – und nicht der Anwesenden! – dafür stimmen.
Eine Stimmenthaltung ist wie bereits oben ausgeführt als Teilnahme zu werten.
Wenn die Anzahl der Ja-Stimmen nicht über 50 % liegt, dann gilt der Beschluss als abgelehnt. Eine Stimmengleichheit führt daher immer zur Ablehnung des Beschlusses (§ 33 Abs. 1 Satz 3 BetrVG).

> **Beispiel:**
> Bei einem Gremium mit 17 Mitgliedern sind 12 bei der Sitzung anwesend – davon 10 reguläre Mitglieder und 2 Ersatzmitglieder, die nachgerückt sind. Bei dem Beschluss erklären 3 Mitglieder, dass sie bei der Abstimmung nicht mitmachen wollen. Weitere 2 Mitglieder enthalten sich bei der Abstimmung. 4 Mitglieder stimmen **dafür** und 3 Mitglieder dagegen. Der Beschluss gilt als abgelehnt, da nur 4 der 9 Mitglieder und damit nicht über 50 % für den Beschluss gestimmt haben (3 sind dagegen, 2 enthalten sich). Hier wären 5 Stimmen **dafür** notwendig gewesen.

Es gibt auch Beschlüsse, die eine so genannte »*qualifizierte Mehrheit*« brauchen. Das bedeutet, dass hier nicht nur, wie oben dargestellt, mehr als 50 % der am Beschluss teilnehmenden Betriebsratsmitglieder dafür stimmen müssen, damit der Beschluss durchgeht. Hier braucht es über 50 % der Mitglieder des Betriebsrats. Auch hier geht es nicht um die konkreten Personen, sondern um deren Anzahl.
So einen Beschluss braucht es,

- um eine Geschäftsordnung zu beschließen (§ 36 BetrVG);
- um Aufgaben zur selbstständigen Erledigung auf Ausschüsse zu übertragen (§ 27 Abs. 2 BetrVG, Näheres unter »*Ausschüsse*«);
- um Aufgaben des Betriebsrats auf Arbeitsgruppen zu übertragen (§ 28a Abs. 1BetrVG);
- um den Gesamtbetriebsrat zu beauftragen (§ 50 Abs. 2 BetrVG);
- um als Gremium zurückzutreten (§ 13 Abs. 2 Nr. 3 BetrVG) oder
- die Aufgaben des Wirtschaftsausschusses einem Ausschuss des Betriebsrats zu übertragen (§ 107 Abs. 3 BetrVG).

Um Betriebsratsmitglieder aus dem Betriebsausschuss abzuberufen oder Betriebsratsmitgliedern eine Freistellung nach § 38 BetrVG zu entziehen, braucht es sogar einen Beschluss, der von drei Vierteln der Mitglieder befürwortet wurde.
Es zählen die Stimmen aller Personen, die ein Stimmrecht haben, also unter Umständen auch die Stimmen der JAV!

Niederschrift/Protokoll

Von jeder Sitzung ist ein Protokoll zu erstellen – im Gesetz heißt das »*Niederschrift*« (§ 34 BetrVG). Der Mindestinhalt des Protokolls ist der Wortlaut der Beschlüsse und die dazugehörige Stimmenmehrheit. Das Protokoll ist von der*m Vorsitzenden und einem weiteren Betriebsratsmitglied zu unterzeichnen. Einwände gegen den Inhalt sind schriftlich zu verfassen und der Niederschrift beizufügen.

Darüber hinaus ist dem Protokoll eine Anwesenheitsliste beizufügen, in die sich die Teilnehmenden eigenhändig eingetragen haben. Bei digitaler Teilnahme sollen die Mitglieder die Anwesenheit in Textform, zum Beispiel per E-Mail, bestätigen. Diese Bestätigungen sind wie die Anwesenheitsliste dem Protokoll beizufügen.

Hinweis:
Beschließt auch Ihr in der Folgesitzung das Protokoll? Es gibt **keine** Vorschrift im Gesetz, die vorsieht, dass die Niederschrift/das Protokoll der Betriebsratssitzung durch einen Beschluss zu bestätigen ist!

Praxistipp:
Vielmehr gibt es gute Gründe diese – weit verbreitete – Praxis abzulegen. Denn bei dem Beschluss in der Folgesitzung wirken regelmäßig Personen mit, die die Richtigkeit nicht beurteilen können, weil sie nicht anwesend waren. Gleichzeitig sind regelmäßig nicht alle Personen anwesend, die in der zu beurteilenden Situation zugegen waren und deshalb auch hierzu etwas beisteuern könnten. Dieses Prozedere ist auch zeitaufwendig. Das Gesetz sieht ausdrücklich einen anderen Weg vor: Einwände sollen schriftlich eingegeben werden und werden der Niederschrift beigefügt (§ 34 Abs. 2 Satz 2 BetrVG).

Soweit die Gewerkschaft oder der Arbeitgeber an der Sitzung teilgenommen haben, haben auch sie das Recht, den Teil des Protokolls, der sie betrifft, zu erhalten. Andere teilnehmende Nichtbetriebsratsmitglieder (JAV, SBV) haben keinen solchen Anspruch.

Aussetzung von Beschlüssen
Die JAV und die SBV können Beschlüsse des Betriebsrats aussetzen (§ 35 BetrVG). Das bedeutet, dass der Beschluss, solange er ausgesetzt ist, nicht umgesetzt wird. Die Voraussetzungen sind, dass ein Antrag der JAV oder der SBV auf Aussetzung des Beschlusses beim Betriebsrat gestellt wird.
Dem Antrag der JAV muss eine Entscheidung der Mehrheit der JAV zugrunde liegen.
Der Antrag führt zu einer Aussetzung für eine Woche ab der ursprünglichen Beschlussfassung. Das bedeutet, dass der Antrag nur innerhalb einer Woche nach der Beschlussfassung gestellt werden kann. Über den Antrag soll nach Ablauf der Woche entschieden werden.
Wird als Ergebnis der ursprüngliche Beschluss bestätigt, dann kann dieser nicht erneut ausgesetzt werden. Die Idee dahinter ist, dass die Ver-

tretungen während der Aussetzung die zwischen dem Betriebsrat und der JAV/SBV schwierigen Themen zwecks Verständigung angehen.
Die Aussetzung ändert nichts an der Rechtmäßigkeit des Beschlusses; sofern Fristen, zum Beispiel aus § 99 BetrVG (eine Woche) oder § 102 BetrVG (eine Woche/drei Tage) laufen, berührt sie diese nicht – der Arbeitgeber darf insoweit von der mitgeteilten Entscheidung des Betriebsrats ausgehen. Der Betriebsrat hat den Arbeitgeber über den Aussetzungsantrag zu informieren.

Wirksame Beschlüsse
Es ist sehr wichtig und deshalb soll dies hier ausdrücklich betont werden, dass am Ende der Sitzungen rechtswirksame Beschlüsse des Betriebsrats stehen. Denn diese sind die Voraussetzung für ein rechtswirksames Handeln des Gremiums.
Aus diesem Grund folgt hier eine **Übersicht der Voraussetzungen eines wirksamen Beschlusses**:

- Ladung aller Mitglieder;
- (Nach-)Ladung der Ersatzmitglieder bei Verhinderung;
- Rechtzeitigkeit aller Ladungen;
- Themen: auf der der Ladung beigefügten Tagesordnung oder rechtzeitige Änderung/Ergänzung der Tagesordnung oder einstimmige Änderung/Aufnahme in der Sitzung;
- Beschlussfähigkeit des Gremiums;
- Mehrheit der Stimmen der am Beschluss Teilnehmenden (bei qualifizierten Beschlüssen eine entsprechend höhere Mehrheit);
- Protokollierung des Wortlauts des Beschlusses und der Stimmenmehrheit in der Niederschrift;
- Unterzeichnung der Niederschrift durch die/den Vorsitzende/n und ein weiteres Mitglied;
- Beifügen der Anwesenheitsliste bzw. Anwesenheitsbestätigungen der Nicht-in-Präsenz-Teilnehmenden.

bb. Ausschüsse

Betriebsausschuss (§ 27 BetrVG)
Wenn das Gremium neun oder mehr Mitglieder hat, dann muss der Betriebsrat einen Betriebsausschuss bilden. Der Betriebsausschuss – und nicht der/die Vorsitzende – führt die laufenden Geschäfte des Betriebsrats.
Die Größe des Ausschusses ist gestaffelt, abhängig von der Anzahl der Betriebsratsmitglieder. Der kleinste Ausschuss hat fünf Mitglieder.

Die Vorsitzenden und Stellvertreter*innen sind immer automatisch Mitglieder des Betriebsausschusses. Die restlichen Mitglieder werden gewählt.
Die Wahl ist geheim. Die Mitglieder können durch Beschluss mit einer Dreiviertelmehrheit abgewählt werden – auch diese Abstimmung erfolgt geheim.
Der Betriebsrat kann dem Betriebsausschuss durch Beschluss Aufgaben zur selbstständigen Erledigung übertragen. Dazu braucht es eine qualifizierte Mehrheit – über 50 % der Betriebsratsmitglieder müssen für die Übertragung stimmen – und die Entscheidung muss schriftlich vorliegen.

> **Aber:**
> Der Betriebsausschuss darf keine Betriebsvereinbarungen abschließen!

Bei Betriebsräten die sieben oder weniger Mitglieder haben besteht die Möglichkeit, die laufenden Geschäfte auf ein Mitglied zu übertragen. Dazu braucht es einen Beschluss des Betriebsrats. Diese Regelung zeigt eindeutig, dass der/die Vorsitzende nicht automatisch die laufenden Geschäfte führt, sondern das Gremium frei entscheiden kann, ob der/die Vorsitzende oder ein anderes Mitglied das tun soll oder ob die laufenden Geschäfte durch das gesamte Gremium geführt werden sollen. Letzteres wird der Fall sein, wenn es keinen Beschluss dazu gibt, was in der Praxis sehr oft vorkommen dürfte.

Was sind »laufende Geschäfte«?
Das erklärt das Gesetz nicht. Es sind die Sachen, die das Gremium im Alltag erledigen muss, um seine Arbeit tun zu können. Es ist der anfallende Schriftwechsel, die Informationsbeschaffung, aber auch Informationsaufbereitung, Kommunikation mit Kolleg*innen sowie Gewerkschaften und Arbeitgebern.
Nicht dazu gehören die Handlungen, mit denen der Betriebsrat seine Mitbestimmungsrechte nach dem Betriebsverfassungsgesetz ausübt, der Abschluss von Betriebsvereinbarungen oder die Einleitung von gerichtlichen Verfahren.

Sonstige Ausschüsse (§ 28 Abs. 1 BetrVG)
Über den Betriebsausschuss hinaus sieht der Gesetzgeber die Möglichkeit, andere Ausschüsse zu bilden. Das dürfen jedoch nur Betriebsräte in Betrieben mit über 100 Arbeitnehmer*innen. Es handelt sich im Gegensatz zum Betriebsausschuss um eine Option und keine Pflicht. Die Idee dahin-

ter ist, dass ein Ausschuss ein bestimmtes Thema – zum Beispiel Personalangelegenheiten nach § 99 BetrVG; Dienstpläne, die nach § 87 BetrVG vorgelegt werden oder die Organisation einer Betriebsversammlung – zu bearbeiten hat. Diese Ausschüsse können sowohl als eine dauerhafte Einrichtung fungieren – zum Beispiel im Fall der Dienstpläne, die monatlich zum Thema werden –, oder nur bis zur Erledigung des Themas vorübergehend eingerichtet sein –, zum Beispiel im Fall der Betriebsversammlung, die, nachdem sie stattgefunden hat, nicht mehr organisiert werden muss.
Alle Mitglieder werden gewählt. Die Wahl ist geheim.
Die Mitglieder können durch Beschluss mit einer Dreiviertelmehrheit abgewählt werden – diese Abstimmung erfolgt auch geheim.

Hinweis:
Vorsitzende sind nicht automatisch Mitglieder der Ausschüsse.

Praxistipp:
In Ausschüssen sollten Betriebsratsmitglieder ihren Interessen entsprechend arbeiten können. Melde Dich also entsprechend Deinen Interessen zur Wahl!

In Betrieben mit einem Betriebsausschuss dürfen an Ausschüsse auch Aufgaben zur selbstständigen Erledigung übertragen werden. Dazu braucht es eine qualifizierte Mehrheit – über 50 % der Betriebsratsmitglieder müssen für die Übertragung stimmen – und die Entscheidung muss schriftlich vorliegen.
Wenn das nicht der Fall ist – also entweder der Betrieb zu klein dafür ist oder keine Übertragung gewünscht ist –, dann bereiten die Ausschüsse das jeweilige Thema vor, damit der Betriebsrat darüber entscheiden kann.

Ausschussvorsitzende

Die Ausschüsse brauchen, wie auch der Betriebsrat, eine vorsitzende Person und eine Person, die diese vertritt. Der Betriebsrat kann diese Personen bei der Bildung des Ausschusses bestellen. Tut er das nicht, so werden sie wie der/die Vorsitzende und der/die Stellvertreter*in des Betriebsrats gewählt. Die Aufgaben, die wir bereits für den Betriebsratsvorsitz dargestellt haben, sind auch die Aufgaben, die Vorsitzende von Ausschüssen innehaben. Das bedeutet, dass Vorsitzende und Stellvertreter*innen von Ausschüssen die gleiche Rolle und Funktion im Ausschuss haben wie Vorsitzende und ihre Stellvertreter*innen von Betriebsratsgremien im Betriebsrat.

Gemeinsame Ausschüsse des Betriebsrats und Arbeitgebers (§ 28 Abs. 2 BetrVG)

Dies ist eine weitere Form, die Betriebsratsarbeit zu strukturieren, aber nicht eine vollständig interne. Als Sonderform des Ausschusses kann der Betriebsrat einen Ausschuss mit dem Arbeitgeber bilden. Dann handelt es sich nicht um einen Ausschuss des Betriebsrats. Solche Ausschüsse können unterschiedlich gestaltet werden, da sie nicht im Detail gesetzlich geregelt sind. Meist sind sie paritätisch besetzt – das bedeutet, dass der Betriebsrat und der Arbeitgeber gleich viele Mitglieder in den Ausschuss entsenden können. Wenn der Betriebsrat sich für einen solchen Ausschuss entscheidet – was sinnvoll sein kann – dann sollte vorab mit dem Arbeitgeber festgelegt werden, welche Regeln für die Arbeit des Ausschusses gelten sollen.

Wenn der Betrieb mehr als 100 Arbeitnehmer*innen hat, dann ist es auch zulässig, denjenigen Mitgliedern eines solchen Ausschusses, welche der Betriebsrat entsendet hat, Aufgaben zur selbstständigen Entscheidung zu übertragen.

Wirtschaftsausschuss

In Unternehmen, die über 100 Arbeitnehmer*innen haben, sieht das Gesetz einen Wirtschaftsausschuss vor – dieser ist nicht an den Betrieb, sondern an das Unternehmen gebunden und die Mitglieder werden grundsätzlich vom Gesamtbetriebsrat (GBR) bestimmt; beim Fehlen eines GBRs vom Betriebsrat.

> **Hinweis:**
> Der Wirtschaftsausschuss ist aber kein Ausschuss des Betriebsrats!

Der Ausschuss besteht aus drei bis sieben Personen, die alle dem Unternehmen angehören, aber nicht zwingend Arbeitnehmer*innen sein müssen – es dürfen auch leitende Angestellte benannt werden. Es muss jedoch mindestens ein Betriebsratsmitglied im Ausschuss Mitglied sein. Betriebsratsvorsitzende sind nicht automatisch Mitglieder.

> **Hinweis:**
> Wichtig ist, dass die Benannten das wirtschaftliche Know-how haben – hier sollten Betriebsratsmitglieder unbedingt vorab entsprechend geschult werden.

Die Sitzungen sollen monatlich stattfinden. Der Betriebsrat hat über die Sitzungen einen Bericht zu erhalten. Der Betriebsrat soll auch in die Erläuterung des Jahresabschlusses, welche der Arbeitgeber dem Ausschuss schuldet, miteinbezogen werden.
Das Gesetz sieht keinen Vorsitz vor, aber die Mitglieder des Ausschusses dürfen die Geschäftsführung wie im Betriebsrat organisieren und auch einen Vorsitz wählen. Inwieweit dann die Regeln, die wir zur Geschäftsführung des Betriebsrats kennengelernt haben, gelten, entscheiden die Ausschussmitglieder.
Der Wirtschaftsausschuss ist das Bindeglied zwischen Arbeitgeber und Betriebsrat in wirtschaftlichen Angelegenheiten und eventuell ein »Frühwarnsystem« für Umstrukturierungen und Krisen – dies solltet Ihr als Gremium nutzen.

Arbeitsschutzausschuss (§ 11 ASiG)
Bei dem Arbeitsschutzausschuss handelt es sich um keinen Ausschuss des Betriebsrats, aber um einen Ausschuss, den der Arbeitgeber in Betrieben mit mehr als 20 Arbeitnehmer*innen bilden muss und dem zwei Betriebsratsmitglieder angehören sollen. Diese zwei Mitglieder bestimmt der Betriebsrat – es gibt auch hier keinen Automatismus über die Teilnahme der*s Vorsitzenden. Der Ausschuss soll mindestens vierteljährlich tagen und hat die Aufgabe, über Arbeitsschutz und Unfallverhütung zu beraten. Hier kann der Betriebsrat auch Themen zumindest platzieren oder durch seine zwei Mitglieder voranbringen.

e. Öffentlichkeitsarbeit

Ein weiterer wichtiger Aspekt sind die vom Gesetz vorgesehenen Möglichkeiten des Betriebsrats mit der Belegschaft zu kommunizieren.
An dieser Stelle ist es sehr wichtig, sich vollständig klarzumachen, dass Betriebsräte keine »Geheimräte« sind – das bedeutet, dass es grundsätzlich keine Verpflichtung gibt, die Betriebsratsarbeit geheim zu halten. Insbesondere die Mitglieder untereinander haben das Recht auf den gleichen Wissensstand. Nach außen dürfen die Mitglieder Informationen ebenfalls grundsätzlich frei mit der Arbeitnehmerschaft teilen. Dieses Recht wird nur begrenzt durch die Pflicht, Betriebs- und Geschäftsgeheimnisse nicht zu verraten und mit personenbezogenen Daten entsprechend dem Datenschutz zu verfahren.

Praxistipp:
Für die Betriebsratsarbeit ist es oft von Vorteil, die Belegschaft hinter sich zu wissen – zum Beispiel bei Verhandlungen zu einer Betriebsvereinbarung. Um das zu erreichen, muss die Kommunikation mit der Belegschaft gepflegt werden.

aa. Sprechstunde (§ 39 BetrVG)

Der Betriebsrat darf eine Sprechstunde für die Kolleg*innen anbieten. Ihr könnt frei entscheiden, ob Ihr das machen wollt. Die Sprechstunde ist dann während der Arbeitszeit abzuhalten. Die genaue Zeit und der Ort sind mit dem Arbeitgeber zu vereinbaren. Wenn das nicht klappt, dann hat eine Einigungsstelle darüber zu entscheiden.
Soweit es eine JAV gibt und diese keine Sprechstunde hat, darf sie mit einem Mitglied an der Sprechstunde teilnehmen.
Die Arbeitszeit, die Arbeitnehmer*innen in der Sprechstunde verbringen, ist zu bezahlende Arbeitszeit.
Natürlich darf der Betriebsrat, auch wenn er eine Sprechstunde anbietet, jederzeit mit Arbeitnehmenden sprechen!

bb. Betriebsversammlung (§§ 42–46 BetrVG)

Die größte gesetzlich vorgesehene Plattform für die Information der Belegschaft ist die Betriebsversammlung.
Dabei ist die Betriebsversammlung eine Veranstaltung des Betriebsrats: der Betriebsrat organisiert die Betriebsversammlung, bestimmt den Zeitpunkt und führt sie durch – die vorsitzende Person leitet die Versammlung.

Hinweis:
Der Betriebsrat hat auch das Hausrecht in der Betriebsversammlung inne.

Praxistipp:
Deshalb sollte der Betriebsrat auch die Hoheit über die verwendete Technik behalten, um auch tatsächlich seine Entscheidungen im Rahmen des Hausrechts umsetzen zu können – zum Beispiel einer Person, die ihre Redezeit überschreitet, letztendlich das Mikro abschalten zu können.

Hinweis:
Dass die vorsitzende Person die Versammlung leitet, bedeutet nicht, dass sie alles übernehmen muss – davon ist sogar abzuraten! Auch andere Mitglieder sollten Themen übernehmen. Das wird die Versammlung auflockern und abwechslungsreicher machen. Ebenso sind kreative Ideen sehr will-

kommen und können die Versammlung attraktiver machen. Am besten bildet Ihr einen Ausschuss zur Organisation der Versammlung und die Ausschussmitglieder lassen ihrer Kreativität freien Lauf! Vielleicht wäre das ein Thema für Dich?

Die Betriebsversammlung ist für die Arbeitnehmer*innen gedacht und daher nicht öffentlich. Zwar können zu bestimmten Themen Gäste eingeladen werden, aber grundsätzlich sind Betriebsfremde nicht zugelassen. Ein Recht darauf anwesend zu sein, haben die im Betrieb vertretenen Gewerkschaften und der Arbeitgeber mit seinem Verbandsvertreter. Den Gewerkschaften ist der Termin mit Tagesordnung rechtzeitig schriftlich mitzuteilen. Der Arbeitgeber ist einzuladen und die Tagesordnung ist auch ihm mitzuteilen.
Das Gesetz geht von einer Betriebsversammlung pro Quartal aus.

Achtung:
Eine Betriebsversammlung pro Quartal ist eine Vorgabe und nicht etwa eine Option. Der Betriebsrat ist gesetzlich dazu verpflichtet, eine Versammlung pro Quartal durchzuführen.

Der Betriebsrat darf darüber hinaus eine weitere Versammlung pro Halbjahr anlassbezogen durchführen.
Auf Antrag des Arbeitgebers und eines Viertels der Belegschaft hat der Betriebsrat auch unabhängig von der sonstigen Anzahl eine Betriebsversammlung zu organisieren.
Die Gewerkschaft kann eine Versammlung beantragen, wenn in dem davorliegenden Halbjahr keine stattgefunden hatte.
Inhaltlich kann der Betriebsrat alle relevanten Themen in der Betriebsversammlung behandeln. Der Betriebsrat ist verpflichtet auf den regelmäßigen Versammlungen einen Tätigkeitsbericht abzugeben. Der Arbeitgeber darf auf den Versammlungen sprechen.

Praxistipp:
Der Betriebsrat sollte dem Arbeitgeber eine Redezeit vorgeben und nachhalten. Die Redezeit sollte weder am Anfang noch am Ende der Versammlung liegen, damit sie die Versammlung nicht zu sehr dominiert und der Betriebsrat auf die Inhalte noch reagieren kann.

Einmal im Jahr ist der Arbeitgeber verpflichtet, ebenfalls einen Bericht abzugeben. Der Bericht soll das Personal- und Sozialwesen, die wirt-

schaftliche Lage und Entwicklung des Betriebs und den betrieblichen Umweltschutz behandeln.
Die Betriebsversammlung selbst kann Anträge an den Betriebsrat richten.

> **Hinweis:**
> Die Betriebsversammlung findet in Präsenz statt. Hybride und digitale Formen sind gesetzlich nicht vorgesehen. Auch Aufnahmen sind nicht zulässig.

Sie findet, soweit möglich, in der Arbeitszeit statt – zumindest sofern es sich bei ihr um eine der regelmäßigen Quartalsversammlungen oder um eine durch den Arbeitgeber beantragte Versammlung handelt. Die Teilnahme und der Weg zur Versammlung sind Arbeitszeit, eventuell durch die Versammlung verursachte Fahrtkosten trägt der Arbeitgeber.
Sonstige Versammlungen sind nur dann in der Arbeitszeit durchzuführen und die Teilnahme als Arbeitszeit zu werten, soweit der Arbeitgeber einverstanden ist!

cc. Abteilungsversammlungen (§ 42 Abs. 2 BetrVG)

Es kann sein, dass es Themen gibt, die besonders bestimmte, abgrenzbare Teile der Belegschaft betreffen und die in einer Vollversammlung keinen Platz hätten. In einer solchen Situation sieht das Gesetz die Möglichkeit vor, für Teile der Arbeitnehmerschaft separate Betriebsversammlungen zu machen, die als Abteilungsversammlungen bezeichnet werden und die regelmäßige Betriebsversammlung ersetzen. Das ist nur einmal im Kalenderhalbjahr zulässig – also können im Schnitt bis zu 50 % der Vollversammlungen durch Abteilungsversammlungen ersetzt werden.
Die Abteilungsversammlungen finden möglichst gleichzeitig statt und werden von einem Betriebsratsmitglied geleitet, welches Arbeitnehmer*in der »Abteilung« ist.

dd. Teilversammlungen

Von den Abteilungsversammlungen sind die Teilversammlungen zu unterscheiden. Hierbei geht es um die Lösung für eine Situation, bei der eine Vollversammlung nicht inhaltlich problematisch wäre, sondern zum Beispiel hinsichtlich der zeitlichen Lage. Ein solcher Fall kommt zum Beispiel in Betrieben vor, in denen in Schichten gearbeitet wird, so dass es nicht möglich ist, die Versammlung in der Arbeitszeit aller zu machen. Dann findet die Betriebsversammlung in mehreren Teilen statt, die aufeinander folgen und in denen dieselben Inhalte behandelt werden.

ee. Sonstige Kommunikation

Über diese gesetzlich vorgesehenen Kanäle hinaus könnt Ihr – und solltet es auch – bei der Kommunikation mit Euren Kolleg*innen kreativ werden.
Unabhängig davon, ob diese klassisch über Aushänge an dem »schwarzen Brett« (auf dieses, oder wenn betriebsüblich ein zeitgemäßeres Pendant wie einen Bildschirm, habt Ihr einen Anspruch), Rundmails, eine Zeitschrift, eine Intranet-Seite oder einen Videoblog läuft, Ihr solltet die Kolleg*innen auf dem Laufenden halten, darüber sprechen, wenn Ihr Gutes tut und auch regelmäßig Wünsche und Stimmungen abfragen.
All diese Kommunikationswege verursachen, wenn überhaupt, dann nur überschaubare Kosten, die vom Arbeitgeber im Rahmen des § 40 BetrVG – siehe auch *»Kosten«* unter *»Wie funktioniert Betriebsratsarbeit?«* – zu tragen sind.

3. Zusammenarbeit mit anderen Akteuren des Betriebsverfassungsrechts

a. Gesamtbetriebsrat (GBR), Konzernbetriebsrat (KBR) und Europäischer Betriebsrat (EBR)

Es kann sein, dass es über Euren Betriebsrat hinaus noch andere Gremien gibt, die bei Euch im Unternehmen und/oder Konzern vorhanden sind. Diese Gremien arbeiten auch als Arbeitnehmer*innenvertretungen und können bei der Arbeitsverteilung berücksichtigt werden. Eventuell könntet Ihr sie als Betriebsrat mit Arbeit beauftragen (den GBR) oder Themen, die bereits in ihrer Zuständigkeit sind, dort platzieren (KBR und EBR). Du kannst es Dir überlegen, in diesen Gremien selbst aktiv zu werden und gar den jeweiligen Vorsitz zu übernehmen.

Gesamtbetriebsrat (§§ 47 bis 53 BetrVG)
Gibt es in Eurer Firma mehr als einen Betriebsrat, dann ist ein GBR einzurichten.
Dieser ist den Betriebsräten nicht übergeordnet – vielmehr handelt es sich um ein Gremium mit weniger Rechten, als Betriebsräten zustehen. Denn die Zuständigkeit des GBR ist auf Fälle beschränkt, die mehrere Betriebe betreffen und von den einzelnen Betriebsräten nicht geregelt werden können, weil eine einheitliche Regelung zwingend ist.

Aber:
Der Betriebsrat kann den GBR mit Aufgaben beauftragen. Dazu braucht es einen Beschluss, der mit der anzahlmäßigen Mehrheit der Betriebsratsmitglieder gefasst wurde. Die Beauftragung kann vorsehen, dass dem GBR bei dem Thema auch die Entscheidungsbefugnis übertragen wird oder das diese beim Betriebsrat verbleibt.

Der Betriebsrat entsendet in den GBR ein Mitglied oder zwei, wenn der Betriebsrat selbst mehr als drei Mitglieder hat. Betriebsratsvorsitzende werden nicht automatisch in den GBR entsendet. Die Mitglieder des GBR bleiben so lange Gesamtbetriebsratsmitglieder, wie sie auch Mitglieder des Betriebsrats sind.
Der GBR an sich hat keine Amtszeit und existiert dauerhaft.
Er funktioniert hinsichtlich des Rahmens seiner Arbeit wie der Betriebsrat; auch hier werden die/der Vorsitzende und der/die Stellvertreter*inn gewählt, auch hier gibt es regelmäßige Sitzungen und die Entscheidungen werden nach den gleichen Regeln durch Beschluss getroffen – nur hat bei der Beschlussfassung ein Mitglied so viele Stimmen, wie Arbeitnehmer*innen auf der Wähler*innenliste in seinem Betrieb stehen. Sind es zwei Mitglieder, dann haben sie jeweils die Hälfte dieser Stimmen.
Daraus ergibt sich, dass für die Beschlussfähigkeit eines GBR nicht nur mindestens die Hälfte der Mitglieder anwesend sein muss, sondern diese auch mindestens die Hälfte aller Stimmen haben müssen.
Ein Gesamtbetriebsausschuss ist auch vom Gesetz vorgesehen.

Betriebsräteversammlung (§ 53 BetrVG)
Der GBR hat mindestens einmal im Kalenderjahr die/den Vorsitzenden und die/den Stellvertreter*in – letztere/n unabhängig von einer Verhinderung der/des erstgenannten – sowie alle weiteren Mitglieder der Betriebsausschüsse zu einer Versammlung einzuladen. Die Betriebsräte können abweichend von der Einladung auch andere Mitglieder bis zu der Anzahl der Betriebsausschussmitglieder in diese Versammlung entsenden.
Hier soll der GBR einen Tätigkeitsbericht abgeben und der Arbeitgeber einen Bericht für das Unternehmen zu den Themen, über die er auch auf der Betriebsversammlung verpflichtet ist, kalenderjährlich zu berichten.

Konzernbetriebsrat:
Ist das Unternehmen, in dem sich Euer Betriebsrat befindet, Teil eines Konzerns, gibt es mindestens einen Gesamtbetriebsrat oder Betriebsrat, und beschließt die vorhandene Arbeitnehmer*innenvertretung, die mindestens 50 % der Arbeitnehmerschaft des Konzerns repräsentiert,

die Bildung eines KBR, dann wird dieser errichtet. Der Beschluss für die Bildung kann durch mehrere GBR, aber auch durch nur einen Betriebsrat erfolgen, wenn die obigen Voraussetzungen erfüllt sind.
Auch hier handelt es sich um ein Gremium, welches Eurem Betriebsrat nicht übergeordnet ist; auch hier ist die Zuständigkeit, wie schon bei dem GBR, auf Fälle beschränkt, die mehrere Unternehmen des Konzerns betreffen und von den Gesamtbetriebsräten nicht geregelt werden können, weil eine einheitliche Regelung zwingend ist. Und auch hier gibt es die Möglichkeit der Beauftragung, nur wäre der Beauftragende der GBR.

> **Hinweis:**
> Der Betriebsrat kann den KBR nicht mit Aufgaben beauftragen.

In den KBR entsendet jeder GBR zwei Mitglieder. Jedes Mitglied hat dann die Hälfte der Gesamtstimmen seines GBR. Auch hier sind Vorsitzende und Stellvertreter*innen nicht automatisch Mitglieder. Die Geschäftsführung entspricht der des GBR, und ist somit erneut wie beim Betriebsrat, so dass auch die Vorsitzenden und Stellvertreter*innen des KBR vergleichbare Aufgaben haben wie Vorsitzende des GBR und der Betriebsräte.

Europäischer Betriebsrat
Der europäische Betriebsrat ist ein Gremium, das existieren kann, sofern Euer Arbeitgeber oder der Konzern, zu dem dieser gehört, mindestens 1000 Arbeitnehmer*innen in der EU hat und davon mindestens 150 in jeweils mindesten zwei EU-Staaten arbeiten.
Es handelt sich um ein Gremium, welches zumeist lediglich Rechte auf Informationen hat und daher den nationalen Gremien weder übergeordnet ist noch starke Möglichkeiten hat, Arbeitnehmer*innen zu vertreten. Es kann jedoch ein politisches Gewicht haben.
Der EBR kann ganz unterschiedlich ausgestaltet sein, da vorrangig eine Einigung über die Regeln, nach denen der jeweilige EBR funktioniert, mit dem Arbeitgeber stattfinden soll. Und nur wenn dies scheitert oder dass der Wunsch der Parteien ist, finden die Regeln des Europäischen Betriebsräte-Gesetzes (EBRG) Anwendung.

b. Arbeitgeber

Der Arbeitgeber ist sozusagen der »Gegenspieler« des Betriebsrats – zwar haben beide ein grundsätzliches Interesse daran, dass es dem Betrieb gut

geht, dieses wird aber inhaltlich zumeist sehr auseinanderfallen. Während dem Arbeitgeber eine ökonomisch gesunde Wirtschaftseinheit vorschwebt, ist der Betriebsrat an einer gesunden Belegschaft interessiert.
Der Arbeitgeber ist folglich der Adressat für Ansprüche aus dem Betriebsverfassungsgesetz; er ist derjenige, gegen den sich ein arbeitsgerichtliches Beschlussverfahren richten muss. Gleichzeitig sieht das Gesetz eine »vertrauensvolle Zusammenarbeit« der Betriebsparteien vor. Dies verändert jedoch keineswegs den Charakter des Betriebsrats als reine Interessenvertretung der Arbeitnehmer*innen! Der Betriebsrat sollte sich davor hüten, vom Arbeitgeber mit dem Argument der »vertrauensvollen Zusammenarbeit« zur Duldung von Verstößen des Arbeitgebers gegen seine oder die Rechte von Arbeitnehmer*innen oder zum Verzicht auf seine Rechte gebracht zu werden. Die »vertrauensvolle Zusammenarbeit« tastet kein bisschen das Recht und gleichzeitig die Pflicht des Betriebsrats an, mit dem Arbeitgeber hart in der Sache zu bleiben, wenn es um das BetrVG geht.
Das Betriebsverfassungsgesetz sieht in § 74 Abs. 1 Satz 1 vor, dass der Betriebsrat und der Arbeitgeber mindestens einmal im Monat zu einer Besprechung zusammentreffen (sogenanntes »*Monatsgespräch*«). Dies ist grundsätzlich ein Termin für den ganzen Betriebsrat und nicht etwa nur für die vorsitzende Person!

c. Jugend- und Auszubildendenvertretung (JAV) und Schwerbehindertenvertretung (SBV)

Die Jugend- und Auszubildendenvertretung hat ein Teilnahmerecht an allen Betriebsratssitzungen, zu denen sie einen Vertreter entsenden kann – daher sollte die JAV standardmäßig eingeladen werden. In Fällen, in denen es überwiegend um Angelegenheiten der Arbeitnehmer*innen unter 18 Jahren geht bzw. um Angelegenheiten der zu ihrer Berufsausbildung Beschäftigten, die das 25. Lebensjahr noch nicht vollendet haben, hat die gesamte JAV ein Teilnahmerecht. Dann besitzt sie auch ein Stimmrecht.
Weiterhin arbeitet der Betriebsrat mit der Schwerbehindertenvertretung zusammen (§§ 177ff. SGB IX). Diese hat ein Teilnahme- und Beratungsrecht bezüglich aller Sitzungen des Betriebsrats und dessen Ausschüssen – daher ist sie auch standardmäßig zu laden. Wichtig ist, dass sie kein Stimmrecht hat.
Gerade bei den Fragen der Wiedereingliederung langzeitlich Erkrankter verlangt das SGB IX eine enge Zusammenarbeit zwischen Betriebsrat, Schwerbehindertenvertretung und Arbeitgeber, § 182 SGB IX.

d. Gewerkschaften

In § 2 Abs. 1 BetrVG geht das Betriebsverfassungsgesetz von einem Zusammenwirken zwischen Betriebsrat und den im Betrieb vertretenen Gewerkschaften aus. Dabei ist eine Gewerkschaft dann im Betrieb vertreten, wenn sie mindestens ein Mitglied dort hat. Damit ist die betriebliche Präsenz der Gewerkschaft an die Mitgliedschaft der Arbeitnehmer*innen gebunden. Ist sie im Betrieb in diesem Sinne vertreten, dann resultieren daraus viele Rechte.

Die Gewerkschaften haben ein Zutrittsrecht zum Betrieb (§ 2 Abs. 2 BetrVG). Sie sind berechtigt, an Betriebs- und Abteilungsversammlungen teilzunehmen (deshalb sind sie auch entsprechend zu informieren, § 46 BetrVG). Sie können – soweit der Betriebsrat sie einlädt – auch an Betriebsratssitzungen (§ 31 BetrVG) sowie an Wirtschaftsausschusssitzungen teilnehmen. Aus Art. 9 GG (Koalitionsfreiheit) ergibt sich auch allgemein, dass Gewerkschaftsvertreter*innen für ihre Organisation werben können. Auch die Betriebsratsmitglieder selbst sind gemäß Koalitionsfreiheit in ihrer gewerkschaftlichen Betätigung völlig frei (siehe § 74 Abs. 3 BetrVG). Sie dürfen jedoch die Rolle im Betriebsrat nicht mit der gewerkschaftlichen Betätigung vermengen.

Betriebsratsmitglieder müssen natürlich nicht zwingend Mitglieder in einer Gewerkschaft sein. Da die Gewerkschaften die einzige außerbetriebliche Arbeitnehmer*innenlobby sind, ist dies jedoch sehr empfehlenswert, denn der Organisationsgrad ist in Deutschland leider sehr gering und muss dringend erhöht werden, um Arbeitnehmer*innenrechte nachhaltig zu festigen und sogar zu stärken. Die bisherigen mittlerweile zum Teil gesetzlich verankerten Errungenschaften sind nämlich leider nicht von Natur aus gegeben und unterliegen immer wieder Rückbauversuchen. Wenn Du als Betriebsratsmitglied hier mit gutem Beispiel vorangehst, dann ist es wahrscheinlicher, dass andere Kolleg*innen aus der Belegschaft folgen und ebenfalls Mitglieder werden.

e. Sonstige interne Interessenvertretungen

Der Betriebsrat kann auch mit weiteren Personen zusammenarbeiten. Hier kommen – soweit vorhanden – Beauftragte des Betriebs/Unternehmens für bestimmte Themen in Betracht, wie z. B. Frauenbeauftragte, Suchtbeauftragte, Datenschutzbeauftragte, Beauftragte für Zivildienstleistende usw.

Soweit ein Sprecherausschuss der leitenden Angestellten existiert, besteht die Pflicht, mit diesem einmal pro Kalenderjahr eine gemeinsame Sitzung durchzuführen (§ 2 Abs. 2 Satz 3 SprAuG).

f. Außerbetriebliche Kontakte

Zwar erfolgt die Arbeit des Betriebsrats grundsätzlich im Betrieb und mit Betriebsinternen, aber es gibt doch zahlreiche Schnittstellen nach »außen«. Einerseits ist es so, dass der Betriebsrat bei Hinzuziehung von externem Sachverstand eben mit externen Sachverständigen in Berührung kommt. Soweit Themen bis zum Gericht eskalieren, wird/kann er auch mit dem örtlich zuständigen Arbeitsgericht, einem Landesarbeitsgericht, dem Bundesarbeitsgericht und Rechtsanwält*innen zu tun bekommen. Wie bereits geschildert, sind Gewerkschaften eigentlich Externe, mit denen ebenfalls oft Kontakt besteht, so wie auf Arbeitgeberseite mit den Arbeitgeberverbänden. Sobald ein Thema in die Einigungsstelle eskaliert wird, sind dies auch der/die Vorsitzende der Einigungsstelle sowie eventuell externe Beisitzer*innen. Auch im GBR/KBR/EBR stößt der Betriebsrat eigentlich auf betriebsexterne Personen.

Über all diese Kontakte – die zu einer absolut gewöhnlichen Betriebsratsarbeit dazu gehören – hinaus, kann es sein, dass Behörden und staatliche Institutionen kontaktiert werden müssen. Hier ist es oft das Gewerbeaufsichtsamt/Amt für Arbeitsschutz als erste externe Anlaufstelle bei Verstößen des Arbeitgebers gegen das Arbeitszeitgesetz oder den technischen Arbeitsschutz; das Integrationsamt soweit es um Kündigungen von schwerbehinderten Kolleg*innen oder um leidensgerechte Arbeitsplatzgestaltung geht; die Agentur für Arbeit z. B. bei Massenentlassungen und die Berufsgenossenschaften/Unfallkassen soweit es um Unfallverhütungsvorschriften (UVV), Arbeitsunfälle oder Berufskrankheiten geht.

III. Der Werkzeugkasten des Betriebsrats – das Betriebsverfassungsgesetz

Das Arbeitsrecht ist ein großes Rechtsgebiet und in vielen Gesetzestexten – und das nicht ausschließlich – geregelt.
Als Betriebsratsmitglied hast Du Glück, dass grundsätzlich alles, was den Betriebsrat betrifft, in einem Gesetz, dem Betriebsverfassungsgesetz, zusammengefasst ist. Das Betriebsverfassungsgesetz ist somit auch DER Werkzeugkasten des Betriebsrats, welchen Du so gut wie möglich kennen solltest.
Damit Du Dich im (kollektiven) Arbeitsrecht zurechtfinden und Situationen im Betrieb richtig einordnen kannst, solltest Du aber auch einen zumindest groben Überblick über diese Rechtslandschaft insgesamt und die Einordnung des Betriebsverfassungsgesetzes darin haben.

1. Vorab: Einordnung der Betriebsratsarbeit in das Rechtssystem

Die Betriebsratsarbeit an sich besteht in der Interessenvertretung der Arbeitnehmer*innen.
Im Betriebsverfassungsgesetz (BetrVG) finden sich zwei grundsätzliche Regelungen, die im Allgemeinen diese Arbeit charakterisieren.
Einerseits im Hinblick darauf, wie diese Arbeitnehmer*innenvertretung stattfinden soll; § 2 Abs. 1 BetrVG: »*Arbeitgeber und Betriebsrat arbeiten unter Beachtung der geltenden Tarifverträge vertrauensvoll und im Zusammenwirken mit den im Betrieb vertretenen Gewerkschaften und Arbeitgebervereinigungen zum Wohl der Arbeitnehmer und des Betriebs zusammen.*« Hiermit ist die Arbeit des Betriebsrats mit dem Arbeitgeber als »*vertrauensvolle Zusammenarbeit*« bezeichnet – dies darf der Betriebsrat jedoch nicht mit blindem Vertrauen verwechseln oder durch diesen Grundsatz die Interessensgegensätze zwischen Arbeitgeber und Betriebs-

rat vergessen. Vielmehr geht es um eine das Gesetz achtende Betriebsparteilichkeit mit Respekt und auf Augenhöhe. Gleichzeitig wird die Rolle der jeweiligen Verbände – für den Betriebsrat die der Gewerkschaft – sowie deren Regelwerke, der Tarifverträge, betont.
Die zweite grundsätzliche Regelung findet sich andererseits in den allgemeinen Aufgaben des Betriebsrats, § 80 Abs. 1 BetrVG zählt diese wie folgt auf:

- Überwachungsaufgaben hinsichtlich der Durchführung von Gesetzen, Verordnungen, Unfallverhütungsvorschriften, Tarifverträgen und Betriebsvereinbarungen zu Gunsten der Arbeitnehmer*innen (Nr. 1);
- das Recht, Maßnahmen zu Gunsten der Arbeitnehmer*innen zu beantragen im Allgemeinen (Nr. 2) und zum Thema Bekämpfung von Rassismus und Fremdenfeindlichkeit (Nr. 7) im Besonderen;
- die Pflicht, Anregungen der Belegschaft zu behandeln (Nr. 3);
- Schutzaufträge bezogen auf schwerbehinderte und sonst besonders schutzbedürftige Arbeitnehmer*innen (Nr. 4), Ältere (Nr. 6) sowie ausländische Arbeitnehmer*innen (Nr. 7);
- die Pflicht zur Förderung von Gleichberechtigung aller Geschlechter (Nr. 2a), der Vereinbarkeit von Familie und Erwerbstätigkeit (Nr. 2b), der Beschäftigung sowie Sicherung dieser (Nr. 8), von Maßnahmen des Arbeits- und des betrieblichen Umweltschutzes (Nr. 10) sowie zur Zusammenarbeit mit der JAV (Nr. 5).

Um die Betriebsratsarbeit wie durch das BetrVG vorgesehen auszuführen, braucht es den folgenden Überblick der Normen – ihrer Wertigkeit folgend – zur Einordnung:

a. Gesetze, Verordnungen, Unfallverhütungsvorschriften

Gesetze sind Regeln, die von den Parlamenten gemacht werden und grundsätzlich über allen anderen Regeln stehen.

Beispiele für einige Gesetze aus dem Arbeitsrecht:

- Betriebsverfassungsgesetz (BetrVG),
- Betriebsverfassungsgesetz (BetrVG),
- Arbeitszeitgesetz (ArbZG),
- Kündigungsschutzgesetz (KSchG),
- Bundesurlaubsgesetz (BUrlG),
- Entgeltfortzahlungsgesetz (EFZG),
- Allgemeines Gleichbehandlungsgesetz (AGG),
- Teilzeit- und Befristungsgesetz (TzBfG).

Über den normalen Gesetzen steht noch das Grundgesetz – die deutsche Verfassung. Kein Gesetz darf gegen das Grundgesetz verstoßen und während Gesetze mit der einfachen Mehrheit geändert werden können, braucht es für eine Änderung des Grundgesetzes eine 2/3 Mehrheit im Bundestag und Bundesrat! Verordnungen sind eine Kategorie, die unterhalb der Gesetze angesiedelt ist– denn Verordnungen durchbrechen das grundsätzliche Prinzip der Gewaltenteilung, da sie durch die Regierung (Ministerien) gemacht werden und nicht durch das Parlament. Deshalb braucht es für eine Verordnung immer ein Gesetz, welches regelt,

- dass eine Verordnung erlassen werden darf,
- wer diese Verordnung erlassen darf (welches Ministerium) und
- was genau in der Verordnung geregelt werden darf.

Beispiel für eine Verordnung und ihre Ermächtigungsgrundlage:
§ 126 BetrVG als Ermächtigung für die Wahlordnung.

Unfallverhütungsvorschriften werden durch Berufsgenossenschaften – also einfach betrachtet Versicherungen – gemacht und sind daher in der Wertigkeit den Gesetzen und Verordnungen unterzuordnen.

b. Tarifverträge

Tarifverträge sind Verträge, die von Gewerkschaften auf der einen Seite und von Arbeitgeberverbänden oder einzelnen Arbeitgebern auf der anderen Seite abgeschlossen werden.
Tarifverträge gelten üblicherweise für viele Arbeitgeber (Ausnahme: Haustarifvertrag) und damit für sehr viele Betriebe. Sie legen für die Beschäftigten Mindestbedingungen der Arbeit fest, die über den unabdingbaren Mindestbedingungen der Gesetze liegen. Es gibt in Deutschland sehr viele Tarifverträge. Man unterscheidet zwischen Flächentarifverträgen (oft nach Bundesländern), Branchentarifverträgen (z. B. Gebäudereinigung) und Firmentarifverträgen (auch Haustarifvertrag genannt). Die tariflichen Regelungen sind inhaltlich oft in einzelnen Verträgen getrennt; in Rahmen- oder Manteltarifverträge und Entgelttarifverträge sowie weitere Tarifverträge zu Spezialthemen. Tarifverträge können auch für allgemeinverbindlich erklärt werden und gelten dann unabhängig von der Tarifbindung der Arbeitgeber und Arbeitnehmer*innen.
Tarifverträge gelten jedenfalls immer zwingend – wie Gesetze – zwischen dem tarifgebundenen Arbeitgeber (dem Arbeitgeber, der einen Tarifvertrag unterschrieben hat oder Mitglied eines Arbeitgeberverbands mit

Tarifbindung ist) und den Arbeitnehmer*innen, die Mitglieder der Gewerkschaft sind.
Wichtig ist, dass diese Bedingungen der Tarifverträge nur für Gewerkschaftsmitglieder zwingend Anwendung finden müssen – bist Du nicht Mitglied, so ist es eine Frage der arbeitsvertraglichen Regelungen (und obliegt damit faktisch Deinem Arbeitgeber), ob er Dir die Vorteile der Tarifverträge zukommen lässt.
Mittlerweile kommt es oft vor, dass Arbeitgeber Tarifverträge auch auf Nichtgewerkschaftsmitglieder anwenden – dann gelten die Regelungen der Tarifverträge aber nicht zwingend, sondern nur wie Regelungen eines Arbeitsvertrags. Das bedeutet, dass auch von Teilen der Tarifvertragsregelungen abgewichen werden kann. Betriebsräte dürfen Arbeitsbedingungen, die üblicherweise in Tarifverträgen geregelt werden – auch wenn dies im jeweiligen Betrieb wegen fehlender Tarifbindung **nicht** der Fall sein sollte –, nicht regeln (§ 77 Abs. 3 BetrVG). Der Tarifvertrag kann jedoch eine Ausnahme davon – eine sogenannte »*Öffnungsklausel*« – vorsehen. Dieser Grundsatz sorgt dafür, dass sich Betriebsrat und Gewerkschaft politisch nicht in die Quere kommen und nicht gegeneinander ausgespielt werden können. Er wird auch der Wirkungsmacht der Betriebsräte und Gewerkschaften gerecht – denn während Gewerkschaften von den Arbeitgebern unabhängig sind und streiken dürfen, dürfen Betriebsräte das nicht und sind stets selbst Arbeitnehmer*innen des jeweiligen Arbeitgebers.

> **Hinweis:**
> Die für den Betrieb infrage kommenden Tarifverträge musst Du kennen!

Auf Rechte aus einem zwingend geltenden Tarifvertrag kann nicht wirksam verzichtet werden –die Rechte würden trotz erklärtem Verzicht den Arbeitnehmer*innen zustehen.

> **Aber:**
> Ausschlussfristen, die immer in Tarifverträgen stehen, müssen beachtet werden!

c. Betriebsvereinbarungen

Während Tarifverträge überbetrieblich sind, sind Betriebsvereinbarungen das betriebliche Pendant dazu – es sind Verträge, die Dein Betriebsrat mit dem Arbeitgeber schließt. Wenn es nicht die erste Amtszeit eines Betriebsrats in Deinem Betrieb ist, dann wird es eventuell bereits geltende Betriebsvereinbarungen geben. Falls Du es nicht schon gemacht hast – schau Dir diese unbedingt an!

> **Hinweis:**
> Die im Betrieb geltenden Betriebsvereinbarungen musst Du kennen!

Während es Themen gibt, zu denen der Betriebsrat – sofern das Thema im Betrieb vorhanden ist – unbedingt Betriebsvereinbarungen abschließen sollte (§ 87 Abs. 1 BetrVG) und dies auch durch den Betriebsrat erzwungen werden kann, gibt es auch die Möglichkeit, zu anderen Themen freiwillige (also nicht durch den Betriebsrat erzwingbare) Betriebsvereinbarungen zu schließen.
Betriebsvereinbarungen müssen immer einer bestimmten Form entsprechen: entweder werden sie in Papierform gefasst, jede Ausfertigung von beiden Parteien eigenhändig unterschrieben und für beide Parteien ausgefertigt; oder aber mittlerweile auch digital geschlossen, mit der jeweils entsprechenden qualifizierten elektronischen Signatur beider Parteien auf einem Dokument.

> **Aber:**
> Auch wenn die/der Vorsitzende unterschreibt, braucht es einen wirksamen Beschluss des Gremiums!

Nur wenn diese Form eingehalten wurde, handelt es sich auch um eine Betriebsvereinbarung im gesetzlichen Sinne. Dann wirken die Regelungen auch zwingend wie ein Gesetz und einzelne Arbeitnehmer*innen können sich auch auf Rechte daraus berufen und Ansprüche daraus ableiten. Werden freiwillige Betriebsvereinbarungen geschlossen, so sind die Rechtsfolgen die gleichen wie bei Betriebsvereinbarungen, die erzwingbar sind. Es bleibt jedoch dabei, dass Betriebsvereinbarungen Arbeitsbedingungen, die üblicherweise in Tarifverträgen geregelt werden – auch falls dies im jeweiligen Betrieb wegen fehlender Tarifbindung **nicht** der Fall sein sollte –, nicht regeln dürfen (§ 77 Abs. 3 BetrVG).
Über die Betriebsvereinbarung hinaus gibt es die Möglichkeit für Arbeitgeber und Betriebsrat, eine Regelungsabrede/Regelungsabsprache zu treffen. Das sind Vereinbarungen, die nicht die Form der Betriebsvereinbarung erfüllen und daher keine Rechte für Beschäftigte enthalten. Das bedeutet, dass eine solche Vereinbarung auch per Handschlag geschlossen werden kann. Damit können Verfahrensregeln zwischen den

Betriebsparteien wie Formulare für Anhörungen nach § 99 BetrVG, die Art der Übermittlung von Unterlagen usw. sinnvoll geregelt werden. Für Fragen der Mitbestimmung ist jedoch von der Nutzung dieser Vertragsform abzuraten, da sie den Arbeitnehmer*innen nichts bringt.

Tipp:
Keine Regelungsabreden/Regelungsabsprachen im Mitbestimmungsbereich!

d. Arbeitsverträge und Direktionsrecht

Der Arbeitsvertrag wird zwischen dem Arbeitgeber und der*m Arbeitnehmer*in geschlossen. Dabei muss er nicht schriftlich sein, er kann mündlich zustande kommen oder auch durch »*konkludentes Handeln*« – also indem faktisch mit Kenntnis des Arbeitgebers für diesen gearbeitet wird. So kann ein unbefristetes Arbeitsverhältnis (eine Befristung ist nur schriftlich wirksam) regelmäßig ganz ohne ein geschriebenes Wort entstehen. Die Hauptleistungspflichten sind auf der einen Seite die Bezahlung und Beschäftigung, die der Arbeitgeber leistet, und auf der anderen Seite die Arbeitsleistung, bemessen nach Zeit, die der*ie Arbeitnehmer*in leistet. Darüber hinaus sind die Parteien zu Vielem mehr als Nebenpflichten aus diesem Arbeitsverhältnis verpflichtet, z. B. der Arbeitgeber zur Urlaubsgewährung und Fürsorge und der*ie Arbeitnehmer*in zur Unterlassung von Wettbewerb sowie zu pfleglichem Umgang mit den Arbeitsmitteln. Das schriftliche Vertragswerk an sich – soweit vorhanden – muss dem Betriebsrat nicht vorgelegt werden. Dies gilt zumindest für den konkreten Arbeitsvertrag zwischen den Parteien. Diesen bekommst Du nur zu Gesicht, wenn die*er Arbeitnehmer*in ihn Dir zeigt. Verwendet der Arbeitgeber jedoch einen Standardvertrag, so kann der Betriebsrat die Vorlage einfordern, auch wenn er keinen Einfluss auf die Ausgestaltung der Klauseln hat.

Gesamtzusage/betriebliche Übung

Das Arbeitsverhältnis kann auch bei einem schriftlichen Arbeitsvertrag weitere Inhalte haben, die nicht in diesem schriftlich verfasst sind. Das kann durch mündliche Abreden zwischen dem Arbeitgeber und der*dem Arbeitnehmer*in passieren – denn mündliche Abreden gehen grundsätzlich vor –, aber auch noch auf anderen Wegen.

Einerseits gilt dies, wenn der Arbeitgeber allen oder einem bestimmten Teil der Belegschaft einseitig etwas zusagt (z. B. eine zusätzliche Zahlung, einen weiteren freien Tag usw.). Das kann er mündlich in einer Versammlung machen aber auch durch Rundmail oder Aushang. Dann entsteht mit dieser Äußerung ein Anspruch auf das Zugesagte. Das nennt man Gesamtzusage. Andererseits gilt dies, wenn es zwar nie eine Zusage gab und sich auch aus keiner anderen Regelung ein Anspruch ergibt, aber der Arbeitgeber etwas mehrfach vorbehaltlos gewährt hat – dann haben die Arbeitnehmer*innen weiter einen Anspruch auf das in der Vergangenheit Gewährte. Dies nennt man betriebliche Übung. Hier gibt es keine feste Anzahl von Wiederholungen in der Vergangenheit, die es braucht, um den Anspruch zu begründen – es ist eine Einzelfallentscheidung, ab wie vielen vorbehaltlosen Gewährungen die Arbeitnehmer*innen mit einer künftigen Gewährung rechnen können.

Direktionsrecht

Das Direktionsrecht ist das Recht des Arbeitgebers, den Beschäftigten einseitig Weisungen zu geben. In § 106 Gewerbeordnung ist festgelegt, dass das nur zu bestimmten Themen passieren darf, nämlich Inhalt, Ort und Zeit der Arbeitsleistung sowie Ordnung und Verhalten im Betrieb. Außerdem gilt dies nur insoweit, wie alle bereits genannten Regelungen (Arbeitsvertrag, Betriebsvereinbarungen, Tarifvertrag, gesetzliche Normen) noch einen Spielraum lassen.

> **Wichtig:**
> Eure Mitbestimmung nach BetrVG ist faktisch mit die größte Einschränkung des Direktionsrechts des Arbeitgebers und kann diesem meistens entgegengehalten werden!

e. Normenpyramide

Die eben dargestellte Reihenfolge der Normen (a. bis d.) ist nicht zufällig – sie entspricht der sogenannten »*Normenpyramide*«. An dieser soll das Folgende verdeutlicht werden.

Das **Günstigkeitsprinzip**: Jede Norm, die niedriger angesiedelt ist, darf zwar günstiger sein als die darüber liegende, jedoch nicht ungünstiger als diese. Das bedeutet, dass es unproblematisch ist, wenn ein Tarifvertrag mehr Urlaub als das Bundesurlaubsgesetz vorsieht – was regelmäßig der Fall ist –, jedoch nicht umgekehrt. Der Tarifvertrag, die Betriebsvereinbarung und der Arbeitsvertrag (alles Regelungen, die unterhalb des Bundesurlaubsgesetzes liegen) dürfen nicht weniger Urlaub festlegen als das Bundesurlaubsgesetz selbst.

Der **Ranggrundsatz**: Das höherrangige Recht bricht das niederrangige Recht; eine Vorschrift auf einer niedrigeren Stufe darf einer Vorschrift auf einer höheren Stufe nicht widersprechen. Gibt es einen Widerspruch –

welcher nicht durch das Günstigkeitsprinzip aufgelöst werden kann –, dann gilt die Regelung der niederen Stufe nicht.

Beispiel:
Wenn in einer Betriebsvereinbarung zum Thema Urlaub geregelt wäre, dass die Urlaubszeiten nicht beantragt und gewährt, sondern einseitig durch den Arbeitgeber zugewiesen werden, wäre diese Regelung unwirksam, da sie gegen das Bundesurlaubsgesetz verstoßen würde.

Da Du nun die Reihenfolge kennst, kannst Du besser Deine Arbeit einordnen. Diese erfolgt auf Grundlage des Betriebsverfassungsgesetzes, welches ein Gesetz ist und auf nationaler Ebene lediglich unter das Grundgesetz fällt. Damit sind die Rechte und Pflichten des Betriebsrats und damit die betriebliche Mitbestimmung sehr hoch anzusiedeln. Gleichzeitig sind Betriebsvereinbarungen Regelwerke, welche über den individualrechtlichen arbeitsvertraglichen Regelungen stehen.
Zum Schluss ist wichtig, dass das Direktionsrecht des Arbeitgebers ganz am Ende der Normenpyramide steht und daher dem Betriebsrat kaum wirksam entgegengehalten werden kann.

Tipp:
Argumentiert der Arbeitgeber wieder einmal mit dem Direktionsrecht, dann überprüft, inwiefern es zu dem konkreten Thema im BetrVG Handlungsmöglichkeiten des Betriebsrats gibt. Sehr oft gibt es welche!

Beispiel:
Geht es um das Thema Arbeitszeit, dann seid Ihr als Betriebsrat in der zwingenden Mitbestimmung des § 87 Abs. 1 BetrVG.
Geht es um die Zuteilung von Aufgaben, so kann § 99 BetrVG im Rahmen einer Versetzung betroffen sein.

2. Aufbau des Betriebsverfassungsgesetzes

a. Überblick

Da das Betriebsverfassungsgesetz das Buch ist, welches als Grundlage für alle Handlungen des Betriebsrats dient, sollte jedes Mitglied des Betriebsrats sich dieses gut anschauen. Nimm bitte daher jetzt das BetrVG – als

reines unkommentiertes Gesetz – zur Hand und schau es Dir an. Das Buch ist in acht Teile unterteilt.
Die ersten drei Teile behandeln Themen der Organisation der Betriebsratsarbeit. Während Teil 1 (§§ 1 bis 5) die Berechtigung für die Errichtung eines Betriebsrats, den Grundsatz der Zusammenarbeit der Betriebsparteien, den Betriebsbegriff und den Arbeitnehmer*innenbegriff behandelt; geht es im Teil 2 zuerst um die Zusammensetzung und Wahl des Betriebsrats (§§ 7 bis 20), dann um die Amtszeit (§§ 21 bis 25), die Führung der Geschäfte inklusive Vorsitz, Sitzungen, Beschlüsse, Freistellung, Kosten (§§ 26 bis 41), sodann die Betriebsversammlung (§§ 42 bis 46), den Gesamtbetriebsrat (§§ 47 bis 53) und den Konzernbetriebsrat (§§ 54 bis 59a). Der dritte Teil behandelt die JAV (§§ 60 bis 73b).
In Teil 4 ist die gesamte Mitwirkung und Mitbestimmung – also jede Handlungsmöglichkeit des Gremiums – geregelt. Dieser wichtige Teil ist wie folgt aufgebaut: Zuerst werden erneut einige Grundsätze und das Monatsgespräch in den §§ 74 und 75 behandelt, dann folgen die Einigungsstelle (§§ 76 und 76a), Betriebsvereinbarungen (§ 77), Schutzbestimmungen inklusive des Themas Datenschutz (§§ 78 bis 79a) und allgemeine Aufgaben des Betriebsrats inklusive wichtiger Regelungen zur Informationserlangung (§ 80). Sodann folgt ein Abschnitt zu Rechten der Arbeitnehmer*innen (§§ 81 bis 86a) inklusive des Rechts auf Einsicht in die Personalakte und des Beschwerderechts. Darauf folgt die Mitbestimmung in sozialen Angelegenheiten (§§ 87 bis 89) mit dem Herzstück in § 87 – bitte unbedingt durchlesen! Es folgt das Thema der Gestaltung von Arbeitsplatz, Arbeitsablauf und Arbeitsumgebung (§§ 90 und 91). Dann finden sich Regelungen zu allgemeinen personellen Angelegenheiten wie Personalplanung, Auswahlrichtlinien, Personalfragebögen usw. (§§ 92 bis 95). Als nächstes kommt das Thema Berufsbildung (§§ 96 bis 98), gefolgt von personellen Einzelmaßnahmen wie Einstellungen, Versetzungen und Kündigungen (§§ 99 bis 104). Zuletzt finden sich in diesem Teil die wirtschaftlichen Angelegenheiten – hier ist der Wirtschaftsausschuss geregelt (§§ 106 bis 110) und das Vorgehen bei Betriebsänderungen (§§ 111 bis 113).
Der Teil 5 behandelt Besonderheiten bei einzelnen Betriebsarten aus der See- und Luftfahrt sowie bei Tendenzbetrieben (§§ 114 bis 118). In Teil 6 sind die Straf- und Bußgeldvorschriften geregelt (§§ 119 bis 121). Die Teile 7 (§§ 122 bis 124) und 8 (§§ 125 und 132) behandeln Formalitäten, die grundsätzlich keine Relevanz für die Arbeit des Betriebsrats haben. Demnach haben für Dich die Teile 2 und 4 die größte Relevanz – während der Teil 2 immer heranzuziehen ist, wenn es um die Organisation der Arbeit des Betriebsrats geht (wie die Beschlüsse richtig zu fassen sind usw.);

ist Teil 4 der Werkzeugkoffer im engeren Sinne, dort könnt Ihr immer schauen, was Eure Handlungsmöglichkeiten sind.

b. Arbeit mit dem Gesetzestext

aa. Was ist das Ziel?

Wenn sich ein Problem/Thema ergibt, welches Ihr als Betriebsratsgremium angehen wollt, so müsst Ihr zuerst für Euch klären, was das eigentliche Ziel ist und dabei alle Aspekte, aber auch alle Perspektiven im Gremium und in der Belegschaft einbeziehen.

> **Achtung:**
> Die Perspektive des Arbeitgebers solltet Ihr natürlich auch bereits bedenken, aber nicht in dem Sinne, dass Ihr in vorauseilendem Gehorsam von Euren Zielen abweicht. Der Arbeitgeber wird hier seine Interessen selbst entsprechend einbringen! Wenn Ihr bereits vorab in Richtung der Interessen des Arbeitgebers rückt, dann werdet Ihr im Ergebnis eventuell zu nah am Ziel des Arbeitgebers und nicht nah genug am Ziel der Belegschaft und des Betriebsrats landen!

Wenn Ihr wisst, was Ihr wollt, dann ist der richtige Zeitpunkt, um zum BetrVG zu greifen.

bb. Nutzung der rechtlichen Möglichkeiten

Hier könnt Ihr dann im Teil 4 des Gesetzestextes nach Handlungsmöglichkeiten schauen. Eventuell stehen Euch auch mehrere zur Verfügung, die Ihr entweder parallel nutzen könnt oder zwischen denen Ihr Euch entscheiden müsst. An dieser Stelle, wenn Ihr selbst schon einen Überblick habt, wäre es auch der richtige Zeitpunkt dafür, sich juristisch beraten zu lassen, um Eure Einschätzung zu überprüfen und Euch die Entscheidung für den einzuschlagenden Weg zu erleichtern.
In den folgenden Kapiteln werden die Handlungsmöglichkeiten des Teils 4 genauer beleuchtet, um Euch eine Grundlage für die Orientierung und Nutzung an die Hand zu geben.

3. Die Ordnung des Betriebsverfassungsgesetzes nach der Qualität der Betriebsratsrechte

Die Rechte des Betriebsrats sind nicht alle gleich stark – vielmehr unterscheiden sie sich sehr in dem Maß, in dem der Betriebsrat auf etwas Einfluss nehmen kann. Auch gibt es Rechte, die dazu dienen, dass der Betriebsrat überhaupt erst weiterarbeiten kann. Sie selbst dienen also weniger der Gestaltung von etwas, sondern eher der Ermöglichung der Betriebsratsarbeit.
Nachfolgend werden wir uns zuerst die Rechte des Betriebsrats anschauen, die ihn unterstützen sollen und sodann werden wir die Mitbestimmung an sich in zwei Kategorien unterteilen – die Rechte, welche wenig inhaltliche Ausgestaltung ermöglichen und sodann die echte, starke Mitbestimmung.

a. Zur Betriebsratsarbeit befähigende Rechte

Wie bereits oben erwähnt, handelt es sich hier um Rechte, die der Betriebsrat braucht, um überhaupt ordentlich arbeiten zu können. Das sind zum Beispiel die Rechte auf Schulungen, internen und externen Sachverstand, Informationen, Betriebsversammlungen, Sprechstunden, Monatsgespräche, Betriebsratsbüro usw. Es handelt sich um Rechte, die mit einem arbeitsgerichtlichen Beschlussverfahren durchgesetzt werden können.

b. Formale Rechte – Anhörung

Das sind Rechte, welche zwar relativ stark sein können – je nach Situation –, aber jedenfalls kein Initiativrecht des Betriebsrats vorsehen und bei denen ein abschließendes Veto, wenn überhaupt, dann nur unter sehr eng begrenzten Voraussetzungen besteht. Den Kern bildet hier die Mitbestimmung bei personellen Einzelmaßnahmen nach § 99 BetrVG. Diese Rechte sind sehr stark formalisiert und vom Arbeitgeber unbedingt zu beachten – denn die Nichtbeachtung kann die Konsequenz der Unwirksamkeit der personellen Maßnahme nach sich ziehen, wie die fehlende Anhörung des Betriebsrats bei Kündigungen. Wenn sie jedoch ordnungsgemäß beachtet werden, dann reicht das bereits teilweise aus, um die Handlungsmöglichkeiten des Betriebsrats auf ein extrem geringes Maß zu reduzieren – Einzelheiten dazu weiter unten unter »*Anhörungsrechte*«.

c. Inhaltliche Rechte – Mitbestimmung

Hier spielt die eigentliche Musik des Betriebsverfassungsgesetzes – es handelt sich um Rechte des Betriebsrats auf eine inhaltliche Mitgestaltung der betrieblichen Wirklichkeit. Dies passiert regelmäßig durch den Abschluss von Betriebsvereinbarungen. Hier kann der Betriebsrat die Initiative ergreifen und den Arbeitgeber an den Verhandlungstisch bitten. Wurde er als »Mitgestalter« ignoriert und will der Arbeitgeber ganz ohne den Betriebsrat vorgehen, so kann der Betriebsrat ihn stoppen. Und wenn der Arbeitgeber in diesem Bereich etwas machen möchte, was der Sache gar nicht gerecht wird, so kann der Betriebsrat sogar ein endgültiges Veto durchsetzen. Das Herzstück ist der § 87 BetrVG, Beispiele sind die Urlaubsplanung, Regelungen zu Arbeitszeiten, Überstunden usw.

4. Weiteres zu den zur Betriebsratsarbeit befähigenden Rechten

Bei diesen Berechtigungen des Betriebsrats geht es um die Basis für die Betriebsratsarbeit. Diese wird – grob gesagt – dadurch geschaffen, dass der Betriebsrat ausgestattet und qualifiziert wird, ihm der erforderliche Sachverstand zur Verfügung gestellt wird, die Kommunikation mit der Belegschaft ermöglicht wird und er sodann durch Unterrichtung, Hinzuziehung und Beratung entsprechend informiert wird. Hier folgt eine grobe Übersicht der Rechte:

§§ 37, 38 BetrVG:	Freistellungsansprüche
§ 40 BetrVG:	Kosten der Betriebsratsarbeit (für Betriebsratsbüro inklusive Möbel, Hard- und Software, Fachliteratur usw.)
§ 37 Abs. 6 und 7 BetrVG:	Schulungs- und Bildungsveranstaltungen
§ 80 Abs. 3 BetrVG:	Externer Sachverstand
§ 80 Abs. 2 Satz 4 BetrVG:	Interner Sachverstand
§§ 27, 28, 28a BetrVG:	Ausschüsse und Arbeitsgruppen
§ 39 BetrVG:	Sprechstunden
§§ 42ff. BetrVG:	Betriebsversammlungen
§ 74 Abs 1 BetrVG :	Monatsgespräch

§ 80 Abs. 2 Satz 1 BetrVG:	Allgemeiner Informationsanspruch; spezieller Informationsanspruch über Beschäftigung von Nichtarbeitnehmer*innen
§ 80 Abs. 2 Satz 2 und 3 BetrVG:	Allgemeiner Anspruch auf erforderliche Unterlagen; besonderer Anspruch auf Einsicht in Gehaltslisten und auf Werk- und Dienstverträge
§ 90 BetrVG:	Arbeitsplatz, -ablauf und -umgebung
§ 89 Abs. 2 BetrVG:	Arbeits- und betrieblicher Umweltschutz
§ 92 BetrVG:	Personalplanung
§ 92a BetrVG:	Aktives Vorschlagsrecht zur Beschäftigungssicherung
§§ 106–109 BetrVG:	Wirtschaftsausschuss
§ 111 BetrVG:	Berater*innen bei Betriebsänderungen

Diese Übersicht macht deutlich, wie viel Unterstützung der Betriebsrat für seine Arbeit braucht. Die meisten Ansprüche aus dieser Aufstellung werden an anderen Stellen dieses Buches behandelt. Hier folgen noch die Ansprüche, welche Du nicht woanders im Buch detailliert findest:

a. Rechte auf Informationen nach § 80 Abs. 2 BetrVG

Der Betriebsrat findet hier seinen allgemeinen Anspruch auf alle notwendigen Informationen. Ausdrücklich muss er auch über die Personen informiert werden, die keine Arbeitnehmer*innen sind, aber im Betrieb zum Einsatz kommen.
Hier findet sich auch der Anspruch auf alle erforderlichen Unterlagen. Ausdrücklich nennt das Gesetz hier die Werkverträge sowie die Einsicht (nicht Übermittlung!) in die Gehaltslisten.

b. Arbeitsschutz, betrieblicher Umweltschutz und die Gestaltung der Arbeitsplätze, §§ 89 und 90 BetrVG

Arbeitsschutz, betrieblicher Umweltschutz und die Gestaltung der Arbeitsplätze müssen vom Betriebsrat überwacht werden.
§ 89 BetrVG verdeutlicht, dass es bezüglich des Arbeits- und Umweltschutzes darum geht, dass der Betriebsrat vollumfänglich in die Thematik einbezogen ist und auch beratend tätig werden kann, er hat jedoch keine darüberhinausgehenden Rechte.

§ 90 BetrVG sieht auch hinsichtlich der Gestaltung des Betriebs bezogen auf die Arbeitsumgebung grundsätzlich lediglich die Unterrichtung und Beratung vor. Weitere Rechte kommen nur in dem Fall infrage, wenn gesicherte arbeitswissenschaftliche Erkenntnisse über die menschengerechte Gestaltung der Arbeit offensichtlich nicht eingehalten werden (§ 91 BetrVG).

c. Personalplanung und Beschäftigungssicherung, §§ 92 und 92a BetrVG

In § 92 BetrVG ist das Thema Personalplanung geregelt. Hier war es für Arbeitgeber früher durchaus üblich zu behaupten, dass es keine solche Planung gebe. In diesem Kontext ist der Absatz 2 zu sehen, der Vorschläge des Betriebsrats zu Einführung und Durchführung der Planung vorsieht. Mittlerweile würde jedoch niemand einem Arbeitgeber, der behauptet, keine Planung vorzunehmen, Glauben schenken.

Die Personalplanung, die der Arbeitgeber dem Betriebsrat anhand von Unterlagen mitzuteilen hat, beinhaltet:

- Personalbedarfsplanung (Wie viele Arbeitnehmer*innen brauchen wir und mit welchen Qualifikationen?);
- Personalbeschaffungsplanung (Wie soll der Bedarf konkret gedeckt werden? Einstellungen Versetzungen, Beförderungen);
- Personaleinsatzplanung (Wie sollen die vorhandenen Arbeitnehmer*innen eingesetzt werden? Home-Office, Schichtpläne, Urlaub usw.);
- Personalentwicklungsplanung (Karriereplanung, Aus- und Weiterbildung);
- Eventuell ein Personalabbau.

Wichtig ist, dass die Planung dem Betriebsrat rechtzeitig zu übermitteln ist. Da solche Pläne weit im Voraus erfolgen, solltet Ihr als Betriebsrat hier Druck ausüben, um nicht etwa erst nachträglich informiert zu werden.

Nach der Gesetzesänderung 2017 ist der Arbeitgeber im Rahmen der Personalplanung auch verpflichtet, über den geplanten Einsatz von Nichtarbeitnehmer*innen zu unterrichten, natürlich über Werkverträge, Einsatz von Freiberuflern, Honorarkräften, aber auch Crowdworking.

Im Zusammenhang mit der Personalplanung darf der § 93 BetrVG nicht vergessen werden. Er gibt dem Betriebsrat das Recht, interne Stellenausschreibungen von Arbeitsplätzen zu verlangen. Dieses Recht muss der Betriebsrat aber aktiv ausüben! Der Arbeitgeber ist dann gezwungen, die Arbeitsplätze zu beschreiben und zu erklären, ob sie befristet oder unbefristet, in Teilzeit oder Vollzeit besetzt werden sollen.

§ 92a BetrVG sieht vor, dass der Betriebsrat Vorschläge zur Beschäftigungssicherung unterbreiten kann und diese dann beraten werden müssen. Der Betriebsrat (aber auch der Arbeitgeber) hat die Möglichkeit, die Agentur für Arbeit zu der Beratung hinzuzuziehen. Wenn der Arbeitgeber die Vorschläge für ungeeignet hält, dann muss er das begründen. In Betrieben mit mehr als 100 Beschäftigten hat er das schriftlich zu tun. Weitere Rechte hat der Betriebsrat hier nicht.

5. Anhörungsrechte

Bei den hier geschilderten Rechten handelt es sich um Paragrafen, die im Titel zwar als »*Mitbestimmung*« bezeichnet werden, sie eröffnen jedoch keine wirklichen Gestaltungsmöglichkeiten. Lediglich unter sehr engen und selten zutreffenden Voraussetzungen kann ein Betriebsrat eine Einstellung oder Versetzung tatsächlich abschließend verhindern, wenn sich das Thema nicht bereits sowieso durch Zeitablauf erledigt. Die Kündigungen von Arbeitnehmer*innen kann der Betriebsrat gar nicht verhindern, anders verhält es sich lediglich bei Kündigungen von Betriebsratsmitgliedern. Hier folgt nun eine Übersicht der Normen:

§ 99 BetrVG:	Einstellungen, Versetzungen, Ein- und Umgruppierung
§ 102 BetrVG:	Kündigungen
§ 103 BetrVG:	Besonderer Schutz vor Kündigungen und Versetzungen für Mitglieder der gesetzlichen Interessenvertretung
§ 104 BetrVG	Entfernung betriebsstörender Arbeitnehmer*innen
§ 105 BetrVG	Unterrichtung bzgl. leitenden Angestellten

Bei den obigen Anhörungsrechten spielen – anders als bei der »echten« Mitbestimmung – Frist und Form eine wichtige Rolle. Der Betriebsrat muss die vorgeschriebenen Fristen (drei oder sieben Tage) einhalten und sich schriftlich äußern. Hält er sich nicht an Frist und Form, so sind seine Rechte vom Tisch. Inhaltlich gibt es abschließende Zustimmungsverweigerungs- bzw. Widerspruchsgründe, die das Gesetz vorsieht. Liegen die Gründe nicht vor, so kann der Betriebsrat zwar andere Argumente vorbringen, wird damit aber keinen Erfolg haben.

Exkurs Fristen:
Fristen – auch wenn sie im BetrVG vorkommen – richten sich immer nach dem Bürgerlichen Gesetzbuch (BGB), und zwar den dortigen §§ 186 bis 193. Im BetrVG gibt es Wochenfristen und die Dreitagefrist.
Wichtig zu wissen ist, dass eine Frist, die nach Wochen bemessen wird, immer an dem Tag der entsprechenden Folgewoche endet, an dem das passiert ist, was die Frist ausgelöst hatte.
Beispiel: Bekommt der Betriebsrat eine Anhörung nach § 99 BetrVG an einem Mittwoch, dann endet die Wochenfrist am darauffolgenden Mittwoch.
Sehr wichtig ist, dass Feiertage, Wochenenden und sonst freie Tage, die in die Frist fallen, die Frist nicht ändern – um auf das vorherige Beispiel zu kommen: Auch wenn der Mittwoch vor Ostern läge und dazwischen der Karfreitag, Ostersonntag und Ostermontag lägen, würde die Frist unverändert an dem Mittwoch nach Ostern enden.
Aber: Wenn das Ende der Frist auf einen Feiertag, Samstag oder Sonntag fällt, dann verschiebt sich das Fristende auf den nächsten Werktag, der kein Samstag, Sonntag oder Feiertag ist – um zum vorherigen Beispiel zurückzukommen: Wäre die Anhörung am Freitag in der Woche vor dem Karfreitag übergeben worden, dann wäre das eigentliche Fristende der Karfreitag. Da es sich um einen Feiertag handelt, würde sich hier das Fristende bis auf den Dienstag nach Ostern verschieben, da zwischen dem Karfreitag und dem Dienstag ausschließlich Samstage, Sonntage und Feiertage liegen!
Die Dreitagefrist funktioniert ähnlich, nur dass sie am dritten Tag nach Zustellung der Anhörung endet. Auch hier ist es egal, wenn in die Frist Feiertage oder das Wochenende fallen und auch hier verschiebt sich aber das Ende der Frist entsprechend auf den nächsten, immer als Werktag geltenden Tag (Montag bis Freitag), welcher kein Feiertag ist, wenn es auf ein Wochenende oder einen Feiertag fällt.
Das bedeutet, dass wenn Euch der Arbeitgeber etwas am Freitag zukommen lässt, die Frist am Montag abläuft. Lässt er Euch aber die Anhörung am Mittwoch zukommen, dann verschiebt sich die Frist auf den Montag (soweit dieser kein Feiertag ist), da das Ende ansonsten auf den Samstag fallen würde.

a. Einstellungen, Versetzungen, Ein- und Umgruppierungen (§ 99 BetrVG)

Bei Einstellungen, Versetzungen und Ein- und Umgruppierungen hat der Arbeitgeber den Betriebsrat vor der Umsetzung jeder Maßnahme vollständig zu unterrichten. Die Unterrichtung muss keiner bestimmten Form entsprechen und die Pflicht besteht nur, soweit der Arbeitgeber unternehmensweit mehr als 20 Arbeitnehmer*innen hat. Dieses Mitbestimmungsrecht dient der Gerechtigkeit und der Gleichbehandlung im Betrieb.

Mit Einstellung ist hier die Eingliederung von Personen in den Betrieb gemeint, um mit den anderen zusammen weisungsgebunden tätig zu werden. Dies ist bei Vorliegen eines Arbeitsvertrags immer der Fall, aber es trifft auch auf Leiharbeitnehmer*innen zu.
Mit Versetzung ist die Zuweisung eines anderen Arbeitsbereichs gemeint, welche voraussichtlich die Dauer von einem Monat überschreitet **oder** die mit einer erheblichen Änderung derjenigen Umstände verbunden ist, unter denen die Arbeit zu leisten ist (Definition siehe § 95 Abs. 3 BetrVG). Eine erhebliche Änderung der Umstände ist dabei **immer** eine Versetzung – auch wenn sie nur für einige wenige Tage oder gar einen Tag erfolgen sollte.
Bei einem Arbeitgeber mit mehreren Betrieben ist demnach die Weisung, in einem anderen Betrieb zu arbeiten, als Versetzung anzusehen. Die Eingliederung in den anderen Betrieb ist als Einstellung zu werten. Die Betriebsräte beider Betriebe wären in diesem Falle zu beteiligen.
Eingruppierung ist die erstmalige Festlegung der für die Entlohnung der Arbeitnehmer*innen geltenden Lohn- oder Gehaltsgruppe (Entgeltgruppe).
Umgruppierung ist die Änderung der Eingruppierung in der tariflichen oder betrieblichen (siehe § 87 Nr. 10 und 11 BetrVG) Lohn- und Gehaltsgruppenordnung (Entgeltordnung).
Der Betriebsrat kann die Zustimmung verweigern. Formell muss er die Verweigerung innerhalb einer Wochenfrist ab vollständiger Unterrichtung in einer schriftlich formulierten Form (zulässig ist die Papierform, die den Absender erkennen lässt, aber auch eine solche E-Mail) dem Arbeitgeber zukommen lassen. Ist dies nicht eingehalten, so gilt die Zustimmung als erteilt.
Inhaltlich kann die Zustimmung nur wegen eines (oder natürlich mehrerer) der sechs Gründe des § 99 Abs. 2 BetrVG verweigert werden. Die Ablehnungsgründe sind inhaltlich auf die sechs im Gesetz genannten Fälle beschränkt. Hier müssen die vorliegenden Gründe alle angeführt werden und es müssen alle tatsächlichen Argumente vorgetragen werden – eine Wiederholung des Gesetzestextes ohne Konkretisierung genügt nicht.

Tipp:
Zu beachten ist, dass Einstellung und Eingruppierung sowie Versetzung und Umgruppierung oft gleichzeitig auftreten, es bleiben jedoch jeweils zwei verschiedene Mitbestimmungstatbestände. Die unzutreffende Ein- oder Umgruppierung ist kein Zustimmungsverweigerungsgrund für die Einstellung/Versetzung – es ist aber ein Grund, die Zustimmung zur Ein-/Umgruppierung selbst zu verweigern.

Du siehst, dass es sich im Ergebnis nicht wirklich um inhaltliche personelle Mitbestimmung handelt.
Wenn der Arbeitgeber die Maßnahme ohne vollständige Anhörung des Betriebsrats oder trotz ordnungsgemäßer Zustimmungsverweigerung vornimmt, kann der Betriebsrat im Beschlussverfahren gemäß § 101 BetrVG die Aufhebung der Maßnahme verlangen. Der Arbeitgeber kann dann leider die Maßnahme bis zur rechtskräftigen Gerichtsentscheidung aufrechterhalten.
Wenn der Arbeitgeber bei Ablehnung durch den Betriebsrat die personelle Maßnahme wegen Eilbedürftigkeit sofort durchführen will, muss er gemäß § 100 BetrVG innerhalb von drei Tagen das Arbeitsgericht anrufen. Das ist die einzige Eilmaßnahme, die das Betriebsverfassungsgesetz kennt. Der Arbeitgeber darf nicht vor einer Anhörung gemäß § 99 BetrVG, sondern frühestens zusammen mit dieser, die Eilmaßnahme beantragen. Wenn der Betriebsrat die Zustimmung verweigert und die Dringlichkeit bestreitet, darf der Arbeitgeber die Eilmaßnahme nur aufrechterhalten, wenn er dies innerhalb von drei Tagen gerichtlich beantragt.

b. Kündigungen (§ 102 BetrVG)

Der Betriebsrat hat das Recht, bei allen arbeitgeberseitigen Kündigungen angehört zu werden. Dies ist für den Betriebsrat kein Mitbestimmungsrecht. Der Betriebsrat hat keine Möglichkeit, die Kündigungsentscheidung gegen den Willen des Arbeitgebers zu beeinflussen.
Der Betriebsrat muss gemäß § 102 Abs. 1 BetrVG vollständig über geplante Kündigungen informiert werden. Bei fehlender oder fehlerhafter Anhörung ist die Kündigung unwirksam! Der*ie Arbeitnehmer*in kann diesen Gesichtspunkt bei seiner*ihrer Kündigungsschutzklage vortragen – tut er*sie dies nicht, wenn sie*er z. B. die Kündigungsschutzklage nicht fristgerecht erhebt, dann wird die Kündigung trotz dieser ursprünglichen Unwirksamkeit doch wirksam.
Der Betriebsrat kann selbst nichts tun, außer die betroffene Person über die Situation aufzuklären.

> **Merke:**
> Der Betriebsrat ist also vor jeder Kündigung zu unterrichten. Vor wirklich **Jeder**, z. B. auch in der Probezeit und bei Minijobs!

Der Betriebsrat kann jeder ordentlichen fristgerechten Kündigung binnen einer Woche widersprechen. Es gilt das zu Fristen bereits Ausgeführ-

te. Der Widerspruch muss schriftlich erfolgen – siehe ebenfalls die obigen Ausführungen. Der Widerspruch kann nur auf die in § 102 Abs. 3 BetrVG abschließend genannten Gründe gestützt werden.
Gemäß § 102 Abs. 5 BetrVG kann dann der*ie betroffene Arbeitnehmer*in seine*ihre Weiterbeschäftigung nach Ablauf der Kündigungsfrist verlangen, bis der Kündigungsschutzprozess abschließend rechtskräftig entschieden ist, soweit das Kündigungsschutzgesetz Anwendung findet (also der oder die Beschäftigte länger als sechs Monate beschäftigt war und der Arbeitgeber mehr als zehn Arbeitnehmer*innen beschäftigt). Die gekündigte Person kann dieses Recht notfalls durch einstweilige Verfügung durchsetzen. Der Betriebsrat hat keine eigenen Möglichkeiten, die Weiterbeschäftigung des*r Gekündigten zu erzwingen.
Ein solcher Anspruch auf Weiterbeschäftigung hat sehr wichtige Vorteile: Der Kündigungsschutzprozess kann sehr lange dauern und die Weiterbeschäftigung bedeutet, dass die betroffene Person nicht aus dem Betrieb gedrängt wird, kein Arbeitslosengeld beziehen muss und auch nicht nach einer neuen Stelle suchen muss, weil sie ansonsten eventuell auch beim Obsiegen kein Gehalt nachgezahlt bekäme, da ihr unterstellt würde, dass sie sich böswillig nicht um einen Verdienst gekümmert hatte – ein Problem, welches sonst bei Kündigungsschutzklagen zunimmt. Und sollte sie den Prozess doch verlieren, so hat sie noch den ganzen Anspruch auf Arbeitslosengeld vor sich. Der Betriebsrat kann, über den oben geschilderten Widerspruch hinaus, bei der ordentlichen und auch bei der außerordentlichen Kündigung Bedenken mitteilen. Er soll die betroffene Person davor hören. Die Bedenken haben leider keine rechtlichen Konsequenzen. Es ist aber trotzdem empfehlenswert – falls es Argumente gibt, die gegen die Kündigung sprechen –, diese auch zu formulieren. Denn:

Merke:
Der Betriebsrat ist bei Kündigungen nicht der Richter, der am Ende über die Wirksamkeit der Kündigung entscheidet – er bleibt auch hier Arbeitnehmer*innenvertreter, der schauen muss, was er der betroffenen Person noch Gutes tun könnte!

Und:
Das Gesetz sieht keine aktive Zustimmung des Betriebsrats vor, äußert sich dieser jedoch innerhalb der jeweiligen Frist nicht, so gilt dies als Zustimmung.

Zu beachten ist, dass der Betriebsrat bei der außerordentlichen Kündigung die Dreitagesfrist bei seiner Äußerung einhalten muss.

c. Besondere personelle Bestimmungen (§§ 103–105 BetrVG)

§ 103 BetrVG und § 15 KSchG schützen Dich vor Kündigungen und auch vor Versetzungen, die ansonsten zu einem Verlust des Betriebsratsmandats führen würden. Damit ist die ordentliche Kündigung grundsätzlich ausgeschlossen (§ 15 KSchG) und die außerordentliche nur mit ausdrücklicher Zustimmung des Betriebsrats möglich (§ 103 BetrVG). Eine ordentliche Kündigung eines Betriebsrats wäre stets unwirksam, genauso wie eine außerordentliche, solange keine notwendige Zustimmung vorliegt. Nur ein Gerichtsverfahren könnte zu einer wirksamen – aber nur außerordentlichen – Kündigung führen, jedoch erst nach rechtskräftiger Entscheidung. Bei den Verfahrenslaufzeiten bedeutet dies, dass die Ersetzung der Zustimmung zu einer außerordentlichen Kündigung eines Betriebsrats ca. zwei bis drei Jahre dauern kann. Diesen Schutz genießen auch alle weiteren in § 103 BetrVG genannten Personen.
Gemäß § 104 BetrVG kann der Betriebsrat vom Arbeitgeber die Entlassung oder Versetzung von Beschäftigten, die den Betriebsfrieden stören, verlangen. Hier geht es um extreme Fälle von insbesondere Rassismus, Fremdenfeindlichkeit und Ähnlichem.
§ 105 BetrVG gibt dem Arbeitgeber eine Mitteilungspflicht über Einstellungen oder personelle Veränderung von leitenden Angestellten auf. Eine Verletzung dieser Pflicht hat keine Konsequenzen.

6. Die Mitbestimmung im Einzelnen

Die »echte« Mitbestimmung, das stärkste Mittel der Einflussnahme auf betriebliche Realitäten, hat folgende Merkmale:

- das Initiativrecht des Betriebsrats, ein Thema proaktiv anzugehen und nicht darauf angewiesen zu sein, dass der Arbeitgeber das Thema aufgreift;
- eine wirkliche Möglichkeit, inhaltlich mitzugestalten;
- die Möglichkeit eines durchsetzbaren Vetos, denn der Arbeitgeber darf hier nicht alleine handeln;
- als Ergebnis gibt es eine Betriebsvereinbarung;
- die Einigungsstelle kommt zum Einsatz, soweit es keine Einigung gibt.

Hier folgt eine Liste der Tatbestände der Mitbestimmung in der Reihenfolge, wie sie im Betriebsverfassungsgesetz vorkommen:

§ 39 BetrVG	Sprechstunde
§ 85 BetrVG:	Beschwerderecht der Beschäftigten (Beschäftigteninteressen ohne Rechtsanspruch)
§ 87 Abs. 1 BetrVG:	soziale Angelegenheiten
§ 91 BetrVG:	Änderungen der Arbeitsplätze, des Arbeitsablaufs oder der Arbeitsumgebung
§ 94 BetrVG:	Beurteilungsgrundsätze und Personalfragebögen
§ 95 Abs. 1 und 2 BetrVG:	Auswahlrichtlinien
§§ 96–98 BetrVG:	Berufsbildung
§§ 111, 112, 113 BetrVG:	Betriebsänderung

Woran erkennst Du, dass diese Paragrafen jeweils eine solche Mitbestimmung enthalten? Zu sehen ist dies daran, dass es dort jeweils heißt, dass die Einigungsstelle bei Uneinigkeit verbindlich entscheidet. Schau Dir die jeweiligen Paragrafen im Betriebsverfassungsgesetz an!
Die wichtigsten Mitbestimmungsrechte sind die Mitbestimmung in sozialen Angelegenheiten nach § 87 BetrVG, die Mitbestimmung bei Betriebsänderungen gemäß § 111ff. BetrVG und die Mitbestimmung bei der Berufsbildung nach §§ 96ff. BetrVG.

a. Soziale Angelegenheiten (§ 87 BetrVG)

Die Ziffern 1 bis 14 des § 87 BetrVG sind abschließend, aber sehr umfangreich. Sie beinhalten die meisten Mitbestimmungstatbestände, die Dir und Deinem Gremium begegnen können. Nicht alle Ziffern sind gleich relevant. Während Themen wie **Ordnung im Betrieb** (Nr. 1; Handynutzung, Rauchen usw.), **Arbeitszeit** (Nr. 2 und 3; sowohl die reguläre Arbeitszeit, z. B. die Frage, ob es Vertrauensarbeitszeit geben soll, als auch Überstunden und Kurzarbeit), **Urlaub** (Nr. 5; der Urlaubsplan an sich und das gesamte Verfahren in diesem Zusammenhang), **Softwareeinführungen/-anwendungen** (Nr. 6; E-Mail-Programm, Kameras, Arbeitszeiterfassung) Dauerbrenner sind und bleiben werden, gibt es Themen, die über die Zeit an Bedeutung verloren haben, wie zum Beispiel das Thema Wohnraumvermietung an Beschäftigte (Nr. 9) aber leider auch Sozialeinrichtungen (Nr. 8), weil es hier immer weniger Anwendungsfälle zu geben scheint. Dafür ist zuletzt die **mobile Arbeit** (Nr. 14) als neue Ziffer hinzugekommen und wird sicherlich noch mehr an Bedeutung gewinnen, weil es in vielen Bereichen die Erwartungshaltung an Arbeitgeber gibt, Arbeit aus dem Home-Office zu ermöglichen. An Bedeutung sollten auch die betriebliche Lohngestaltung (Nr. 10) und der **Gesundheitsschutz** (Nr. 7) gewinnen. Dies sind Bereiche, in denen fast alle Betriebe einen Bedarf haben (hinsichtlich der Lohngestaltung nur diejenigen ohne Tarifbindung). Dieser Bedarf wird jedoch oft ignoriert. In Zeiten einer Arbeitsdichte, wie sie aktuell gelebt wird, ist der Gesundheitsschutz eine sehr wichtige Aufgabe, der sich mehr Betriebsräte annehmen sollten.

> **Idee:**
> Vielleicht wäre der Gesundheitsschutz ein Thema, welches Du in Deinem Gremium voranbringen könntest?

Diesen Paragrafen sollten Du und Deine Betriebsratskolleg*innen unbedingt kennen. Die darin enthaltenen Themen solltet Ihr priorisieren und nach und nach durch interessengerechte Verhandlungen und Abschluss von Betriebsvereinbarungen angehen. Notfalls solltet Ihr den Gang zur Einigungsstelle keinesfalls scheuen!
Zu beachten bleibt auf jeden Fall der § 77 Abs. 3 BetrVG – der Betriebsrat ist keine Ersatztarifpartei.

b. Die Betriebsänderung

Ändert sich etwas im Betrieb, kann dies die Schwere einer Betriebsänderung haben – der § 111 BetrVG sieht Beispiele dafür vor, die Aufzählung ist aber **nicht abschließend**!
Es geht um Schließungen, Verlegungen, Spaltungen/Zusammenschlüsse – jeweils bezogen auf den Betrieb –, aber auch um grundlegende Änderungen der Organisation, des Zwecks, der Anlagen oder der Arbeitsmethoden/Fertigungsverfahren. Darüber hinaus gibt es noch den Personalabbau – auch dieser wird wie eine Betriebsänderung behandelt, wenn bestimmte Mindestanzahlen abgebaut werden sollen; die Zahlenstaffel dazu findest Du in § 112a BetrVG.
Der Betriebsrat entscheidet hier nicht darüber, was passiert. Seine Gestaltungsmöglichkeiten betreffen faktisch die Frage, wie Nachteile für Arbeitnehmer*innen ausgeglichen oder zumindest gemildert werden. Wie läuft das im Detail? Der Arbeitgeber kündigt die Maßnahme an (er ist dazu

verpflichtet, sofern unternehmensweit mehr als 20 Personen beschäftigt werden, § 111 Abs. 1 Satz 1 BetrVG). Er hat also schon die Entscheidung, etwas zu tun, getroffen. Entweder, er geht selbst direkt von einer Betriebsänderung aus, oder der Betriebsrat muss prüfen, ob es eine solche sein könnte. Alles startet somit mit einer Entscheidung des Arbeitgebers.

Wenn von einer Betriebsänderung auszugehen ist, dann hat der Arbeitgeber die Maßnahme mit dem Betriebsrat auch zu beraten. Hat das Unternehmen mehr als 300 Arbeitnehmer*innen, dann kann der Betriebsrat sich auf jeden Fall Sachverstand dazu holen – bei kleineren Unternehmen muss er dies vorab mit dem Arbeitgeber abstimmen.

Jetzt sollen zwei separate Vereinbarungen zwischen den Betriebsparteien verhandelt werden:

- Der Interessenausgleich (IA) – dieser regelt die Maßnahme an sich. Das bedeutet, dass in diesem steht, was genau im Betrieb passiert (wie viele Stellen abgebaut werden, welcher Teil geschlossen wird, was künftig wie organisiert wird usw., und dies mit einem Zeitplan). Entgegen dem Namen geht es hier nicht um den Ausgleich der Nachteile.
  Formell ist der Interessenausgleich keine Betriebsvereinbarung. Der Interessenausgleich kommt nur zustande durch eine Einigung der Betriebsparteien – zwar wird er bei fehlender Einigung in der Einigungsstelle weiterverhandelt, aber soweit dort keine Einigung der Parteien stattfindet, darf die Einigungsstelle über den Interessenausgleich nicht bindend entscheiden.
  Es kann also sein, dass die Verhandlungen in der Einigungsstelle scheitern und es abschließend keinen Interessenausgleich gibt – dann darf der Arbeitgeber trotzdem die Maßnahme durchführen!

Exkurs Namensliste:
Beim Personalabbau gibt es die Möglichkeit, eine Namensliste in den IA aufzunehmen. Dort sind dann die Personen, die entlassen werden, namentlich aufgeführt. Der Arbeitgeber kann dies nicht erzwingen; der Betriebsrat sollte dem grundsätzlich nicht zustimmen. Wieso? Weil, soweit eine Namensliste vorhanden ist, das Arbeitsgericht bei einer Kündigungsschutzklage davon ausgeht, dass ein Kündigungsgrund vorlag. Damit hat die gekündigte Person kaum Chancen in einem Gerichtsverfahren!

- Der Sozialplan (SP) – dieser regelt den Ausgleich/die Milderung der wirtschaftlichen Nachteile bei den Arbeitnehmer*innen. Das ist die Vereinbarung, in welcher Abfindungen, Zuschüsse zu Umzugskosten oder erhöhten Fahrtkosten usw. geregelt sind.

Es handelt sich um eine Betriebsvereinbarung.Der Sozialplan ist auch erzwingbar – bei abschließend fehlender Einigung der Betriebsparteien entscheidet die Einigungsstelle durch Spruch bindend.
Aber: Der Arbeitgeber darf auch ohne abgeschlossenen Sozialplan die Maßnahme durchführen!
Und: Bei reinem Personalabbau ist der Sozialplan für Unternehmen, die noch keine vier Jahre »alt« sind, nicht erzwingbar.

Problem:
Der Arbeitgeber braucht keine Einigung beim Interessenausgleich – er kann die Maßnahme durchführen, sobald er hier »alles versucht hat«. Das bedeutet, dass er bis zur Einigungsstelle gegangen sein muss, und wenn dort die Einigung gescheitert ist, dann kann er loslegen.
Gleichzeitig kann zwar der Sozialplan erzwungen werden, aber die Maßnahme kann vor Abschluss begonnen werden.
Nur hat der Betriebsrat beim SP nur dann eine gute Verhandlungsposition, wenn der Arbeitgeber den Druck hat, die Maßnahme nicht ohne eine Einigung beginnen zu können – was kann hier getan werden?
Problemlösung: Der Betriebsrat verhandelt Interessenausgleich und Sozialplan zusammen in den gleichen Verhandlungen und in der gleichen Einigungsstelle und sorgt dafür, dass die beiden Vereinbarungen nicht auseinanderfallen. **So bekommt Ihr einen Abschluss des Sozialplans vor dem Start der Maßnahme hin!**
Ausnahme: Sozialplan und Interessenausgleich können in unterschiedliche Zuständigkeiten fallen. Während dann die Zuständigkeit für den Interessenausgleich als Regelung der Betriebsänderung in die Zuständigkeit des GBR/KBR fällt, weil die Maßnahme nur unternehmens-/konzernübergreifend umgesetzt werden kann; fällt die Zuständigkeit für den Sozialplan dem BR zu. Dies passiert, wenn es keinen Grund dafür gibt, den Ausgleich/die Milderung der Nachteile ausschließlich auf der GBR-/KBR-Ebene zu regeln. Dann kann beides nicht zusammen verhandelt/abgeschlossen werden und der Druck auf den Arbeitgeber dem Betriebsrat hinsichtlich des Sozialplans entgegenzukommen, ist gering. **Hier sollte überlegt werden, ob eine Beauftragung des für den IA zuständigen Gremiums mit der Verhandlung des SPs sinnvoll erscheint!**

Der Betriebsrat sollte sich bei Betriebsänderungen durch die Gewerkschaft unterstützen lassen, bei der Wahl des Vorsitzes der Einigungsstelle aufmerksam sein und sich nicht nur juristischen Sachverstand holen, sondern – je nach geplanter Änderung – auch wirtschaftlichen oder arbeitswissenschaftlichen! Denn, zwar könnt Ihr keinen Einfluss auf die Betriebsänderung selbst erzwingen, wenn der Arbeitgeber hier stur bleibt, da es beim Interessenausgleich keinen Abschluss braucht, aber mit guten inhaltlichen Argumenten zur Maßnahme selbst, ausgearbeitet mit sachverständiger Expertise, könnt Ihr eventuell doch auf die Maßnahme selbst zu Gunsten der Kolleg*innen Einfluss nehmen!

Tipp:
Achtet darauf, dass der Arbeitgeber unter dem Radar nicht schon anfängt umzusetzen, bevor die Verhandlungen in der Einigungsstelle zum Interessenausgleich beendet sind.

Es ist dabei vor allem wichtig am Ball zu bleiben. Seid hinterher, dass der Arbeitgeber Euch wirklich umfassend informiert, den notwendigen Sachverstand gewährt, tatsächlich die Maßnahme vor Abschluss der Einigungsstelle nicht umsetzt und sich sodann an die Vereinbarungen hält! Eure Aufgabe hier ist es, die Kolleg*innen vor Nachteilen durch die geplante Änderung zu schützen, soweit möglich.
Führt der Arbeitgeber den Interessenausgleich nicht entsprechend durch, so können negativ davon Betroffene den Schaden, der ihnen entsteht, unter Umständen einklagen – § 113 BetrVG. Das Gleiche gilt, wenn der Arbeitgeber gar keinen Interessenausgleich mit dem Betriebsrat versucht hat.
Führt der Arbeitgeber den Sozialplan nicht entsprechend durch, so können »Negativ-Betroffene« ihre Ansprüche aus dem Sozialplan direkt einklagen.

Tipp:
Bei gutem Organisationsgrad besteht die Möglichkeit, über einen Tarifvertrag – Sozialtarifvertrag – günstigere Bedingungen zu erstreiten.
Wenn für diesen Bereich keine Friedenspflicht besteht, kann eine gut organisierte Belegschaft streiken. Dies kann wegen § 74 Abs. 2 BetrVG die Gewerkschaft erreichen, nicht aber der Betriebsrat.

c. Betriebliche Bildungsmaßnahmen (§§ 96–98 BetrVG)

Ein weiteres Thema der Betriebsratsarbeit ist die betriebliche Berufsbildung. Diese ist von Betriebsrat und Arbeitgeber im Rahmen der Personalplanung in Zusammenarbeit mit den zuständigen Stellen zu fördern (§ 96 Abs. 1 Satz 1 BetrVG).
Der Bildungsbegriff wird sehr weit ausgelegt. Berufsbildungscharakter haben Maßnahmen, wenn sie systematisch (methodisch) Kenntnisse

und Fähigkeiten vermitteln, die einen Bezug zum Beruf der*s Arbeitnehmers*in haben.

Doch welche Rechte stehen dem Betriebsrat hier zu?
Der Betriebsrat hat das Recht, vom Arbeitgeber zu fordern, dass dieser den Bildungsbedarf ermittelt. Der Arbeitgeber muss mit dem Betriebsrat auf dessen Wunsch das Thema beraten. Der Betriebsrat darf Vorschläge machen. Hier kann aber nichts außer der Ermittlung des Bildungsbedarfs an Ergebnissen erzwungen werden. Denn zwar kann der Betriebsrat die Einigungsstelle ersuchen, diese entscheidet jedoch nicht bindend und daher ist auch dort nur eine Einigung möglich und nichts erzwingbar. (§ 96 Abs. 1 Satz 2 und 3, Abs. 1a BetrVG).
Ein weiteres Beratungsrecht steht dem Betriebsrat zu, soweit der Arbeitgeber Einrichtungen zur Berufsbildung errichtet und ausstattet, Berufsbildungsmaßnahmen einführt oder außerbetriebliche Berufsbildungsmaßnahmen vorsieht (§ 97 Abs. 1 BetrVG).
Eine »echte« Mitbestimmung – bei der die Einigungsstelle also bindend entscheidet – gibt es, soweit der Arbeitgeber Maßnahmen plant oder durchführt, welche dazu führen, dass die Kenntnisse und Fähigkeiten der Arbeitnehmer*innen nicht mehr ausreichen. Dann kann der Betriebsrat die Bildungsmaßnahmen mitgestalten. Er hat diesbezüglich auch ein Initiativrecht (§ 97 Abs. 2 BetrVG).
Die eigentliche »echte« Mitbestimmung ist diejenige bei der Durchführung von Bildungsmaßnahmen – denn wenn der Arbeitgeber solche Maßnahmen durchführt, dann hat der Betriebsrat das volle Mitgestaltungsrecht (§ 98 Abs. 1, Abs. 4, Abs. 6 BetrVG), sowie das besondere Recht hinsichtlich der Bestimmung von Teilnehmenden (§ 98 Abs. 3, Abs. 4, Abs. 6 BetrVG).
Ist oder wird eine Person beim Arbeitgeber mit der Durchführung der Bildungsmaßnahmen beauftragt, so kann der Betriebsrat bei Vorliegen bestimmter Gründe die Besetzung der Position mit einer bestimmten Person verhindern (§ 98 Abs. 2, Abs. 5, Abs. 6 BetrVG).

Warum handelt es sich insgesamt um ein wichtiges Thema?
Die ständigen wirtschaftlichen und technologischen Veränderungen werden auch künftig nicht abnehmen – siehe aktuell die Debatte um KI. Sie verlangen besondere Anstrengungen im Bereich der beruflichen Weiterbildung, damit die Belegschaft gesund weiterarbeiten kann. Deshalb muss seitens des Betriebsrats alles getan werden, um zukunftsgerichtet und initiativ die betriebliche Weiterbildung voranzutreiben. Vielleicht wäre das ein Thema, welches Du gerne bearbeiten würdest?

d. Eingeschränkte Mitbestimmung

Sprechstunde (§ 39 BetrVG)
Hier ist die Mitbestimmung insofern eingeschränkt, als dass es lediglich inhaltlich um Ort und Zeit der Sprechstunden des Betriebsrats geht. Der Anspruch auf eine Sprechstunde selbst ist eher als die Arbeit des Betriebsrats ermöglichender Anspruch unter »*Zur Betriebsratsarbeit befähigende Rechte*« verortet.
Beschwerderecht (§ 85 BetrVG)
Dieses Recht ist insofern eingeschränkt, als dass es einer Beschwerde **einer Arbeitnehmerin bzw. eines Arbeitnehmers** beim Betriebsrat bedarf, um die Handlungsmöglichkeit des Betriebsrats auszulösen (hier ist jedoch daran zu denken, dass die Betriebsratsmitglieder ebenfalls Arbeitnehmer*innen sind).
Voraussetzung ist, dass es keinen Rechtsanspruch der Beschäftigten geben darf. Dann entscheidet der Betriebsrat, ob er sich der Beschwerde annimmt. Tut er das, so muss der Arbeitgeber Abhilfe schaffen.
Werden sich Betriebsrat und Arbeitgeber über den Umgang nicht einig, ist der Gang zur Einigungsstelle für den Betriebsrat möglich und diese entscheidet bei Nichteinigung bindend.

Änderungen der Arbeitsplätze, des Arbeitsablaufs oder der Arbeitsumgebung (91 BetrVG)
Dieses Recht ist insofern eingeschränkt, als dass es nur greift, wenn die oben genannten Änderungen den gesicherten arbeitswissenschaftlichen Erkenntnissen über die menschengerechte Gestaltung der Arbeit offensichtlich widersprechen. Das bedeutet, dass ein solcher Widerspruch nicht nur vorliegen muss, sondern auch offensichtlich sein muss – da dies nicht sehr oft vorkommen dürfte oder zumindest strittig sein könnte, ist in solchen Fällen zu überlegen, ob es eine bessere Lösung ist, als Grundlage für die Mitbestimmung § 87 Abs. 1 Nr. 7 BetrVG zu bemühen. In einem so gelagerten Fall dürfte nämlich auch diese Norm einschlägig sein!

Beurteilungsgrundsätze und Personalfragebögen (§ 94 BetrVG)
Hier hat der Betriebsrat kein Initiativrecht auf die Verwendung dieser Instrumente – nur wenn der Arbeitgeber zu ihnen greifen möchte, dann besteht die Mitbestimmung uneingeschränkt. Auch Arbeitsverträge sind Fragebögen in diesem Sinne, soweit sie persönliche Angaben enthalten, was ja regelmäßig der Fall ist.

Auswahlrichtlinien (§ 95 Abs. 1 und 2 BetrVG)
Die Mitbestimmung hier ist dadurch beschränkt, dass **erst ab einer Größe von 500 Arbeitnehmer*innen** – Betrieb und nicht Unternehmen! – die volle Mitbestimmung greift. Erst dann kann der Betriebsrat über die Einigungsstelle eine Regelung erzwingen.

> **Tipp:**
> Nutzt diese Möglichkeit und etabliert ein pseudonymisiertes Auswahlverfahren bei Bewerbungen!
> Dies hilft nachweislich bei der Diversifizierung der Belegschaft auf allen Ebenen und sorgt auch für bessere Einstellungsergebnisse, da die nicht relevanten Aspekte wie Herkunft, Geschlecht, Alter usw. entfallen und sich erstmal nur auf die relevanten Aspekte der Erfahrung und Qualifizierung fokussiert wird.

Unterhalb dieser Grenze ist Voraussetzung, dass der Arbeitgeber solche Richtlinien anwendet. Tut er dies, dann ist Eure Mitbestimmung vollumfänglich gegeben. Aber: Nur der Arbeitgeber darf die Einigungsstelle anrufen. Das bedeutet, dass er bei fehlender Einigung auch entscheiden kann, keine Richtlinien mehr anzuwenden und die Sache damit erledigen kann.
Der neue Absatz 2a regelt, dass die Mitbestimmung, wie oben geschildert, auch greift, soweit die Richtlinien durch KI generiert werden.
In allen Fällen der eingeschränkten Mitbestimmung muss der Arbeitgeber den Betriebsrat jedenfalls dann beteiligen, wenn er selbst Veränderungen will.

IV. Rechtliche Handlungs- und Durchsetzungsmöglichkeiten des Betriebsrats

1. Übersicht (Arbeitgeber / Betriebsrat)

Der Betriebsrat vertritt die Arbeitnehmer*innen. Im Zuge dessen überwacht er den Arbeitgeber, setzt aber auch eigene Rechte durch, damit er überhaupt seine Aufgaben erfüllen kann.
Wenn der Arbeitgeber die Rechte der Belegschaft und des Betriebsrats achtet, dann arbeiten der Betriebsrat und der Arbeitgeber einvernehmlich an den Themen im Betrieb. Zwar wird es auch dann Verhandlungen und Diskussionen geben, aber es kann durchaus sein, dass dies dann ausreicht, um zu guten Lösungen zu kommen.
Selbst in den harmonischsten Betrieben jedoch finden die Betriebsparteien meistens hier und da doch keine einvernehmliche Lösung oder der Arbeitgeber hält sich hin und wieder nicht an die Spielregeln des Arbeitsrechts – er missachtet eventuell Rechte des Betriebsrats oder der Belegschaft.
Dann hat der Betriebsrat verschiedene Möglichkeiten, damit umzugehen.
Der Betriebsrat kann – soweit er alleine nicht weiterkommt – sich außergerichtlich durch einen Rechtsbeistand vertreten lassen oder diesen als sachverständige Person hinzuziehen, je nachdem, ob der Arbeitgeber bereits gegen Rechte des Betriebsrats verstoßen hat.
Er kann danach oder auch direkt ein gerichtliches Verfahren einleiten lassen (zwar kann sich der Betriebsrat auch allein vor Gericht vertreten, dies ist aber nicht empfehlenswert, da Rechtsanwältinnen und Rechtsanwälte besser wissen, worauf es bei den Verfahren ankommt).
Das Verfahren kann unter bestimmten Voraussetzungen ein Schnellverfahren sein. Natürlich kann der Betriebsrat, nach einem nicht erfolgreichen erstinstanzlichen Verfahren, auch in die zweite Instanz – die Beschwerde – gehen.
Es gibt auch Konstellationen, in denen der Betriebsrat die Einigungsstelle anrufen kann.

Wenn der Arbeitgeber sich wehrt oder die Einigungsstelle mit einem ungünstigen Spruch enden sollte, gibt es auch hier die Möglichkeit, vor Gericht zu gehen.
Für all diese Möglichkeiten der Konfliktlösung trägt der Arbeitgeber selbstverständlich die Kosten.
Der Betriebsrat hingegen braucht jeweils einen Beschluss des Gremiums.
Es ist sehr wichtig, dass der Betriebsrat diese Möglichkeiten im Detail kennt, denn nur wenn das Gremium seinen Werkzeugkoffer auch effektiv einsetzt, kann es die Rechte der Belegschaft auch wirksam vertreten – die Maxime ist daher, die Nutzung der Konfliktlösungsmöglichkeiten nicht zu scheuen und unbedingt auch zu beißen, wenn gebellt wurde!

2. Innerbetriebliche Verfahren

Neben der Möglichkeit, externe Personen und Institutionen in der Konfliktlösung zu aktivieren – siehe nachfolgend »*Einigungsstelle*« und »*Gerichtsverfahren*« – hat der Betriebsrat die Möglichkeit, Themen allein anzugehen. Dies kann durch formlose Gespräche/Kommunikation mit dem Arbeitgeber passieren. Der Arbeitgeber kann auch zur Betriebsratssitzung eingeladen werden oder es können Monatsgespräche für Anliegen des Betriebsrats genutzt werden. Die Kommunikation gegenüber der Belegschaft, ggf. in einer Betriebsversammlung, kann ebenfalls taktisch genutzt werden.

Tipp:
Soweit der Betriebsrat konkrete Forderungen hat, sollte er diese jedenfalls in Textform – z.B. per E-Mail oder Brief – und unbedingt mit einer Fristsetzung versehen kommunizieren; denn dann hat er eine Dokumentation und weiß auch, wann er die nächste Stufe der Eskalation »zünden« kann.

Soweit es um Themen geht, die gestaltet werden sollen, z.B. durch eine Betriebsvereinbarung, kann der Betriebsrat dem Arbeitgeber auch Vorschläge unterbreiten – dies können auch ausformulierte Entwürfe sein.
Wenn der Betriebsrat bei der Gestaltung von Themen Expertise für seine Aufgaben benötigt, die ihm fehlt, kann er auf Sachverstand außerhalb des Gremiums zugreifen – das kann z.B. bei der Ausformulierung einer Betriebsvereinbarung passieren.

Einerseits kann der Betriebsrat dann betriebsinternen Sachverstand nutzen (§ 80 Abs. 2 Satz 4 BetrVG). Dazu muss er beim Arbeitgeber eine Anfrage auf den internen Sachverstand einer*s Kollege*in stellen, damit der Arbeitgeber diese Person dem Betriebsrat zur Verfügung stellen kann. Andererseits kann der Betriebsrat auf externen Sachverstand zugreifen (§ 80 Abs. 3 BetrVG) – auch das muss aber vorab mit dem Arbeitgeber geklärt werden. Der externe Sachverstand kann von Jurist*innen kommen aber auch von wirtschaftlichen Sachverständigen oder Spezialist*innen der Arbeitswissenschaft – je nachdem, welches Thema der Betriebsrat bearbeiten muss.

Wichtig:
Sachverstand holt sich der Betriebsrat dann, wenn ihm Wissen fehlt, und nicht, wenn er vertreten werden möchte!
Denn beim Sachverstand braucht Ihr die Zustimmung des Arbeitgebers bevor die sachverständige Person tätig wird, und wenn Ihr bei Rechtsverstößen des Arbeitgebers vertreten werden müsst, dann muss das sofort und ganz ohne Mitwirkung des Arbeitgebers möglich sein.

Tipp:
Wenn Dein Betriebsrat keine*n passende*n Sachverständige*n kennt, dann fragt die Gewerkschaft oder die Rechtsanwältin bzw. den Rechtsanwalt, die den Betriebsrat betreut!

Geht es aber um Verstöße des Arbeitgebers gegen Rechte des Betriebsrats und hat die Gegenwehr des Gremiums nicht geholfen (aber auch, wenn der Betriebsrat meint, dass sie nicht helfen würde), dann kann der Betriebsrat entscheiden, sich außergerichtlich vertreten zu lassen. Dann beauftragt er per Beschluss, ganz ohne, dass er den Arbeitgeber auch nur informieren muss, die Rechtsanwältin/den Rechtsanwalt seiner Wahl. Diese*r wird dann mit dem Arbeitgeber kommunizieren, um eine Lösung herbeizuführen.

3. Einigungsstelle (§ 76 BetrVG)

Eine sehr wichtige Möglichkeit der Konfliktlösung ist die Einigungsstelle. Dabei handelt es sich nicht wie bei einem Gericht um eine bereits bestehende Institution. Die Einigungsstelle wird erst dann gebildet, wenn entweder der Betriebsrat oder der Arbeitgeber sie »anruft« oder bei fehlender Einigung der Betriebsparteien das Arbeitsgericht sie »einsetzt«.

Hinweis:
Wichtig zu wissen ist, dass die Einigungsstelle nicht für alle Themen vorgesehen ist, sondern nur für ganz bestimmte Themen, die auch im BetrVG abschließend und konkret genannt sind.
Nachfolgend findet Ihr die Paragrafen des BetrVGs, gemäß derer der Betriebsrat die Einigungsstelle anrufen kann:

- § 39 Sprechstunden;
- § 85 Beschwerden;
- § 87 Mitbestimmungsrechte;
- § 91 Gestaltung Arbeitsplatz, Arbeitsablauf und Arbeitsumgebung;
- § 94 Personalfragebogen;
- § 95 Auswahlrichtlinien;
- §§ 96, 97 und 98 Berufsbildung;
- § 109 Meinungsverschiedenheiten im Wirtschaftsausschuss;
- § 112 Interessenausgleich und Sozialplan.

Grundsätzlich kann die Einigungsstelle nur dann zuständig sein, wenn es um etwas geht, was gestaltet werden kann – etwas also, bei dem es Spielräume gibt, wie Sachen gemacht werden.
Die Einigungsstelle wird »angerufen« – für den Betriebsrat bedeutet das, dass es einen Beschluss darüber geben muss, dass der Betriebsrat mit einem bestimmten Thema in die Einigungsstelle gehen möchte. Es muss auch beschlossen werden, wer den Vorsitz der Einigungsstelle übernehmen soll und wie viele Beisitzer*innen pro Seite teilnehmen sollen.
Denn die Einigungsstelle besteht aus der oder dem Vorsitzenden und einer bestimmten Anzahl von Personen (»Beisitzer*innen«) die jeweils eine Seite repräsentieren.
Den Vorsitz übernehmen Personen, welche Spezialist*innen im kollektiven Arbeitsrecht sind. Früher waren dies fast ausschließlich (ehemalige) Richter. Mittlerweile hat sich die Welt glücklicherweise gedreht und es gibt sowohl Personen, die kein Richteramt haben und hatten, als auch Frauen, die diese Aufgabe exzellent erfüllen.
In der Arbeitsrechtswelt ist bekannt, wer – auch teilweise sehr themenspezifisch – den Vorsitz in Einigungsstellen übernimmt.

Tipp:
Fragt einfach bei Eurer Gewerkschaft oder der Rechtsanwältin/dem Rechtsanwalt, die den Betriebsrat betreut, nach der passenden Person!

Die Anzahl der Beisitzer*innen ist nicht gesetzlich festgelegt, erfahrungsgemäß liegt sie meistens bei zwei bis drei Personen je Seite – die Zahl muss auf jeder Seite gleich sein. Ob zwei oder drei Personen sinnvoll sind, hängt von der Komplexität des Themas ab. Denn Eure Beisitzer*innen sollten nicht ausschließlich aus dem Betriebsrat stammen, sondern nach Expertise ausgesucht werden – Ihr seid vollkommen frei in der Bestimmung der Beisitzer*innen.
Was bedeutet das?

Wichtig:

- Sorgt dafür, dass Euer Rechtsbeistand ein Beisitzer ist – denn die Expertise im Arbeitsrecht ist hier sehr wichtig.
- Schaut unbedingt, dass Ihr je nach Thema auch weiteren Sachverstand dabeihabt; bei IT-Themen jemanden aus diesem Bereich, bei Arbeitszeit eine*n Arbeitswissenschaftler*in usw.
- Besetzt lieber die Beisitzer*innenstellen mit betriebsratsexternen Personen, wenn es zu wenige Plätze gibt; denn die Betriebsratsmitglieder können als Gäste teilnehmen, auch wenn sie keine Beisitzer*innen sind!
- Sucht die Beisitzer*innen gut aus, denn sie unterliegen nicht der Weisung des Betriebsrats bei Abstimmungen in der Einigungsstelle!
- Der Betriebsrat muss zuletzt auch darüber einen Beschluss fassen, welche Personen konkret den Beisitz übernehmen sollen.

Der Betriebsrat teilt sodann dem Arbeitgeber mit, dass er die Einigungsstelle anruft, wer den Vorsitz übernehmen soll sowie wie viele Beisitzer*innen pro Seite vorgesehen sind.

Achtung:
Davor sollte aber über das Thema, zu dem die Einigungsstelle angerufen werden soll, zumindest eine Verhandlung versucht worden sein!

Der Arbeitgeber kann sich nun einverstanden erklären, das Thema Vorsitz und Beisitzer*innenanzahl verhandeln oder aber sich hinsichtlich des Gangs in die Einigungsstelle weigern.
Wird keine Einigung erzielt, so kann das entsprechende Arbeitsgerichtsverfahren eingeleitet werden – siehe unten unter »*Einsetzung Einigungsstelle*«.
Einigt sich der Betriebsrat mit dem Arbeitgeber, dann geht es in die Einigungsstelle. Zuerst wird nun die vorsitzende Person einen Termin mit allen Beteiligten abstimmen. Üblicherweise stellt der Arbeitgeber hierfür die Räume zur Verfügung. Die Sitzung ist ganztägig und vor Ort anzusetzen.

In der Sitzung wird das Thema behandelt und man versucht, eine Einigung zwischen beiden Seiten herbeizuführen – die*der Vorsitzende führt und protokolliert die Sitzung. Je nach Thema kann mehr als eine Sitzung notwendig sein. Zwischen den Sitzungen können Aufgaben an die Beteiligten verteilt werden.
Das Ziel der Einigungsstelle ist – wie der Name bereits andeutet – die Einigung. Gelingt sie, was meistens klappt, dann ist das Ergebnis der Einigungsstelle eine Betriebsvereinbarung. Diese wird formal dann so abgeschlossen, wie sie ohne Einigungsstelle abgeschlossen worden wäre. Gelingt die Einigung nicht, dann wird über ein Ergebnis abgestimmt. Zuerst stimmt die*der Vorsitzende nicht mit – kommt so eine Mehrheit nicht zustande, gibt es eine zweite Abstimmung, in der die*der Vorsitzende auch abstimmt und so ein Mehrheitsergebnis erzielt wird. Dieses Ergebnis wird dann als Spruch der Einigungsstelle bezeichnet.

Wichtig:
- Da es hier um Mehrheitsentscheidungen geht, nur die Beisitzer*innen (und in der zweiten Abstimmung die*der Vorsitzende) abstimmen dürfen und jede Seite die gleiche Anzahl von Beisitzer*innen hat, muss dafür gesorgt werden, dass immer alle Beisitzer*innen an den Sitzungen teilnehmen.
- Der Betriebsrat (auch der Arbeitgeber) darf jederzeit eine andere Person als Beisitzer*in beschließen – das ist insbesondere dann notwendig, wenn die bisherige Person verhindert ist und der Termin trotzdem stattfinden soll.

4. Gerichtsverfahren

a. Vor dem Gerichtsverfahren / der Einleitung

Der Arbeitgeber hat gegen Rechte des Betriebsrats verstoßen. Vielleicht hat Dein Gremium schon erfolglos Fristen gesetzt und Eure*n Rechtsanwält*in mit der außergerichtlichen Vertretung beauftragt, vielleicht aber auch nicht.

Hinweis:
Es gibt hier keine gesetzlich vorgegebenen Eskalationsstufen – Ihr könnt grundsätzlich auch direkt vors Gericht gehen!

Jedenfalls will der Betriebsrat jetzt zum Arbeitsgericht. Was ist davor zu beachten? Zuerst sollte juristisch geklärt werden, wie die Rechtslage ist, also ob es hier etwas gibt, was vor dem Arbeitsgericht durchgesetzt werden kann. Dazu solltet Ihr den Rechtsbeistand Eures Vertrauens konsultieren. Wenn der Betriebsrat nach der juristischen Einschätzung bei dem Entschluss, ein Arbeitsgerichtsverfahren einleiten zu lassen, bleiben möchte, dann braucht es einen Beschluss über die Einleitung des konkreten Verfahrens und über die Beauftragung/Bevollmächtigung des Rechtsbeistands.

Nun muss der Betriebsrat dem*der Rechtsanwält*in alle Informationen zu der Sache übermitteln und diese*r wird beim Arbeitsgericht das Verfahren einleiten. Das zuständige Gericht ist das Arbeitsgericht am Sitz Eures Betriebs. Das Verfahren wird als »*Beschlussverfahren*« bezeichnet und endet mit einem Beschluss – im Gegensatz zum Urteilsverfahren, welches stattfindet, wenn Arbeitnehmer*innen klagen und welches mit einem Urteil endet. Euer Rechtsbeistand leitet das Verfahren dadurch ein, dass er über ein spezielles E-Mail-System für Gerichte und Anwält*innen eine Antragsschrift bei Gericht einreicht – im Gegensatz zur Klageschrift, die eingereicht wird, wenn Arbeitnehmer*innen klagen. Damit heißen die Beteiligten des Beschlussverfahrens Antragsteller und Antragsgegner und die Parteien im Urteilsverfahren Kläger*in und Beklagte*r.

b. Ablauf

Das Beschlussverfahren findet in mindestens zwei Terminen statt.

Zuerst gibt es einen ersten Termin, der nur für die Möglichkeit der gütlichen Einigung vorgesehen ist. Hier kann es noch keine Entscheidung des Gerichts geben. An diesem Termin nimmt auch nicht die ganze Kammer teil, sondern nur die*der Richter*in, die*der der Kammer vorsitzt. Den Vorsitz hat immer ein*e Berufsrichter*in. Für den Betriebsrat wird dessen Rechtsbeistand teilnehmen sowie die oder der Vorsitzende des Gremiums oder ein Mitglied, welches die vorsitzende Person vertritt. Auf Arbeitgeberseite erscheint oft lediglich die bzw. der Vertreter*in aus dem Arbeitgeberverband oder der arbeitgeberseitige Rechtsbeistand, häufig kommt auch eine Person aus dem Unternehmen, manchmal auch ohne juristische Begleitung.

Der Termin findet meistens vor Ort im Gerichtsgebäude statt und ist öffentlich – das bedeutet, dass auch Arbeitnehmer*innen, aber auch völlig unbeteiligte Dritte, sich in den Raum setzen dürfen. Mittlerweile dürfen solche Termine auch so stattfinden, dass die Beteiligten sich von einem anderen Ort aus digital zuschalten könnten – dies ist aber nicht immer

empfehlenswert, da erfahrungsgemäß der Charakter des Termins dann ein anderer ist und die Ergebnisse, insbesondere wenn es um die Möglichkeit einer einvernehmlichen Lösung geht, nicht so gut ausfallen.
Der Termin kann auch für interne Unterredungen unterbrochen werden. Zwar wird Euer*Eure Vertreter*in größtenteils das Reden übernehmen, der Betriebsrat hat aber als Beteiligter auch das Recht zu sprechen – dies sollte am besten vorab mit der*m Vertreter*in abgeklärt werden.
Wenn dieser erste Termin zu keiner Lösung führt – die Beteiligten sich nicht einigen –, dann wird ein Termin zur Anhörung vor der gesamten Kammer durch die oder den Vorsitzende*n festgelegt. Zwischen den Terminen tauschen die beiden Seiten innerhalb der durch das Gericht bestimmten Fristen Schriftsätze aus.

Wichtig:
Hier müsst Ihr sehr gut unterstützen – die*der Anwält*in ist nur so gut, wie die Informationen, die der Betriebsrat liefert! Lest daher die Schreiben der Arbeitgeberseite genau durch und informiert Eure Vertretung über Unstimmigkeiten/Auslassungen und liefert die notwendigen Daten so konkret wie es Euch möglich ist!

Das Gericht wird entscheiden, ob es z. B. Zeug*innen hören möchte oder Auflagen gibt, Konkretes vorzulegen. Hier gilt der Amtsermittlungsgrundsatz – im Gegensatz zum Urteilsverfahren, bei dem das Gericht nur das werten darf, was die Parteien vorlegen. Das bedeutet, dass das Gericht im Beschlussverfahren auch die Initiative ergreifen darf, um Themen zu vertiefen/zu klären.
Zuletzt wird das Gericht nach einer Anhörung vor der gesamten Kammer entscheiden. Die gesamte Kammer besteht aus drei Personen – der oder dem Berufsrichter*in aus dem ersten Termin und zwei weiteren Richter*innen. Diese zwei sind keine Jurist*innen – es sind »Praktiker*innen«, die jeweils von Seiten der Arbeitgeber und Arbeitnehmer*innen kommen (sie werden durch Gewerkschaften und Arbeitgeberverbände vorgeschlagen) und das gleiche Stimmrecht in der Kammer haben. Die Entscheidung ergeht durch eine Mehrheitsabstimmung, die nicht öffentlich ist – der*die Berufsrichter*in verkündet dann lediglich das Ergebnis der Entscheidung, den Beschluss.
Bis zur Entscheidung dauert das Beschlussverfahren – wenn es sich nicht gerade um ein beschleunigtes Spezialverfahren handelt – ca. sechs Monate. Diese Dauer kann jedoch sehr variieren, abhängig von der aktuellen Auslastung des zuständigen Arbeitsgerichts. Auch können die Beteilig-

ten – also der Betriebsrat und der Arbeitgeber – Verlegungsanträge stellen, wenn die durch das Gericht bestimmten Termine nicht passen, weil z. B. die beauftragten Rechtsanwält*innen bereits andere Termine haben. Nach dem Abschluss der ersten Instanz können die Beteiligten – soweit sie nicht ganz zufrieden sein sollten – in die zweite Instanz gehen. Dies verlängert die Dauer um ca. ein weiteres Jahr. Manchmal ist auch noch eine dritte Instanz möglich. Sollte das der Fall sein, so ist von mindestens drei weiteren Jahren Dauer auszugehen.
Solange es keine rechtskräftige Entscheidung gibt – also das Verfahren nicht abgeschlossen ist bzw. eine der Seiten es noch in einer höheren Instanz betreiben möchte –, kann das, was bereits entschieden wurde, nicht umgesetzt werden. Erst mit dem endgültigen Ende des Verfahrens kann die Seite, welche gewonnen hat, auch auf die Umsetzung der Entscheidung bestehen. Dadurch können sich auch Sachverhalte überholen.

Vergleich
Deshalb ist es auch im Beschlussverfahren so, dass sie meistens durch einen Vergleich enden. Denn schließen die Seiten einen Vergleich, so haben sie direkt etwas, was sofort umgesetzt werden muss und müssen nicht schlimmstenfalls Jahre auf einen unsicheren Ausgang warten. Das Gericht wird auch immer wieder versuchen, einen Vergleich herbeizuführen – weil es gesetzlich dazu verpflichtet ist, aber auch, weil es dann keine Begründung für seine Entscheidung verfassen muss. Auch die Rechtsanwält*innen sind an einem Vergleich interessiert – soweit sie gesetzlich abrechnen, sieht das Gesetz für den Vergleich eine höhere Vergütung als bei einer Entscheidung des Gerichts vor. So sind Vergleiche meistens die beste Lösung für alle Beteiligten. Im Einzelfall mag es jedoch anders sein, so dass es sich lohnt, den möglichen Vergleich und die Prozessrisiken genau abzuwägen.

c. Arten der Gerichtsverfahren

Die Verfahren vor dem Arbeitsgericht, welche der Betriebsrat führen kann, sind mannigfaltig.
Wichtig ist zu verstehen, dass es zwar gewisse Standards gibt, wie die Anträge für bestimmte Situationen zu formulieren sind, aber dass am Ende fast jede Situation ihre Besonderheiten hat und die Kunst letztendlich darin besteht, die Anträge richtig zu formulieren. Diese Formulierung wird Eure Rechtsanwältin bzw. Euer Rechtsanwalt für Euch übernehmen, aber der Betriebsrat muss dafür ganz klar machen, was er begehrt!

Je nachdem, was der Hintergrund des Verfahrens ist – welche Rechte des Betriebsrats verletzt wurden, was der Betriebsrat genau für Ziele verfolgt –, ergibt sich das Verfahren, zu welchem gegriffen werden kann.

aa. Schnellverfahren

Beschleunigte Verfahren sind für spezielle Situationen vorgesehen und die Ausnahme unter den kollektivrechtlichen Arbeitsgerichtsverfahren.

Einstweilige Verfügung (§ 85 Abs. 2 ArbGG)

Dieses Verfahren soll den Betriebsrat schützen, wenn der Arbeitgeber unter Umgehung von dessen Rechten, etwas mitzugestalten, diesen vor vollendete Tatsachen stellen möchte, z. B. indem er Überstunden ohne Zustimmung anordnet und diese durchführt, einen Umzug des Betriebs ohne entsprechende Mitbestimmung des Betriebsrats umsetzt u. Ä.

Da es sich hier um ein sehr starkes Verfahren handelt – der Betriebsrat kann heute eine*n Rechtsanwält*in beauftragen, die*der am selben Tag das Verfahren einleitet, und bereits am Folgetag kann es den Termin im Verfahren inklusive direkt vollstreckbarer Entscheidung geben –, ist das nur für sehr klare Fälle reserviert. Das bedeutet, dass die Sachlage (dass der Arbeitgeber vorliegend die Mitbestimmung umgeht und daraus ein nicht wiedergutzumachender Schaden entsteht) eindeutig sein muss. Alle Beweise, die es braucht, müssen dem Gericht vorgelegt werden. Das bedeutet gleichzeitig, dass das, was verhindert werden soll, einerseits noch nicht umgesetzt sein darf (denn dann könnte es ja nicht mehr verhindert werden – die Überstunden dürfen noch nicht geleistet, der Umzug noch nicht abgeschlossen sein) und andererseits die Umsetzung bevorstehen muss (sodass keine Zeit bleibt, um das Ganze in einem normalen Verfahren zu klären – die Überstunden stehen in einigen Tagen an, die Umzugswagen kommen nächste Woche).

Ist das alles der Fall, dann macht ein solches Verfahren Sinn und sollte schnell ergriffen werden!

In dem Verfahren entscheidet das Gericht, ob (es könnte auch ohne Termin einen Beschluss erlassen) und wie schnell es terminiert. Es gibt nur einen Termin, aber dieser findet vor der vollbesetzten Kammer statt. Die Entscheidung wird in diesem Termin getroffen und wenn sie zu Gunsten des Betriebsrats ergeht, kann dieser auch – sobald sie dem Arbeitgeber zugestellt wurde – auf die Umsetzung bestehen. Hält sich der Arbeitgeber nicht an die Entscheidung, so kann er als Strafe Zahlungen durch das Gericht auferlegt bekommen.

Wichtig:
Hier geht es um Zeit.
Wenn nicht schnell reagiert wird, kann das Verfahren nicht gelingen, weil kein Termin mehr zeitig möglich ist, aber auch das Zuwarten selbst kann dazu führen, dass das Verfahren verloren wird.
Deshalb ist es sehr wichtig, grundsätzlich als Betriebsrat eine*n Rechtsanwält*in an der Hand zu haben, welche in solchen Notsituationen kontaktiert werden kann.

Einsetzung der Einigungsstelle (§ 100 ArbGG)
Wie wir unter »*Einigungsstelle*« gelernt haben, sieht das BetrVG Situationen vor, bei denen die Einigungsstelle »angerufen« werden kann, wenn sich Arbeitgeber und Betriebsrat nicht einigen können. Wir haben auch gelernt, wie die »Anrufung« und das Verfahren vor der Einigungsstelle funktionieren. Was ist aber, wenn es gar nicht zur Einigungsstelle kommt? Das kann passieren, wenn der Arbeitgeber behauptet, dass der Betriebsrat gar kein Recht hat, in die Einigungsstelle zu gehen, weil nach seiner Auffassung kein dafür vorgesehener Fall des BetrVG vorliegt oder wenn die Parteien sich nicht auf die*en Vorsitzende*n oder die Anzahl der Beisitzer*innen einigen können oder wenn der Arbeitgeber einfach gar nicht reagiert/auf Zeit spielt.
Dann kann der Betriebsrat ein spezielles Verfahren einleiten – das Verfahren auf Einsetzung der Einigungsstelle.
Dieses Verfahren ist besonders beschleunigt – die Entscheidung des Gerichts soll den Beteiligten innerhalb von zwei Wochen ab Antragstellung zugestellt werden, und darf nicht später als vier Wochen nach Antragstellung zugestellt werden – das ist wirklich sehr schnell! Es gibt in der Sache nur einen Termin, an dem nur der*die Vorsitzende und nicht die ganze Kammer teilnimmt. Auch die zweite Instanz ist etwas beschleunigt und eine dritte Instanz gibt es nicht. Das Gericht entscheidet in seinem Beschluss darüber, wer den Vorsitz übernehmen soll und wie viele Beisitzer*innen pro Seite an der Einigungsstelle teilnehmen dürfen. Das Thema der Einigungsstelle wird nur daraufhin überprüft, ob die Einigungsstelle offensichtlich unzuständig ist.

Wichtig:
Bei den Anträgen ist es wichtig, sehr genau zu überlegen, wer als Vorsitzende Person beantragt wird, denn

- es kann sein, dass die Person, welche im Antrag des Betriebsrats steht, direkt als »verbrannt« gilt, weil sich der Arbeitgeber gegen diese wehren wird. Hat er Gründe dafür, wird das Gericht eine andere Person einset-

zen, hat er keine Gründe, dann kann es leider trotzdem sein, dass das Gericht jemand anderen benennt;
- es ist problematisch, wenn die Person, welche im Beschluss als Vorsitzende bezeichnet wird, die Einigungsstelle nicht übernehmen kann. Deshalb sollte vorab mit potentiellen Kandidat*innen die Verfügbarkeit geklärt werden;
- damit genug Möglichkeiten zur Verfügung stehen, sollten mehrere Personen vorab – auch als Möglichkeiten für einen Vergleich – angefragt werden.

Wenn die Entscheidung da ist, ist die*der eingesetzte Vorsitzende zu kontaktieren. Dieser wird einen Termin abstimmen, einladen und das Einigungsstellenverfahren wird, wie unter »*Einigungsstelle*« geschildert, seinen Lauf nehmen.

bb. Das allgemeine Beschlussverfahren

Mit dem allgemeinen Beschlussverfahren ist das Verfahren gemeint, welches grundsätzlich stattfindet, wenn ein Betriebsrat ein Verfahren vor dem Arbeitsgericht einleiten lässt. Den Ablauf dieses Verfahrens haben wir unter »*Ablauf*« detailliert geschildert. Im Nachgang sollen noch zwei Unterfälle beleuchtet werden:

Beschlussverfahren bei personellen Maßnahmen

Bei personellen Maßnahmen nach dem § 99 BetrVG ist die Vorgehensweise hinsichtlich der gerichtlichen Durchsetzung von Rechten etwas verschachtelt, so dass wir dies hier gesondert darstellen wollen:
Wenn der Arbeitgeber eine Einstellung/Versetzung/Ein- oder Umgruppierung nach § 99 BetrVG anhört und der Betriebsrat seine Zustimmung nicht erteilt, kann der Arbeitgeber von der Maßnahme Abstand nehmen oder das Arbeitsgericht nach § 99 Abs. 4 BetrVG um Ersetzung der Zustimmung ersuchen. Wendet er sich an das Arbeitsgericht, so entscheidet dieses anstelle des Betriebsrats darüber, ob die Zustimmung zu erteilen war. Mit der Entscheidung – eventuell nach mehreren Jahren und Instanzen – ist die Frage der Zustimmungserteilung geklärt. Dies hilft dem Arbeitgeber wenig, wenn er währenddessen die Maßnahme nicht umsetzen darf. Da der Arbeitgeber mit der Umsetzung meistens nicht so lange warten will, gibt ihm § 100 BetrVG die Möglichkeit, die Maßnahme trotz fehlender Zustimmung vorläufig – also eigentlich ab sofort – durchzuführen. Er hat den Betriebsrat darüber lediglich zu informieren, und wenn dieser die dringende Erforderlichkeit der Maßnahme bestreitet, dann darf der Arbeitgeber diese nur aufrechterhalten, wenn er innerhalb

von drei Tagen das Verfahren nach § 99 Abs. 4 BetrVG auf Ersetzung der Zustimmung beim Arbeitsgericht einleitet. Dann wird das Gericht über die Maßnahme entscheiden, diese wird aber bereits während des Verfahrens umgesetzt werden. Hält sich der Arbeitgeber nicht an diese Vorgaben – hört gar nicht nach § 99 BetrVG an oder setzt die Maßnahme ohne Zustimmung und ohne ein Verfahren vor dem Arbeitsgericht einzuleiten um –, so kann der Betriebsrat ein Verfahren einleiten nach § 101 BetrVG. Das Ziel ist hier die Aufhebung der Maßnahme, welches mithilfe von Zwangsgeld durchgesetzt werden kann. Problematisch ist es, dass der Betriebsrat hier oft zwischen mehreren Stühlen sitzt – er will zwar, dass seine Mitbestimmung nach § 99 BetrVG beachtet wird, aber nicht unbedingt die Aufhebung der Maßnahme. In diesem Fall wäre bei mehreren Verstößen des Arbeitgebers gegen § 99 BetrVG an das folgende Verfahren unter »*Verfahren gemäß § 23 Abs. 3 BetrVG*« statt an das eben Geschilderte zu denken.
Bei Kündigungen von Betriebsratsmitgliedern muss der Arbeitgeber – wenn der Betriebsrat nicht explizit der Kündigung zustimmt, Schweigen gilt hier nicht als Zustimmung! – ein Verfahren gemäß § 103 BetrVG einleiten und dort die Zustimmung zur Kündigung erlangen, bevor er die Kündigung aussprechen kann. Zumeist ist die Amtszeit abgelaufen, bis der Arbeitgeber hier eine rechtskräftige Entscheidung erhält.
Der Betriebsrat kann gemäß § 104 BetrVG ein Verfahren vor dem Arbeitsgericht einleiten, um betriebsstörende Arbeitnehmer*innen entfernen zu lassen. Hier gibt es die Option der Versetzung oder gar Kündigung und es geht um extreme Fälle insbesondere von Rassismus, Fremdenfeindlichkeit oder (sexuelle) körperliche Übergriffe.

Verfahren gemäß § 23 Abs. 3 BetrVG
Dieses Verfahren ist für die Fälle gedacht, in welchen der Arbeitgeber in der Vergangenheit gegen Rechte des Betriebsrats verstoßen hat – je gravierender diese Verstöße waren und je häufiger sie vorkamen, desto besser sind die Erfolgsaussichten. Deshalb müssen die Verstöße gut dokumentiert werden, um sie dem Gericht eindeutig aufzeigen zu können. Das Ziel ist hier, dem Arbeitgeber ein solches Vorgehen für die Zukunft verbieten zu lassen. Gelingt das, so kann, wenn sich der Arbeitgeber an die Entscheidung des Gerichts nicht halten sollte, bei Gericht beantragt werden, dass er für jede Zuwiderhandlung zahlen muss. So kann der Arbeitgeber künftig effektiv diszipliniert werden – der einmal erreichte Beschluss gilt dann fort und kann immer wieder genutzt werden.

5. Strafvorschriften (§§ 119ff. BetrVG)

Die Betriebsverfassung sieht auch vor, dass bei bestimmten Verstößen des Arbeitgebers gegen das BetrVG eine Ordnungswidrigkeit oder gar eine Straftat anzunehmen ist. Dies ist in den §§ 119 und 121 BetrVG geregelt. Wenn der Arbeitgeber besonders extrem gegen Eure Rechte verstößt, dann sollte ein Strafantrag wegen § 119 BetrVG erwogen werden – es handelt sich hier um ein »Antragsdelikt«, ohne einen Antrag wird die Tat nicht verfolgt. Antragsbefugt ist nur das gesamte Gremium – es braucht also einen Beschluss und einzelne Betriebsratsmitglieder sind nicht antragsbefugt.

Da die Staatsanwaltschaften aber für gewöhnlich bzw. wenn überhaupt über sehr geringe Kenntnisse des kollektiven Arbeitsrechts verfügen, solltet Ihr Euch nicht zu viele Hoffnungen hinsichtlich des Ergebnisses machen. Auch wird die Anzeige allein Euren Konflikt bestimmt nicht lösen können und Ihr müsst weitere Werkzeuge Eures Koffers bemühen. Es hat jedoch starken symbolischen Charakter, einen solchen Strafantrag bei der Staatsanwaltschaft einzureichen und sollte auch so verstanden und genutzt werden. Leider nehmen systematische Schikanen von Betriebsräten zu, so dass dieses Instrument an Bedeutung gewinnen sollte/dürfte und mit der Zeit sodann eventuell auch bei den Staatsanwaltschaften auf effektivere Reaktionen gehofft werden darf.

V. Zusammenarbeit im Gremium

1. Die wichtigsten sozialen Kompetenzen für die Arbeit in Gruppen

Was sind soziale Kompetenzen und warum sind diese wichtig?[1] Wir werden in den folgenden Kapiteln sehen, dass das Wesen des Menschen auf das *Soziale* ausgerichtet ist, d. h. auf die Interaktion mit anderen Menschen. Soziale Kontakte prägen unser Selbstbewusstsein schon in der frühen Kindheit und tun dies auch noch im hohen Alter. Soziale Kontakte haben großen Einfluss auf die Entwicklung unserer Persönlichkeit, unsere Stimmung und unsere Motivation. Das *Soziale* spielt in unserem tiefen Inneren eine größere und prägnantere Rolle als unser fachliches Wissen. Emotional erlebte Situationen prägen unsere Zusammenarbeit tief und nachhaltig, in beide Richtungen, sowohl positiv oder negativ. Die Psychologie gehört zum Leben der Menschen dazu, sie ist nicht nur Hobby. Sie spielt bei jedem von uns ungefragt eine wichtige Rolle und ist somit ein unvermeidlicher und deshalb ernst zu nehmender Bestandteil in unserer täglichen Zusammenarbeit, in unseren Betrieben und in unseren Gremien. Es ist die psychologische Seite des Miteinanders, die es uns erlaubt, uns im Gremium wohl, gut aufgehoben oder abgehangen oder ausgegrenzt zu fühlen.

Die Arbeit in Gruppen erfordert also eine Grundkenntnis an sozialen und psychologischen Kompetenzen. Durch individuelle Reflexion und Training können sie vertieft und gefestigt werden. Wissen über psychologische Muster von Menschen, über gruppendynamische Phänomene, über gelingende und misslingende Kommunikation, ist dort, wo man mit Menschen zu tun hat und gemeinsame Ergebnisse erzielen möchte, unerlässlich. Es hilft, Probleme in der Zusammenarbeit verstehen und erklären zu können und somit auch, sich darüber weniger ärgern zu müssen. Denn, was ich verstanden habe, kann ich ändern. Wo ich Zusammen-

1 Vgl. Baschab, F./Kolovos, A. 2025.

hänge erkannt habe, kann ich Neues einfügen und ausprobieren. Soziale Kompetenzen gehören heutzutage ebenso in unseren Werkzeugkoffer wie fachliche Methoden oder Gesetze. Wenn wir nur einige davon richtig verwenden, können wir auch die ein oder andere soziale oder psychologische Schraube bei uns selbst und in der Gruppe nachjustieren.
Es sind **vier wichtige und wesentliche soziale Kompetenzen**,[2] die eine große Rolle spielen und die weiterentwickelt werden können. Diese Kompetenzen können in realen Situationen reflektiert und verändert werden, sie können aber auch in Seminaren vertieft und trainiert werden.

a. Andere und sich selbst wahrnehmen – Situationen erkennen

Es geht darum, die Gruppe nicht nur mit ihren inhaltlichen Themen, sondern auch auf der psychologischen und sozialen Ebene lesen zu können. Reaktionen der Gruppenmitglieder und die eigenen Verhaltensweisen erkennen und erklären zu können. Es geht darum, erkennen zu können, welche psychologischen Denk- oder Verhaltensmuster in der Interaktion in der Gruppe sichtbar sind und ebenso zu bewerten, ob diese hilfreich oder nicht hilfreich für unsere angestrebten Ergebnisse sind. Es geht auch darum, über geeignete Methoden zu verfügen und diese ansprechen zu können. Für die Arbeit in und mit Gruppen und Teams ist es daher hilfreich, alle nicht hilfreichen oder störenden Phänomene wahrzunehmen, um sie bearbeiten zu können. Auch Gremien können dazu eingeladen werden, die eigenen Muster der Kooperation zu analysieren und zu verbessern. Die Erfahrung zeigt, dass dies am Ende den meisten Teilnehmenden sogar viel Selbsterkenntnis bringt und auch Spaß macht. Viele Mitglieder von Gremien haben ein großes Interesse an psychologischen Themen, wenn sie gut aufbereitet und einleuchtend erklärt werden und somit verständlich sind.

Beispiele – hilfreiche und weniger hilfreiche Muster der Zusammenarbeit im Gremium:
Ein Kollege, eine Kollegin reagiert auf eine andere Kollegin, indem sie grundsätzlich allem widerspricht, was die Kollegin sagt. Egal zu welchem Inhalt und egal, ob sie oder er sich dadurch möglicherweise sogar selbst widerspricht. Hier wird also auf die Person reagiert, nicht auf den Inhalt. Im persönlichen Bereich gibt es ein Problem.
Andere reagieren gereizt, wenn immer wieder bestimmte Fragen gestellt werden. Eigentlich müssten die Themen doch klar sein, schließlich wurde

2 Vgl. König, O./Schattenhofer, K. 2010.

schon oft und viele Jahre darüber gesprochen. Warum ärgert mich das derart und was kann ich dazu über die Gruppe und über mich reflektieren? Vorsitzendenden fällt immer wieder auf, dass sie fast die oder der Einzige sind, der zuverlässig Themen übernimmt, bearbeitet, zu Ende bringt. Die anderen versprechen viel, tun dann aber wenig. Wie kann ich dieses Muster analysieren, erklären und verändern?

b. Unangenehme Dinge ansprechen – Spontanität und Ausdrucksfähigkeit

Die Kompetenz, sich selbst zu beobachten und diese Wahrnehmung verarbeiten zu können, ist eine Sache, eine weitere ist es, sich angemessen auszudrücken und somit Missstände adäquat abstellen zu können. Ziel sollte sein, die Anschlussfähigkeit an die Gruppe und andere Themen zu erhalten. Deshalb ist es wichtig, sich in den Ausdrucksmöglichkeiten eigener Gefühle, Affekte oder innerer Beeinträchtigungen zu trainieren. Dabei liegt es auf der Hand, dass nicht alle Beobachtungen und Eindrücke in die Kommunikation gelangen sollten, sondern diejenigen, die für einen selbst, in Bezug auf den Kontakt zur Gruppe, und zu den fachlichen Kompetenzen und somit der Zielerreichung des Teams von Wert sind. Von daher könnte man unterscheiden zwischen maximaler und optimaler Offenheit. Dies eröffnet ein weiteres Spannungsfeld zwischen den Polen Spontanität und wohlüberlegter, angemessener Äußerung. Auch hier können viele Probleme entstehen, denn, obwohl wir täglich miteinander kommunizieren, gibt es viele Missverständnisse und viel Ärger, der eigentlich gar nicht nötig ist. Grundsätzlich braucht es eine gewisse Robustheit im Umgang untereinander, d. h., eine Kommunikationskultur, die Fehler aushält, wo nicht jedes Wort in die Waagschale gelegt wird, aber dennoch gegenseitiges Vertrauen besteht. Trotzdem ist es eine Frage des andauernden Trainings, Themen so ansprechen zu können, dass sie von anderen gut aufgenommen werden; Rückmeldung derart zu geben, dass sie angenommen und umgesetzt wird; eigenen Ärger so zu formulieren, dass man ernst genommen und nicht belächelt wird.

Beispielfragen:
Wie sage ich jemanden angemessen, dass er häufig den Sitzungsverlauf stört, ohne ihn in seiner Verhaltensweise zu verstärken, weil er meine Kritik möglicherweise nicht annimmt?
Wie spreche ich Mitglieder des Gremiums an, mehr Verantwortung für Themen zu übernehmen, so, dass diese einsichtig sind und etwas ändern?

> Wie kann ich die Gesprächskultur des Gremiums ansprechen, um störende Muster abzustellen und neue gemeinsame Regeln zu etablieren?

c. Die eigene Rolle in der Gruppe entwickeln

Ein Betriebsratsgremium bringt Menschen aus unterschiedlichen Teilen eines Betriebs zusammen, diese bringen dabei unterschiedliche Interessen, Sichtweisen und Meinungen mit. Die vielen Argumente und Absichten der Mitglieder einer Gruppe können zu Verunsicherung einzelner führen, denn das Ganze kann schnell sehr komplex erscheinen. Bei manchen Personen kann dies dazu führen, dass sie ihre Sichtweisen und Argumentationen verhärten. Andere wiederum reagieren möglichweise mit Stille oder innerem Rückzug. Die Arbeit in einer Gruppe bedeutet immer auch den eigenen Platz und die eigene Rolle zu finden. Dies geschieht nicht nur auf der inhaltlichen Ebene, sondern auch auf der Ebene der Psychologie der Gruppe. Den Wunsch nach Nähe ebenso auszudrücken wie den Wunsch nach Distanz, das Mitteilen von Antipathien und Sympathien. Grundlegende Auseinandersetzungen einzugehen, ohne dabei den grundlegenden Respekt voreinander zu verlieren, ist ebenso ein Merkmal sozialer Kompetenz. Man muss in der Gremienarbeit lernen, mal recht zu haben und mal nicht, sich mal durchsetzen zu können und mal nicht und auch, dass man nicht alles versteht und auch verstehen kann.

Die Rolle der/des Betriebsratsvorsitzenden ist mit spezifischen Erwartungen verbunden, die im Gremium unterschiedlich interpretiert werden können.[3] Ebenso die Erwartungen an die Rollen der Mitglieder. Soziale Kompetenz bedeutet auch, Rollenerwartungen und eventuelle Enttäuschungen bei Nicht-Erfüllung der Erwartung angemessen zu klären, allen zu helfen ihre Rollen zu finden, ein Gremium als Ganzes, und nicht nur die Inhalte, zu organisieren und sich am Ende nicht an einen schlechten Dauerzustand zu gewöhnen, weil kein Handwerkszeug vorhanden ist, Dinge zu ändern.

> **Beispielfragen:**
> Mit welchen Annahmen kommen Mitglieder des Gremiums im Gremium an? Welche Vorstellungen haben sie von Betriebsratsarbeit und welche eigenen Interessen? Wie kann ich diese erfragen?
> Wie kann ich eine sinnvolle Rolle im Gremium finden? Wie kann ich einen hilfreichen Beitrag für die Arbeit des Gremiums leisten?

3 Vgl. Baschab F./Kolovos, A. 2025.

> Wie kann ich mich fachlich und methodisch weiterentwickeln und Fortbildungen besuchen, die für meine Rolle im Gremium nützlich sind?

d. Konflikten und Emotionen standhalten – mentale Stabilität

Gruppendynamische Phänomene erfordern ein hohes Maß der Fähigkeit Spannungen, Konflikte und Dissonanzen aushalten zu können. In diesen schwierigen Situationen präsent zu bleiben und nicht »aus dem Felde zu gehen«.[4] Dies gilt für Vorsitzende genauso wie für die Mitglieder des Gremiums. Es wäre eine falsche Erwartung der Mitglieder eines Gremiums, dass die Vorsitzenden stets für das gute Wohl und die Motivation aller zuständig sind. Jeder ist für seine grundlegende Motivation selbst verantwortlich. Wenn Menschen auf der psychologischen Ebene in die innere Emigration[5] gehen, bleiben sie zwar Mitglied des Gremiums und somit immer noch Teil der Gruppe, sie tragen aber nichts mehr bei. Auch wenn sie das nicht konkret ansprechen, drücken sie damit dennoch etwas aus, gemäß dem bekannten Satz von Paul Watzlawick: Man kann nicht *nicht* kommunizieren.[6]

»Emotionale Belastbarkeit bedeutet, sich auf eigene und fremde Emotionen einlassen zu können und ihnen standzuhalten. Dabei geht es nicht darum, bei allem und immer die Fassung zu bewahren, sondern die Erfahrung zu machen, dass man selbst oder auch eine Gruppe als Ganzes in starke Emotionen ein- und abtauchen kann, aber eben auch wieder auftauchen.«[7] Ein gemeinsames Durchstehen persönlicher Konflikte oder Gruppenkonflikte und eben nicht die Flucht zu ergreifen, kann für eine Gruppe einen enormen Lernschritt bedeuten und die Gruppe noch näher zusammenbringen.

Es wird nicht immer alles glatt laufen. Viele Dinge bleiben ungeklärt, zu langsam, zu unvollständig oder es gibt zu viele Widersprüchlichkeiten im Gremium. Gruppenarbeiten sind immer mit Schwierigkeiten verbunden, mit Höhen und Tiefen. Da, wo Menschen zusammenarbeiten, gibt es gute gemeinsame Erlebnisse aber auch schlechte. Freude und Ärger liegen dicht beieinander. Trotzdem eine emotionale Stabilität zu erhalten, Ungeklärtes aushalten zu können und Ärger gut verkraften zu können, gehört zu den persönlichen, sozialen und psychologischen Kompetenzen von Gruppenmitgliedern.

---

4 Lewin, zit. in König, O./Schattenhofer, K. 2010, S. 107

5 Vgl. Malik, F. 2019.

6 Vgl. Watzlawick, P./Bavelas, J. B./Jackson, D. D. 1993.

7 König, 0./Schattenhofer, K. 2010, S. 108.

Hinweis zum Thema Konflikte in Gruppen:
Konflikte gehören zum menschlichen Leben dazu und somit auch zur Arbeit innerhalb einer Gruppe oder eines Gremiums. Es kann also gar nicht darum gehen, eine störungsfreie Arbeit zu erwarten, sondern darum, zu lernen, wie man Konflikte regulieren kann, damit sie nicht eskalieren, und darum, mit diesem Zustand des Unperfekten gut leben zu können.

Abb. 1: Die dynamische Balance im Gremium

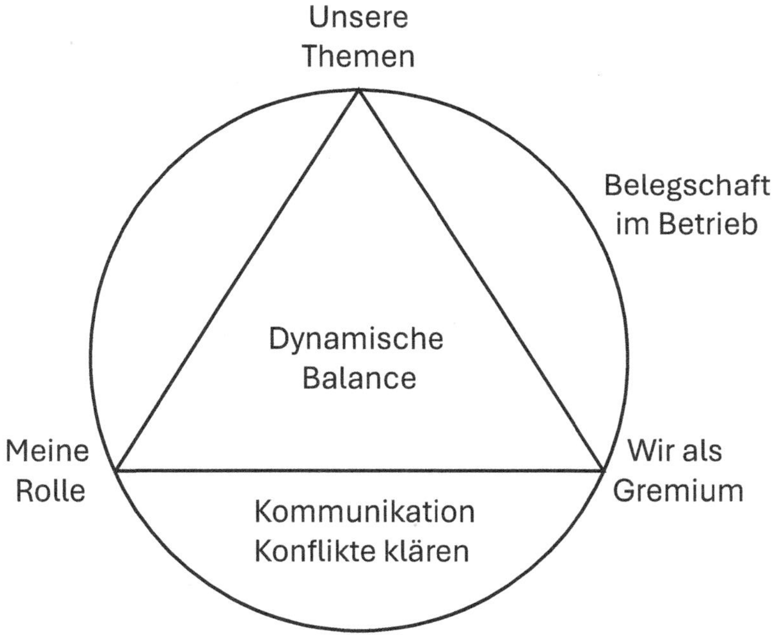

In Anlehnung an Cohn (1975)[8] zeigt die Grafik die Elemente der sozialen Elemente in einem Gremium. Zum einen geht es um die Rolle der/des Einzelnen (»Meine Rolle«), die mit der Gestaltung des Gremiums verbunden ist. Das Gremium hat als Gruppe rückkoppelnde Auswirkungen auf die Gestaltung der Rolle jeder und jedes Einzelnen. Beide hängen sozusagen voneinander ab. Beide gestalten zusammen die Themen des Gremiums, für die Belegschaft, eingebettet in den Betrieb. Man kann in dieser Grafik erkennen, dass man Teil des Ganzen ist und letztlich alle zusammen ihren Beitrag zum Gelingen des Ganzen leisten. Jede und jeder

8 Löhmer, C./Standhart, R. 1994.

Einzelne im Gremium trägt Mitverantwortung für das Ganze. Manchmal geraten die Dinge aus der Balance, manchmal beschäftigen sich Einzelne vermehrt mit ihren Rollen und Aufgaben, manchmal müssen im Gremium Rollen, Zuständigkeiten und Aufgaben neu geklärt werden. Das Ganze ist dabei nie statisch, sondern immer in Bewegung. Soziale und psychologische Kompetenzen helfen dabei, die einzelnen Elemente verstehen zu lernen, sie zu steuern und auch bearbeiten zu können.
In den folgenden Kapiteln werden wir Schritt für Schritt auf die hier beschriebenen sozialen Kompetenzen eingehen. Es werden Theorien und Praxisbeispiele, Modelle und Werkzeuge aufgezeigt, die das Geschehen auf der sozialen Ebene eines Gremiums vereinfachen helfen.

2. Der Betriebsrat als soziales System

a. Das Betriebsratsgremium als Gruppe

Das BetrVG setzt die Arbeit des Betriebsrates in der Gruppe voraus, also im Gremium. Jede Gruppe unterliegt dabei gewissen Gesetzmäßigkeiten, die sich auf drei unterschiedlichen Ebenen des Gruppengeschehens abspielen:

- inhaltlicher Ebene,
- sozialer Ebene,
- Zeitdauer der Zusammenarbeit.

Auf der inhaltlichen Ebene werden die Themen diskutiert, bearbeitet, entschieden, die die eigentliche Arbeit des Gremiums ausmachen. Alle Themen, um die sich das Gremium im Interesse der Belegschaft kümmert.
Es schwingt aber stets die soziale Ebene einer Gruppe mit. Damit ist gemeint, wie sich die Gruppenmitglieder untereinander verstehen, ob sie sich gut zuhören, die Meinungen anderer akzeptieren und diskutieren. Gibt es Spannungen oder Konflikte unter Einzelnen, gibt es Cliquen? Wer hat welche Rolle, welchen Status, welche Erfahrung? Und auch: Auf wen wird mehr gehört, auf wen gar nicht? Wer beteiligt sich gerade mehr oder weniger? Gibt es Neid oder Konkurrenz? Wem geht es gerade wie? Wer hat gute Laune, wer schlechte?
All diese Begebenheiten werden unter dem Begriff Gruppendynamik zusammengefasst. Eine Gruppe ist kein feststehendes mechanisches Gebilde, sondern ein lebendiges System, beeinflusst durch die Akteure im

Inneren der Gruppe, durch Themen von außen und die methodische Art, wie die Gruppe geleitet wird.

Hinweis:
Man kann sich das Gruppengeschehen vorstellen, wie ein Mobile aus Wölkchen und Schäfchen. Wenn ein Wölkchen angestoßen wird, bewegen sich alle Wölkchen und Schäfchen mit, drehen sich in sich, drehen sich umeinander und pendeln langsam wieder aus. Alle sind irgendwie miteinander verbunden.

Gremien durchlaufen als Gruppen also die gleichen Dynamiken wie alle anderen Gruppen, egal aus welchen gesellschaftlichen Bereichen.

b. Gruppendynamik auf der Zeitachse

Wir beginnen mit einem Blick auf die Zeitachse einer Gruppe. Neugewählte Mitglieder eines Gremiums erleben das in der Regel hautnah gleich zu Beginn der Arbeit im Gremium. Gruppen durchlaufen unterschiedliche Phasen der Zusammenarbeit. Die folgende Übersicht basiert auf den, mittlerweile sehr bekannt gewordenen, Modellen der Gruppenphasen[9] und wurde hier speziell auf die Belange eine Betriebsratsgremiums formuliert. Beschrieben werden, neben dem Namen der Phase, die wichtigsten Aufgaben der Gruppe und was Einzelne dazu beitragen können. Wichtig ist, dass diese Phasen nicht unbedingt in der hiergeschriebenen Reihenfolge durchlaufen werden, und das einzelne Mitglieder der Gruppe die Phasen unterschiedlich wahrnehmen können. Die folgende Tabelle beschreibt also die Phasen und was konkret in der Gruppenentwicklung getan werden kann. Welche Fragen beantwortet werden können, beschreibt ein weiteres Tool (das Team-Performance-Modell), welches wir weiter unten betrachten werden.

9 Vgl. König, O./Schattenhofer, K. 2010; vgl. hierzu auch Schwartau, B. 2019.

Abb. 2: Gruppenphasen

Phase	Aufgaben der Gruppe	Anforderungen an die Einzelnen
Anfangs- und Orientierungsphase	Entscheidungen, die noch nicht alle verstehen können, stehen an. Erfahrene Aktive übernehmen Verantwortung, die »Neuen« folgen oder gehen in die Rebellion, weil sie sich etwas anderes vorgestellt haben. Es gibt erstmal eine Art »Scheinkooperation«.	Kontakt zu anderen aufnehmen. einander kennen lernen. Nicht zu viel Raum einnehmen und gemeinsam den Anfang gestalten. Sich anschauen, wie die Arbeit im Gremium läuft und sich nach und nach einbringen. Von anderen lernen aber eine eigene Kompetenz entwickeln. Sich weiterbilden.
Phase der Positions- und Rollenklärung	Viele Vorschläge zum Vorgehen, keine klaren Entscheidungen. Lange Diskussionen, Unzufriedenheit, Unruhe. Die Leitung soll entscheiden. Steigende Aggressivität, verdeckte Angriffe.	Position beziehen, eine Meinung vertreten, auch, wenn sie nicht nur auf positive Resonanz stößt. Interessen, Wünsche, Befürchtungen transparent machen. Spannungen aushalten.
Phase der Klärung	Die Situation hat sich entspannt. Man bleibt länger auf der Sachebene, kennt seine »Pappenheimer« nimmt Rücksicht und agiert gruppenorientiert.	Nähe und Distanz zwischen den Mitgliedern sind klar, auch die Rollen und Beiträge werden klarer. Aufgaben, Arbeitsregeln, Prozesse werden geklärt; Machtkämpfe verringert.
Phase der guten Zusammenarbeit	Hohe Arbeits- und Entscheidungsfähigkeit. Abweichende Meinungen werden gehört, viele Aspekte zu Entscheidungen hinzugezogen. Die Gruppe hat einen guten Modus gefunden.	Weitermachen, dabeibleiben. Eine weitere Gruppenentwicklung ist möglich, Vertrauen vorhanden. Neue Aufgaben und Rollen können ausprobiert werden. Die Gruppe hat Power. Jede und jeder bringt sich ein und hat Selbstvertrauen.

Phase	Aufgaben der Gruppe	Anforderungen an die Einzelnen
Phase der Trennung und des Abschieds	Die Wahl steht an und es ist nicht klar, wer weiter macht und wer nicht. Vielleicht fällt die Gruppe in alte Kampfmuster zurück. Vielleicht muss man sich auch von verdienten Mitgliedern verabschieden.	Trauer zulassen, Trennung akzeptieren. Sich neu orientieren. Alte Geschichten loslassen, neue schreiben. Offenes abschließen, nichts Neues anfangen. Den Abschied einzelner bewusst gestalten und feiern. Sich dann neu aufstellen.

Die Abschiedsphase sollte in Bezug auf das Ausscheiden von Mitgliedern eines Gremiums nach der Wahl durchaus bewusst zelebriert werden. Es ist wichtig, dass die innere und auch die äußere *Entlastung* (manchmal auch Entlassung) aus einer Rolle sichtbar wird, ebenso, dass sich eine Rolle durch Neubesetzung geändert hat. Manchmal ist zu beobachten, dass Menschen noch an ihren alten Rollen anhaften und dies durch Handlungen oder ihre Kommunikation zeigen, obwohl sie formal diese Rolle nicht mehr innehaben. Die aktuellen Rolleninhaberinnen oder Rolleninhaber kann dies irritieren und auch das Gremium kann dadurch gestört sein. Wenn man die Wahrscheinlichkeit in Betracht zieht, dass z. B. ein ehemaliger Vorsitzender durchaus auch die Rolle des *Omegas* (vgl. S. 113ff.) einnehmen kann, ist hier allerdings Konfliktpotential geboten.

c. Gruppendynamik auf der Achse der Rangdynamik

aa. Wie wir andere Menschen scannen

Wenn wir anderen Menschen begegnen, scannt unser Gehirn in Sekundenbruchteilen die andere Person ab. Aus diesem Scan entsteht im Gehirn in Sekundenbruchteilen ein Gefühl, daraus möglichweise eine Handlung. »Der Weg vom Gefühl zur Handlung ist nur kurz, d. h. emotionale Muster erlauben es, schnell zu handeln.«[10] Die Geschwindigkeit des Fühlens war in der Evolution überlebenswichtig. Die im Laufe der Zeit entstandene kognitive Ausstattung des Menschen bot ihrerseits wiederum überlebenssichernde Elemente. Von großem Nutzen in der Evolution war das Fühlen, vor allem in seiner komplexitätsreduzierenden Wirkung in der direkten Interaktion. Demnach vollziehen Menschen im Fühlen im Allgemeinen drei Bedeutungsdimensionen in der Interaktion mit anderen

10 Simon, F. B. 2010, S. 175f.

Menschen: »Aktivität (aktiv/passiv), Potenz (stark/schwach), Bewertung (gut/böse).«[11] Diese Dimensionen ermöglichen ein unmittelbares Handeln in Interaktionssituationen, was durchaus überlebenswichtig war bzw. eine starke Auswirkung auf unsere nachfolgende Kommunikation und Kooperation haben kann. Aus der jeweiligen Deutung und Ableitung möglicher Bewertungen können sich stabile Beziehungsmuster ergeben (auch ohne, dass diese benannt sind), es können sich aber auch Flucht- und Abwehrreaktionen ergeben. Es können zudem Fehlinterpretationen entstehen und daraus resultierend auch fehlgeleitete Ableitungen, die die weitere Kommunikation beeinträchtigen.

Praxistipp zur Wahrnehmung einer anderen Person:
Fragen können entstehen, wie: Ist jemand besser als ich? Will er mir schaden? Nimmt mir hier jemand meinen Platz weg? Ist sie kompetenter als ich? Diese Fragen, die sehr schnell im Kopf entstehen, werden nicht offen gestellt und deshalb nur von der fragenden Person selbst beantwortet. Meistens werden sie selbst bestätigt, was dann wiederum zu echten Status-Kämpfen oder Macht-Kämpfen führen kann. Notwendig wäre die wirkliche Klärung der Wahrnehmungen durch ein Gespräch.

Gefühle werden somit »zu Wirklichkeitskonstruktionen aus der Innenperspektive dessen, der handeln muss«.[12] In der Folge beeinflussen sie die Wahrnehmung bezüglich einer Gruppe, können diese aber auch auflösen bzw. beenden. Die Kommunikation und das Erzeugen von Klarheit hierüber sind von entscheidender Bedeutung für eine Gruppe, welche auf Kooperation ausgelegt ist. Auch dieser Aspekt ist gemeint, wenn wir über geklärte Rollen und Beziehungen in Gremien sprechen und eine gemeinsame Sichtweise zu den Themen und Zielen des Gremiums existiert.

bb. Modell der Rangdynamik in Gruppen

Eine »Mindestausstattung« differenzierter rangdynamischer Rollen, die eine Gruppe braucht, zeigt uns das Modell der Rangdynamik von Schindler. Das gruppendynamische Grundverständnis Schindlers basiert auf **drei Grundthesen**, nach denen (1.) sich jede Gruppe über einen Gegner konstituiert, (2.) sich jede Gruppe im Verlauf von Phasen entwickelt und (3.) jede Gruppe Rangpositionen ausbildet.
Der Gegner bzw. das Gegenüber kann dabei »gleichermaßen eine Person, ein Kollektiv oder eine Aufgabe, ein zu erreichendes Ziel« sein,

---

11 Vgl. Osgood et al., zitiert in: Simon F. B. 2010, S. 57.
12 Simon, F. B. 2010, S. 58.

demgegenüber sich die Gruppe zu einer gemeinsamen Handlung zusammenfindet. Sobald sich die Gruppe aus einer Art Vorgruppenphase als gemeinsam agierende Gruppe formiert, bilden sich rangdynamische Positionen aus. Überwunden ist hierbei bereits das Angstniveau der Anfangsphase. Mit Hilfe der im Modell ausgedrückten soziodynamischen Grundformel lassen sich, gerade in der Organisations- und Teamentwicklung, mögliche Spannungsfelder und Konfliktpotentiale aufzeigen, verstehen und anschließend, insofern es für die Gruppe und deren Ziele Sinn macht, korrigieren. Auf jeden Fall gibt das Modell den Teilnehmenden an Gruppenprozessen eine Erklärung über empfundene Störungen und hilft dabei, wahrgenommene Gruppenkrisen zu verstehen.
Das Modell Schindlers geht von unterschiedlichen gruppendynamischen Rollen aus, wobei es ausdrücklich die Rolle eines außenstehenden Faktors berücksichtigt, nämlich die des Gegenübers der Gruppe oder auch des gemeinsamen Gegners (G). Dieser kann eine andere Gruppe, aber auch ein Auftrag, ein Ziel, sein. Der Gruppe selbst verhilft (G) zur Stärkung der eigenen inneren Identität. Die Beziehung zu (G) selbst, ist dabei nie nur eindeutig positiv oder negativ, freundlich oder feindlich, es handelt sich hier um ein funktionales Modell, also inhaltlich wertfrei.

Abb. 3: Rangdynamik nach Schindler, graphische Darstellung nach Geisbauer[13]

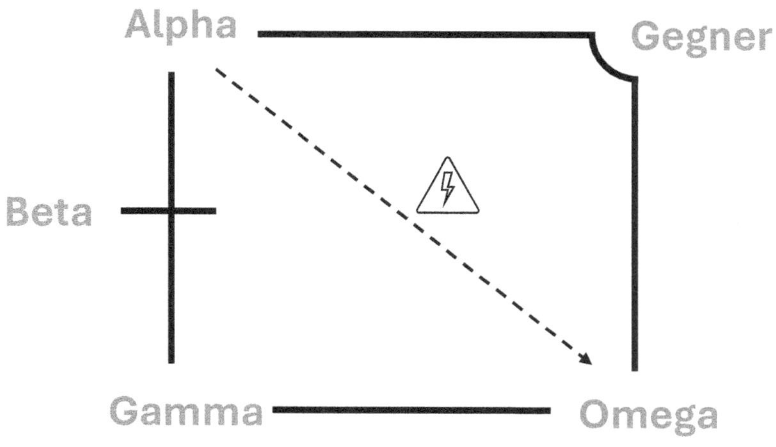

13 Geisbauer, W. 2023, S. 84.

In der Auseinandersetzung mit (G) entsteht innerhalb der Gruppe eine Rangstruktur, die wie folgt beschrieben wird:
Alpha ist der Kristallisationspunkt, die Führungs- bzw. Entscheidungsrolle der Gruppe.[14]
Die Gruppe, vertreten durch *Gamma*, erwartet von *Alpha* Impulse der Leitung und Organisation der Gruppe und folgt *Alpha*, solange die Gruppe Erfolg wahrnimmt. Verändert sich die Aussicht auf Erfolg, kann es zu Unsicherheit in *Gamma* kommen und zur Neubesetzung der Position von *Alpha*.
In unmittelbarer Distanz zu *Gamma*, also denen, die sich mit der Gruppe, *Alpha* und dem Gruppengeschehen identifizieren, befindet sich eine weitere rangdynamische Position, die *Omega* genannt wird. *Omega* sieht sich selbst oder wird wahrgenommen als am weitesten weit weg vom Mitglieds-Ideal der Gruppe. *Omega* hinterfragt das Thema und somit die Gruppe, geht gegen den Strich, kritisiert – auch auf offener Bühne – *Alpha* (gelegentlich auch *Gamma*, oft als sog. **Hofnarr**, der dem König stets direkte Rückmeldung geben durfte), irritiert und verunsichert jedoch einige der Gruppenmitglieder damit. Die eigentliche Absicht von *Omega*, auch unbewusst, ist jedoch das Bestreben nach Ausgleich. Während *Alpha* für Kontinuität und Identität steht, erwirkt *Omega* Umdenken, bringt neue und unkonventionelle Ideen und wendet sich somit gegen eine mögliche Verkrustung und Erstarrung, stellt das Geschehen in der Gruppe in Frage und bringt die Gruppe dadurch in Konflikte. *Omega* läuft dabei Gefahr, von der Gruppe ausgeschlossen zu werden. Sollte dies geschehen und wird *Omega* »aus der Gruppe entlassen«, entwickelt sich aber nach kurzer Zeit ein neuer *Omega* aus der Gruppe heraus.
In der Tendenz erleben *Alpha* und *Gamma* dies als störend, vor allem *Alpha* sieht die eigene Position gefährdet und geht daher oft einen Konflikt mit *Omega* ein, was in einem Rangkampf münden mag. Geschieht dies, ist eine sinnvolle inhaltliche Auseinandersetzung meistens nicht mehr möglich. Übersehen wird dabei oft, dass inhaltliche und strukturelle Konflikte dem Fortbestand der Gruppe und dem Erreichen der Ziele dienlich sein können. Eine zu starke Tendenz nach inhaltlicher und struktureller Harmonie kann für Gruppen hinderlich sein. Eine zu starke und einseitige Ausrichtung in Richtung Integration kann zum Wärmetod der Gruppe führen. *Omega* kann jedoch, wegen der als Störung empfundenen Rolle, von der Gruppe auch als Sündenbock betrachtet werden.
Die *Beta*-Position des Modells steht für eine beratende, unterstützende, vermittelnde, auf großer Erfahrung gestützten Rolle, die nicht in den un-

---

14 Vgl. Baschab, F., 2024 a) und b) und Podcast AiB Audio 2024.

mittelbaren Konflikt zwischen *Alpha* und *Omega* involviert ist und eher neutral zu beiden Positionen und klärend wirken kann, vorausgesetzt, *Beta* wird von *Alpha* anerkannt und beide stehen nicht im rangdynamischen Konflikt zueinander. In reinen Machtgruppen, wie z. B. politischen Parteien, kann beobachtet werden, dass sich *Beta* auch über einen längeren Zeitraum darauf vorbereiten kann, der neue *Alpha* zu werden. Durchaus auch mit offen zur Schau getragenen Widersprüchen oder Konflikten.
Die Rolle des **Hofnarren** (*Omega*) als wichtige Instanz der Reflexion, des Unterbrechens oder des Überdenkens, des Infragestellens, oder aber schlicht des offenen und ehrlichen Ansprechens von für alle sichtbaren Missständen, stellt für die Stabilität einer Gruppe einen entscheidenden Faktor dar. Die Übernahme der Rolle des Hofnarren ist dabei ein Instrument des Systems und nicht umgekehrt. Dies bedeutet, dass es die Gruppe ist, die den Hofnarren entstehen lässt, und nicht (nur) die Person selbst. Das Modell Schindlers systemisch verstanden, hat demzufolge auch unter diesen Aspekten Relevanz, denn Systeme versuchen sich auszugleichen und Balance herzustellen. Ein Team ist also niemals eine homogene Gruppe, es gibt immer Dynamik.
Omega kann als eine weitere Möglichkeit auch die Rolle des **Clowns** einnehmen. Eine wichtige Rolle, die durch Humor für Entspannung sorgen kann.
Da es sich bei diesem Modell, wie bereits erwähnt, um ein funktionales Modell handelt, was impliziert, dass Rangdynamik in unterschiedlichen Gruppen mit unterschiedlichen Aufgaben vorkommt, liegt es auf der Hand, dass die Besetzung der Rollen innerhalb der Gruppe variieren kann. Die Rollen müssen nicht dauerhaft von den gleichen Personen besetzt sein, sondern können von unterschiedlichen Personen übernommen werden.

cc. Statuskämpfe in Gruppen

Die Tendenz, dass Gruppen sich im Allgemeinen selbst organisieren, sprich eine Balance herbeiführen bezüglich Verhaltenstendenzen zwischen verschiedenen Positionen oder Polen wie »Bewahrer – Veränderer, Leistung – Beziehung, Überblick – Detail, Experte – Generalist, Beschleuniger – Entschleuniger usw.« erklärt, warum es nicht nur bezüglich der Rangdynamik in Gruppen zu »Kämpfen« kommen kann, sondern auch auf der eher inhaltlichen Seite. Die oben beschriebenen Rollen entsprechen dabei nicht ausschließlich Charaktertypologien, sondern sind lediglich wertfreie Schwerpunktfunktionen mit der Absicht das soziale System zu stabilisieren und auszugleichen. Aus gruppendynamischer Sicht wird hierbei deutlich, dass Verhaltensweisen und Aktionen von Einzelnen vor

dem Hintergrund der Gruppe interpretiert werden müssen, eingebettet in deren Kontext. Persönlichkeitspsychologische Rollenmodelle oder Typologien reichen hierzu nicht aus, z. B. die Modelle, in denen die Mitglieder einer Gruppe mit Charaktereigenschaften von Tieren verglichen werden. Es kommt also immer auf das Zusammenspiel des Einzelnen mit der Gruppe an, in der er oder sie sich befindet. In unterschiedlichen Gruppen haben die gleichen Menschen durchaus unterschiedliche Status-Rollen.
Schauen wir uns die Statuskämpfe noch einmal genauer an. Typische Status-Rangeleien können im Gremium entstehen zwischen folgenden Polen, hier bewusst durch Rollen formuliert:

- Bewahrer und Veränderer
- Innovator und Konservierer
- Schneller Denker und langsamer Denker
- Vernetzer und Eigenbrötler
- Experte und Generalist
- Erfahrener und Unerfahrener
- Träumer und Realist
- Der stille Ruhige und der präsente Laute
- Der Macher und der Zuschauer

Hinzu kommen noch:

- Ergebnisorientierte und Beziehungsorientierte
- Detailverliebte und Oberflächliche

Man kann diese Liste sicherlich noch ergänzen. Im Sinne eines funktionierenden Gremiums ist es wichtig, diese unterschiedlichen Pole zu erkennen, auch und gerade, wenn sie mit bestimmten Personen eng verbunden sind. Es ist nicht zu leugnen, dass Persönlichkeitsmerkmale und Kompetenzen eine große Rolle diesbezüglich spielen. Die Pole sollten sich jedoch nicht bekämpfen, auch und schon gar nicht die damit verbundenen Personen. Eher kann man dazu übergehen, die dahinter liegenden Tendenzen zu nutzen und alle Perspektiven in die Diskussionen miteinbeziehen. Wer Umwege geht, sieht mehr. Für die Arbeit im Gremium ist dies möglicherweise von Nutzen.

d. Team-Performance-Modell

Eine pragmatische Darstellung und auch als konkrete Hilfestellung, um die bis hierhin dargestellten Dynamiken besprechen zu können, betrachten wir im Folgenden das Team-Performance-Modell von Drexler und Sibbet (2014). Sie haben ein Modell entwickelt, das, angereichert um weitere Stufen in der Entwicklung hin zu selbstorganisierten Teams, sehr gut in die moderne Zeit mit modernen Teamarbeitsanforderungen

passt. Es besteht aus sieben statt nur fünf Stufen, stellt konkrete Fragen zu Klärungspunkten und beschreibt mögliche Systemzustände im Falle einer gemeinsamen, klärenden Bearbeitung der jeweiligen Ebene, aber auch im Falle deren Nichtbearbeitung.
Im Folgenden wird das Modell in einer eigenen Darstellung in Bezug auf die Arbeit in und mit Gruppen wiedergegeben (in Anlehnung an Drexler/Sibbet).
Es ist grundsätzlich möglich, dass einzelne Phasen sehr kurz bearbeitet werden können, andere brauchen vielleicht etwas länger. Das hängt von der jeweiligen Gruppe, ihren Mitgliedern und bereits vorhandener Erfahrung ab. Auch sollte das Modell nicht hundertprozentig linear verstanden werden, es kann durchaus notwendig werden, flexibel damit umzugehen und die Stufen und die darin enthalten Fragen und Klärungsbedarfe an die jeweilige Situation anzupassen. Möglich, dass es auch Überschneidungen von Themen und Fragen zwischen den Phasen oder Schritten geben wird.
Das Tool soll eine gute Grundlage für die generell wichtigen Fragen bezüglich der Organisation eines Gremiums sein. Die Erfahrung aus unseren Seminaren zeigt, dass leider doch viele Gremien wesentliche Fragen noch nicht geklärt haben.

Stufe 1: Sich orientieren – Warum bin ich hier?
Die erste Stufe beschäftigt sich mit der grundsätzlichen Frage des Zwecks der Gruppe und warum wer Mitglied der Gruppe geworden ist. Das Gremium definiert sich über die bevorstehende Aufgabe, über das zu erreichende Ziel oder die Themen und definiert weiterhin die grob zu erwartenden Beiträge der Einzelnen zum Gesamten.
Mögliche Fragen:
- Wofür stehen wir ein?
- Wofür gibt es uns?
- Wie wollen wir in der Belegschaft wahrgenommen werden?
- Wie wollen wir uns selbst als Gruppe sehen?
- Welches Bild haben wir von uns?

Sind die Themen dieser Phase **gelöst**, besteht Klarheit über Sinn und Zweck, Gruppen-Identität und Zugehörigkeit.
Sind sie **ungelöst**, besteht eine Tendenz zur Orientierungslosigkeit, Ziellosigkeit, Unsicherheit und Zurückhaltung.

Stufe 2: Vertrauen bilden – Wer bist du? Was denkst du?
Gegenseitiges Vertrauen ist die notwendige Basis für Prozesse der Zusammenarbeit. Es geht dabei um Vertrauen in die Kompetenz, genauso wie

um Vertrauen in den Umgang miteinander und die Integrität der handelnden Personen. Dies betrifft die Klärung gegenseitiger Erwartungen genauso wie persönliche Stile der Zusammenarbeit. Ebenso geht es um weitere relevante Informationen über die Einzelnen, die für die gemeinsame Arbeit wichtig zu wissen sind. Die Gruppenmitglieder akzeptieren in dieser Phase ihre Abhängigkeit voneinander für den gemeinsamen Sinn und Zweck, akzeptieren aber auch die Zusammensetzung des Teams, d. h., jedes Teammitglied mit seinen Persönlichkeitsmerkmalen.

Mögliche Fragen:

- Wer bist du?
- Was denkst du?
- Was wirst du von uns erwarten?
- Was können wir von dir erwarten?
- Was sind unsere gemeinsamen Anliegen?
- Was kannst du beitragen?
- Was erwarten wir von dir?
- Wie wollen wir zusammenarbeiten? Wie nicht?
- Was tun wir, wenn es Konflikte gibt?
- Auf was können wir uns hier bereits gut einigen?

Sind die Themen dieser Phase **gelöst**, besteht Klarheit, Wertschätzung, Offenheit, sowie Vertrauen und beginnende Zuverlässigkeit.
Sind sie **ungelöst**, besteht eine Tendenz zu Vorsicht, Misstrauen und Oberflächlichkeit/Fassade.

Stufe 3: Ziele klären – Was machen wir wofür? Wo wollen wir hin?
Gruppen starten häufig in die Zusammenarbeit, ohne dass Vereinbarungen der Gruppenmitglieder zu den Kernaufgaben der Gruppe ausformuliert sind. Es ist also entscheidend, sich zu einem frühen Zeitpunkt darüber im Klaren zu sein, was die Kernziele der Gruppe sind und wohin man sich gemeinsam auf den Weg macht, durchaus mit der Unterteilung in Unter- oder Zwischenziele. Die Frage wozu oder wofür ist spezifischer als die Frage nach dem Warum der Gruppe und hilft dabei, das Ziel quasi begreifbar zu machen. Je klarer das gemeinsame Ziel, umso effizienter ist der Energieeinsatz und umso motivierter sind die Teammitglieder.

Mögliche Fragen:

- Wofür werden wir uns einbringen? Mit welchen Zielen?
- Für welche Themen wollen wir kämpfen?
- Wie sprechen wir mit der Belegschaft über ihre Themen?
- Wofür wollen wir eintreten?
- Was wollen wir für den Betrieb erwirken?

Sind die Themen dieser Phase **gelöst**, besteht Klarheit über übereinstimmende Zukunfts-Prämissen, integrierte Ziele und ein gemeinsames Bild der Zukunft.
Sind sie **ungelöst**, besteht eine Tendenz zu Gleichgültigkeit und Teilnahmslosigkeit, Skepsis und sinnloser Konkurrenz.

Stufe 4: Bereitschaft klären – Wie werden wir das machen?
In diesem Schritt liegt der Schwerpunkt auf dem gemeinsamen Narrativ der Gruppe. Welches Gremium wollen wir sein? Wie wollen wir unterwegs sein? Ebenso ist in dieser Phase ein wichtiges Element die Rollenklärung bzw. die Definition der Beiträge der Einzelnen zur Zielerreichung. Die Gruppe kann an dieser Stelle möglicherweise feststellen, dass Einzelheiten aus den vorangegangenen Phasen noch nicht ausreichend geklärt sind, und kann zu diesen Phasen und den damit verbundenen Fragen zurückkehren. Rollenverhandeln kann als permanent zur Verfügung stehendendes Klärungsinstrument etabliert werden, ebenso Feedbackschleifen.
Mögliche Fragen:
- Welches Gremium wollen wir sein?
- Wie organisieren wir uns hierzu?
- Wie treten wir nach außen auf?
- Wie treten wir gegenüber dem Arbeitgeber auf?
- Wer kann was konkret beitragen?
- Wer hat welche Stärken?
- Welche gegenseitigen Erwartungen müssen wir klären?

Sind die Themen dieser Phase **gelöst**, besteht Klarheit über Rollen und gemeinsam anwendbare Feedback-Instrumente, über eine transparente Verteilung der Ressourcen und diesbezüglich zu treffender Entscheidungen.
Sind sie **ungelöst**, besteht eine Tendenz zu Abhängigkeiten von Anderen oder zu persönlich motiviertem Widerstand.

Stufe 5: Umsetzung/Implementierung – Wer macht was, wann, wie, wofür und wo?
Erst in dieser Phase steigt die Gruppe in die konkrete Umsetzungsplanung und die eigentliche Umsetzung ein. Viele Gruppen beginnen bereits an dieser Stelle mit der konkreten Arbeit und stellen fest, dass ihnen die Klärungen der ersten vier Stufen fehlen. Klare Prozesse, Strategien, Erwartungen an die Aufgaben, die Ziele und die Erfüllungsanforderungen werden in dieser Phase festgelegt. Ebenso die Zeitstruktur, aber auch die interne Ablauf- und Aufbaustruktur kann definiert werden. Auch tech-

nische Details zu den Orten der Umsetzung der Arbeit können definiert werden, einhergehend mit der Organisation der technischen Teamkommunikation mit klaren Regeln. Letztgenannter Aspekt ist gerade für virtuell und verteilt arbeitende Gruppen von großer und wichtiger Bedeutung.

Mögliche Fragen:

- Welche Themen greifen wir wann auf?
- Wer treibt ein Thema?
- Wer unterstützt? Wer prüft vielleicht nochmal?
- Wie treffen wir uns?
- Wer leitet die Sitzungen?
- Welche Regeln für Sitzungen geben wir uns?
- Wie messen und bewerten wir unsere Erfolge?
- Was tun wir für uns als Team?

Sind die Themen dieser Phase **gelöst**, besteht Klarheit über die Prozesse, einer deutlichen Ausrichtung und motivierter Umsetzung der Vorhaben. Sind sie **ungelöst**, besteht eine Tendenz zu Konflikten und Verwirrung, persönlicher Abgrenzung und verpassten Fristen.

Stufe 6: Hochleistung zeigen

Die Gruppe ist in die Zusammenarbeit eingeschwungen und erreicht die Ziele. Es entstehen Synergien und die Zusammenarbeit macht weitestgehend Spaß. Es wird keine Energie für ungeklärte Themen aufgewendet, denn die Gruppe ist stark. Sie kann mit den Anforderungen und mit Veränderungen von außen erfolgreich umgehen, weil sie im Inneren stabil ist. Es entsteht eher ein Wettbewerb der guten Ideen und Lösungen. Gemeinsam ist man in einem guten Flow. Die Kommunikation und Zusammenarbeit ist frei und gelöst, zielführend und kreativ.

Mögliche Fragen:

- Wie erhalten wir unsere erfolgreiche Zusammenarbeit?
- Wie wollen wir das ab und zu feiern?
- Was könnten wir noch aufgreifen?
- Was können wir an andere weitergeben, berichten?

Sind die Themen dieser Phase **gelöst**, entstehen spontane Interaktionen, Synergien und eine Arbeit mit guten Ergebnissen.

Sind sie **ungelöst**, besteht eine Tendenz zur Überlastung Einzelner und Disharmonie in der Gesamtgruppe. Dann müsste man nochmal in die vorherigen Phasen zurückkehren.

Stufe 7: Erneuern – Warum machen wir weiter?

Da sich der Kontext eines Gremiums stets ändert, ist es notwendig, regelmäßig den Arbeitsauftrag und die inneren Strukturen an die Veränderungen von außen anzupassen. Die Basis für interne Veränderungen ist durch die Klärungen der vorherigen Stufen gegeben, die Gruppe verfügt über gute Anpassungsmöglichkeiten. Es ist möglich, sich insgesamt neu auszurichten oder sogar komplett neue Aufgaben zu verteilen.

Mögliche Fragen:

- Wer macht noch weiter? Wer nicht?
- Wer hat Interesse an welcher Rolle?
- Wie fangen wir eine mögliche Schwächung auf?
- Welche Themen wollen wir zusätzlich aufgreifen?
- Welche vielleicht liegen lassen?
- Wie sichern wir unsere bisher erfolgreiche Zusammenarbeit?

Sind die Themen dieser Phase **gelöst**, entsteht gegenseitige Anerkennung und Erfolge können gefeiert werden; Veränderungen werden gemeistert auf der Basis von kreativer Ausdauer.

Sind sie **ungelöst**, besteht eine Tendenz zu Langeweile oder auch die Gefahr des Ausbrennens.

3. Die Bedeutung von Teamfähigkeit für Betriebsratsmitglieder

Elemente von Teamfähigkeit im Gremium:

Mit Teamfähigkeit im Betriebsratsgremium sind verschiedene Schlüsselkompetenzen gemeint, die das Miteinander auf der sozialen Ebene fördern. Natürlich hat ein Gremium nicht den Auftrag, einzelne Personen zu verändern. Erfahrungen zeigen aber, dass ein Austausch über gemeinsame soziale Kompetenzen oder eine gemeinsame interne Schulung die Zusammenarbeit erleichtern und Spannungen reduzieren kann. Die Gruppe arbeitet geschützt und das Gremium wird wesentlich erfolgreicher sein. Hier soll nicht der Anspruch bestehen, Eigenschaften von Menschen zu verändern, was ein schwieriges Unterfangen wäre, es soll hier um Verhaltensweisen gehen. Und die sind lernbar, im Sinne der Gruppe und ihrer Ziele. Letztlich geht es darum, sich in eine Gruppe integrieren zu können, sich einbringen zu können und gemeinsam die gestellten Aufgaben zu meistern. Es geht aber auch darum, sich der eigenen Stärken und Schwächen bewusst zu sein, sich mal durchzusetzen aber auch mal Rücksicht auf andere zu nehmen.

Die wichtigsten Aspekte von Teamfähigkeit sind:

- **Kommunikationsfähigkeit**

Damit ist eine respektvolle und klare Kommunikation gemeint, die Personen nicht beleidigt, nur weil man unterschiedlicher Meinung ist, die Argumente auszutauschen vermag, und verständlich ist, also eindeutig.

- **Konfliktfähigkeit**

Hiermit ist gemeint, Konflikte ansprechen zu können und zu gemeinsamen Kompromissen oder Lösungen zu kommen. Es geht auch darum, Konflikte nicht des Streitens wegen eskalieren zu lassen (Wer ist besser?), sondern Kompromissbereitschaft zu zeigen (Was ist für die Zukunft richtig?).

- **Kooperationsfähigkeit**

Hier geht es darum zum Wohle der Gruppe und deren Zielen eine gute Balance zwischen den eigenen Interessen und denen der Gruppe zu finden. Wichtig ist, das gemeinsame Ziel im Blick zu behalten und nicht nur das eigene Ego (siehe Abb. 1: Die dynamische Balance im Gremium, S. 107).

- **Verantwortungsbewusstsein und Verlässlichkeit**

Ein Gremium kann nur erfolgreich sein, wenn sich alle aufeinander verlassen können und alle ihre Aufgabe ernst nehmen. »Sagen, was man tut, und tun, was man sagt«.

- **Gegenseitige Wertschätzung und Respekt**

Jeder sollte, egal woher er oder sie kommt, egal mit welcher Vor- oder Ausbildung, egal mit welcher Erfahrung bezüglich seiner oder ihrer Sichtweisen und eventuell damit verbundenen Gefühlen, ernst genommen werden. In der Diskussion können Argumente ausgetauscht und diskutiert werden und letztlich zu einer Entscheidung oder einem Beschluss gebracht werden. Jeder Mensch sollte andere so behandeln, wie er selbst behandelt werden möchte.

- **Kritikfähigkeit**

In einem guten Team können die Beteiligten Kritik annehmen, ohne sauer zu sein oder die kritisierende Person abzuwerten. Sie können aber auch Kritik äußern, die von anderen als konstruktiv angenommen werden kann. Wie gesagt, das kann man trainieren.

Lernen und trainieren kann man diese Kompetenzen, sprich Verhaltensweisen, durch:

- Trainings zu sozialen Kompetenzen in Gruppen;
- Kommunikations- und Konflikttrainings;
- gemeinsame Klausuren oder Schulungen speziell für das Gremium;
- Selbstreflexion und Feedback von Freunden oder guten Kollegen.

Beispiel:
Es gab einmal einen Kollegen in einer Firma, der auf eine besondere Art und Weise relativ erfolgreich war und in der Firma von der Drehbank über den Gruppensprecher zum Gruppenleiter, letztlich Meister und danach sogar Abteilungsleiter wurde. Der Kollege war nicht intelligenter als andere auch, auch nicht ehrgeiziger oder machtbesessen. Er war auch kein Ellenbogentyp. Was ihn aber auszeichnete, war, dass er stets großen Wert darauf gelegt hat, zu all seinen Kollegen und Kolleginnen, mit denen er zu tun hatte, ein klares Verhältnis zu haben. Er machte einmal im Jahr eine Liste, auf der er notierte, mit wem er gerade intensiv zu tun hat, wie er die Arbeitsbeziehung einschätzt und was er klären möchte. Dann ging er zu jedem hin und führte dieses klärende Gespräch. Das Ergebnis war, dass der Kollege, obwohl sogar nicht der allernetteste oder charmanteste Mensch, sich den Ruf erwarb, beliebt zu sein. Und das deswegen, weil er sich um die Arbeitsbeziehungen kümmerte. Er klärte Spannungen und Konflikte und wurde somit als reife Persönlichkeit wahrgenommen, als vertrauenswürdig und integer. Deshalb haben alle ihm vertraut, ihm auch etwas zugetraut und deshalb konnte er »Karriere« machen. Er war schlicht und einfach respektiert und angesehen.

In den folgenden Abschnitten werden wir einzelne Aspekte näher betrachten und auch konkrete Instrumente kennenlernen. Zuvor richten wir jedoch den Blick auf einen vergleichsweise neuen Bereich: die Neurowissenschaften, also die Disziplinen, die sich mit unserem Gehirn und der Entstehung von Gefühlen beschäftigen. Dieses Wissen bildet eine wichtige Grundlage für die Themen Kooperation und Kommunikation.

4. Kommunikation in einer Gruppe

a. Wie tickt das menschliche Gehirn?

In den letzten Jahren hat sich neues Wissen um neurowissenschaftliche Erkenntnisse aus der Hirnforschung stark verbreitet. Erstens weil es viele AHA-Momente erzeugt und zweitens, weil es auf nachvollziehbare und logische Art erklärt, was in uns Menschen auf der Gefühlsebene passiert, wenn wir im Gespräch sind oder Nachrichten hören, Videos sehen oder ähnliches. Viele innere Reaktionen auf bestimmte Situationen werden im inneren unseres Gehirns verarbeitet und bevor wir eigentlich nachdenken können, fühlen wir bereits. Das Fühlen funktioniert im Gehirn schneller als das Denken. Manchmal ist das Freude, Spaß, Zugehörigkeit, manchmal Ärger, Ohnmacht, Wut und ähnliches. Wir reagieren zuerst auch aus diesen Gefühlen heraus in den entsprechenden Situationen, häufig auch weniger mit einem klarem Kopf. Wie das genau geschieht, erklärt uns ein Blick in das menschliche Gehirn.

Das limbische System:
Man kann sich an dieser Stelle die Frage stellen, was die Funktion des menschlichen Gehirns mit der Betriebsarbeit zu tun hat. Die Antwort auf diese Frage ist leicht: Viel mehr als wir es uns vorstellen können. Denn das menschliche Gehirn hat ganz besondere Funktionsweisen, die eine große und wichtige Rolle spielen. Sie finden statt, egal wo immer wir auch sind, egal mit was wir uns beschäftigen und egal in welchen akuten Situationen. Unser limbisches System wird nämlich ungefragt aktiv, wenn:

- wir uns ärgern oder unter Stress oder Anspannung stehen, oder
- Dinge gut laufen, wir Erfolg haben und die Arbeit im Gremium Spaß macht.

Beide Male vollzieht das Gehirn Abläufe, von denen wir glauben, sie bewusst zu steuern, in Wirklichkeit laufen sie jedoch unwissentlich ab, man kann auch sagen unwillkürlich. Unser Gehirn steuert uns weitaus mehr, als wir es bewusst wahrnehmen, und manchmal spielt es unserem Verstand sogar Streiche.
Das sog. Schichtenmodell des menschlichen Gehirns: In einer stark vereinfachten Beschreibung besteht das menschliche Gehirn aus drei groben Bereichen.[15] Dem **Stammhirn**, dem **limbischen System** und der **Großhirnrinde** (präfrontaler **Cortex**). Die einzelnen Bereiche sind wiederum unterteilt in weitere kleinere und spezialisierte Areale, die hier jedoch nicht weiter betrachtet werden. Alle drei groben Bereiche enthalten verschiedene Funktionen, und sind aus Verbindungen von Nervenzellen zusammengesetzt, und in komplexen Netzwerken miteinander verschaltet. Sie haben, vereinfacht gesehen, unterschiedliche grundlegende Zuständigkeiten.

15 Schmidt, G.; 2016.

Abb. 4: Das Schicht-Modell des menschlichen Gehirns

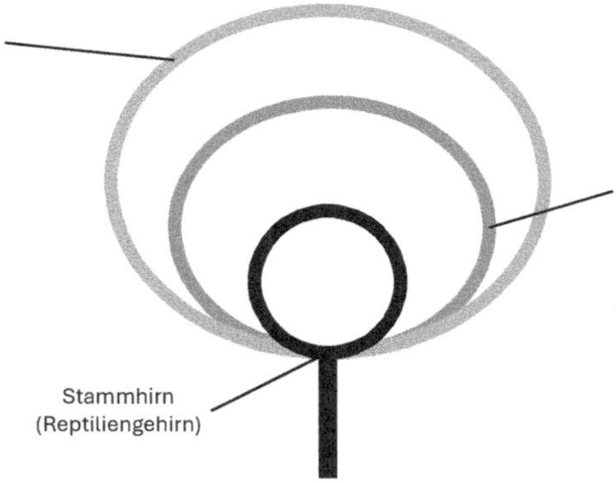

Das **Stammhirn** ist der (evolutionär) älteste Teil des Gehirns. Es wird deshalb auch als »*Reptiliengehirn*« bezeichnet. Es

- verarbeitet die über die Sinnesorgane ankommenden Informationen;
- leitet wesentliche Reflexe ein;
- regelt die unbewussten Körperfunktionen wie Atmung, Blutkreislauf und Instinkte;
- ist das »Tor zum Bewusstsein« (Empfang aller ankommenden Signale aus dem Körper und den Sinnesorganen);
- sorgt für die Weiterleitung dieser Signale, nach Bewertung der Bedeutung, durch den Abgleich mit inneren Mustern in unter-schiedliche Richtungen;
- entscheidet somit, was zum Bewusstsein gelangt oder unbewusst als Gefühl weiterverarbeitet wird.

Das **limbische System** ist das (evolutionär) zweitälteste Gehirnareal, wird auch »*Säugetiergehirn*« genannt und ist im Wesentlichen zuständig für die Auslösung emotionaler Reaktionen aufgrund eingegangener Reize aus dem Stammhirn. In ihm enthalten sind unterschiedliche Funktionen, wie:

- die Verknüpfung von wahrgenommen Ereignissen mit Emotionen und deren Bewertung;
- das Aktivieren der Amygdala (Mandelkern), Ausschüttung von Adrenalin (Gefahr/Angst) und Cortisol (Stress), aber auch emotionale Regungen wie Freude, Ekel, Traurigkeit, Wut und Ärger, Ohnmacht, also unsere menschlichen Grundemotionen;
- die Überführung von Körpergefühlen in die Wahrnehmung;
- das Körpergedächtnis (Erinnerung an frühere Ereignisse, verbunden mit starken Gefühlen und Auslösen einer adäquaten Reaktion);

- das Abspeichern innerer Gedanken-, Gefühls- und Handlungs-Muster;
- das Generieren neuer Erinnerungen (ältere Erinnerungen sind in weitreichenden komplexen Netzwerken abgelegt, neuere Erinnerungen werden in neueren Netzwerken verknüpft);
- ein Abgleich von Informationen mit der Großhirnrinde (Aufmerksamkeit, Fehler- und Konflikterkennung, Beobachtung der Umwelt mit Verknüpfungen zum Langzeitgedächtnis);
- das Belohnungssystem (Ausschüttung von Dopamin und Serotonin, den Belohnungs- und Glückshormonen);
- die Steuerung der Ausschüttung von Oxytocin (bewirkt den Aufbau von Vertrauen und sozialer Bindung, Gruppenzugehörigkeit);
- das Erlernen neuer Verhaltensmuster und deren Speicherung (was erklärt, dass man bis ins hohe Alter durchaus lernen kann).

Die **Großhirnrinde** (Cortex) ist stammesgeschichtlich der jüngste Teil des Gehirns, sie ist zuständig für

- die visuelle Wahrnehmung;
- die sprachlichen und haptischen Fähigkeiten;
- die Verarbeitung von technischen Informationen;
- die Ausführung von kontrollierten und bewussten Denkprozessen und der Steuerung der Kommunikation;
- willentliche Aktionen (auch die Planung künftiger Handlungen);
- das Bewusstsein über Körperreize;
- komplexe gedankliche Prozesse;
- das Arbeitsgedächtnis.

Das limbische System reagiert allerdings bei all unseren Wahrnehmungen von Reizen von außen **schneller** als das Großhirn. Reize werden im Stammhirn und limbischen System **früher** registriert als im Großhirn. Wir denken jedoch, es sei andersherum. Wahrnehmungen werden mit bereits vorhandenen inneren Mustern im limbischen System verknüpft und zum Stammhirn oder zum Cortex weitergeleitet. Der weitaus größte Teil dieser Wahrnehmungen stammt allerdings aus bereits gemachten Vorerfahrungen in bereits vorhanden neuronalen Netzwerken. Aus diesem Grund spricht Schmidt[16] von innerer »Wahrgebung«, was bedeutet, dass nur ein kleiner Teil dessen, was wir in Situationen neutral erleben, von außen in unser Bewusstsein gelangt. Der größte Teil der Informationen, die in unser Gehirn gelangen, wird mit Vorerfahrungen, Wissen, Bedeutungen und Gefühlen verknüpft und erst dann unserem Bewusstsein zur Verfügung gestellt. Erleben wird also in unserem inneren sozusagen erzeugt.

16 Schmidt, G. 2010.

Die Amygdala (Mandelkern) als Teil des limbischen Systems schüttet z. B. das Hormon Adrenalin (und das Stresshormon Cortisol) bereits ca. zwölf Millisekunden nach Auslösen des Reizes aus und sorgt damit für eine sofortige körperliche Reaktion auf unsere Wahrnehmungen von außen. Adrenalin sorgt für eine Erhöhung des Blutdrucks und der Herzfrequenz, während die Großhirnrinde längere Zeit braucht, um vom gleichen Reiz stimuliert zu werden.

Adrenalin in großer Menge sorgt zudem für eine Barriere zwischen dem limbischen System und dem Großhirn, was dazu führt, dass wir, wenn wir unter *Strom* stehen, den Kontakt zu unserem Wissen und zu unserem klaren Denken verlieren. Deswegen wissen wir bspw. vor einer Rede auf der Bühne vor einer großen Gruppe den Text nicht mehr. Oder wir erinnern uns erst wieder an die guten und sinnvollen Argumente, nachdem das in einem Streitgespräch aktivierte Adrenalin wieder abgebaut wurde. Adrenalin aktiviert zuallererst die unwillkürlichen Körperreaktionen, in dem es den Zugang zu den kognitiven Hirnbereichen abriegelt, denn im Falle von Angst sind vom Körper schnelle Reaktionen mit kurzfristiger Hochleistung gefragt, wie etwa Flucht, Angriff oder Erstarrung, und nicht etwa die buchhalterische Bilanz des vergangenen Geschäftsjahres.

Auch selbsterzeugte, selbstgedachte negative Gedanken können diesen Prozess aktivieren. Wir können uns durch reines Erinnern in einen Zustand der Adrenalin-Ausschüttung versetzen. Das limbische System steuert unser Erleben durch ein schnelles Rückmeldeverfahren, welches uns nach dem Prinzip leitet: Gut für uns oder schlecht für uns.

Abb. 5: Das limbische System mit der Barriere zwischen dem limbischen System und der Großhirnrinde

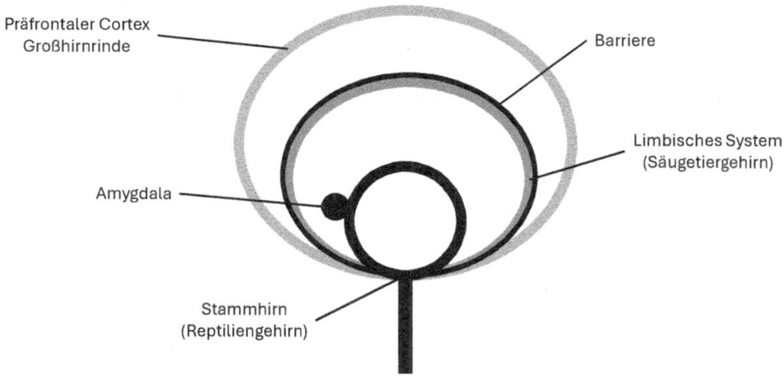

Das limbische System, als zweitältester Bereich des Gehirns, funktioniert aufgrund der oben beschriebenen Funktionen und der Geschwindigkeit im Gehirn demzufolge als eine Art *Vorstand* der Entscheidungshierarchie. Hier wird entschieden, wo eine Information hingeht: in den Verstand oder in eine direkte und schnelle emotionale Reaktion. Die Großhirnrinde, der entwicklungsgeschichtlich jüngste Teil des Gehirns, fungiert dabei eher als *Berater* des limbischen Systems. Wir können durch bewusstes Nachdenken oder Beruhigen, unmittelbare limbische Reaktionen herunterkochen. Dazu benötigen wir allerdings eine Art der Selbstkontrolle, die durchaus trainierbar ist, sollte das für unseren emotionalen Haushalt von Bedeutung sein. Unwillkürliche (limbisches System) und willkürliche Prozesse (Cortex) zu koordinieren, im Sinne des Abrufens von Kompetenzen, um diese dann zusammen wirken zu lassen, bringt eine erhöhte Wirksamkeit und verbesserte Erfolgschancen des Handelns in vielen Lebensbereichen. Ebenso kann auf diese Weise das unbewusste Wissen eines Menschen (auch das des Körpers) aktiviert und abgerufen werden. Es gibt methodische Bearbeitungsformen, die hierzu sehr gute und erfolgreiche Konzepte anbieten.[17]

Abb. 6: Das limbische System mit der Ausschüttung von Adrenalin, Cortisol und Dopamin, Oxytocin

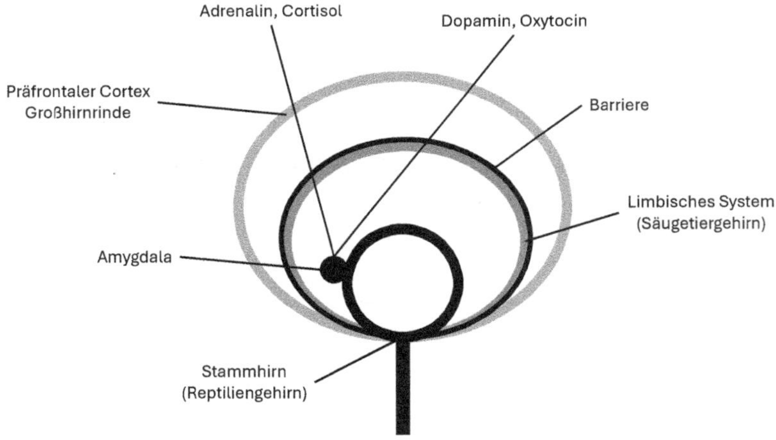

Das Gleiche gilt für die Gestaltung von Kooperationsbeziehungen. Kooperationen zwischen Menschen können in einer Art und Weise gestaltet

17 Insbesondere sind hier die Konzepte der Hypnosystemischen Therapie und Beratung zu nennen, begründet von Schmidt.

werden, die möglichst das Belohnungssystem anspricht und somit durch verschiedene Prozesse Dopamin und Oxytocin ausschüttet. Dies ist ausschlaggebend für Kreativität, Motivation und Leistungsbereitschaft. Im Gegenzug gilt es angst- und stressauslösende Kommunikations- und Kooperationsformen zu vermindern bzw. dafür Sorge zu tragen, in Erfahrung zu bringen, wie meine Kommunikation beim Gegenüber wirkt, da ich nicht sicher sein kann, was genau von meinem Gesagten wie angekommen ist.
Wir haben nun gesehen, wie unser Gehirn funktioniert und welche Möglichkeiten es bietet, unsere Wahrnehmungen entweder zu positiven Stimmungen für uns selbst zu führen aber auch zu negativen Stimmungen, wie Ärger, Stress und Wut. Dennoch sei an dieser Stelle klar darauf hingewiesen, dass das Versprechen des reinen Glücks, das viele Ratgeber verbreiten, mit Verlaub gesagt, Unsinn ist. Unsere innere Gefühlswelt pendelt zwischen den beschriebenen Gefühlen hin und her, und das ist gut so. Die Frage ist, ist es gerade für uns hilfreich oder nicht.

b. Unbewusste Vorurteile

Unser Gehirn spielt uns manchmal auch Geschwindigkeitsstreiche, in dem es unbewusste Vorurteile oder Stereotypen in unser Denken und Handeln einschleust. Wie oben beschrieben, waren diese schnellen Reaktionen des Gehirns in der Evolution überlebenswichtig, aber noch heute arbeitet unser Gehirn auf die gleiche Weise wie bei unseren Vorfahren vor langer Zeit, in dem es Wahrnehmungen über anderen Menschen in kürzester Zeit mit – aus unserem inneren stammenden – Bewertungen in Verbindung bringt.
Hier eine kleine Auswahl unserer unbewussten Vorurteile:

- Voreingenommenheit aufgrund von Aussehen, d. h., wir neigen dazu, Menschen, die ähnlich aussehen wie wir selbst zu bevorzugen; das kann die Hautfarbe betreffen aber auch Kleidung oder das Erscheinungsbild des Körpers. Wir messen unterschiedlich aussehenden Menschen unterschiedliche Erfolgschancen zu.
- Voreingenommenheit aufgrund von Ähnlichkeit im Charakter, d. h., wir neigen unbewusst dazu, Menschen, die Ähnlichkeiten mit uns selbst aufweisen, sympathischer zu finden.
- Voreingenommenheit aufgrund von Alter, d. h., wir vermuten hinter dem Alter von Menschen Eigenschaften wie hohe oder wenig Belastbarkeit, viel oder wenig Kompetenz, Erfahrung, Wissen, Flexibilität u. ä.
- Voreingenommenheit aufgrund von Geschlecht, d. h., wir vermuten hinter einem Geschlecht bestimmte Qualitäten an Eigenschaften,

Kompetenzen, Charaktereigenschaften, Kommunikationseigenschaften, u. ä.

- Voreingenommenheit aufgrund der Bestätigung unserer Meinung, d. h., wir suchen und sehen vorrangig Informationen im Alltag, die uns in unserem Weltbild bestätigen.
- Voreingenommenheit aufgrund von Gruppenzwang, d. h., wir neigen dazu, unsere Meinungsbildung gemäß der Mehrheit unserer Bezugsgruppe zu gestalten, um ein Dazugehören nicht zu gefährden.

c. Umgang mit Diversität in Gruppen

In den meisten Betrieben besteht viel Erfahrung im Umgang mit Menschen vieler unterschiedlicher Länder und Kulturen, sexueller Orientierungen, Geschlechterdefinitionen, Zugehörigkeiten zu Religionen, Subkulturen und all dem, was das bunte Leben eigentlich ausmacht. Gerade Betriebsratsgremien sind in dieser Hinsicht – weil sie oft durchmischt besetzt sind –, hervorragende Beispiele für gelingende interkulturelle Zusammenarbeit und ein Zusammenführen von Diversität.

Was machen Gremien richtig, in denen unbewusste Vorurteile nur eine geringe Rolle spielen?

1. Die Mitglieder des Gremiums geben sich und allen Beteiligten eine Chance für den zweiten Blick. Sie unterliegen nicht dem oben beschriebenen ersten Eindruck und auch nicht eigenen, unbewussten Vorurteilen. Sie ermöglichen allen Beteiligten, sich besser kennen zu lernen. Dadurch gelingt es ihnen, Vorurteile und damit verbundene Infragestellungen oder Ablehnungen abzubauen.
2. Sie sind sich ihrer unbewussten Vorurteile bewusst und haben gelernt, über diese zu reflektieren, sich selbst zu hinterfragen, in der Vielfalt Chancen zu sehen und die Einfalt mancher Gedanken zu hinterfragen.
3. Sie diskutieren klare Regeln und Grundsätze für ihre Zusammenarbeit und den Umgang miteinander. Sie erarbeiten und leben solche Regeln, die verbinden, statt auszugrenzen, und sie legen einen größeren Wert auf die Aspekte der gemeinsamen Kooperation und die Kraft der guten Kommunikation.

d. Zusammenfassung

Wenn wir alle in den vorherigen Abschnitten gewonnen Erkenntnisse über die Funktionsweise unseres Gehirns zusammenfassen, dann lassen sich folgende Schlussfolgerungen ziehen:

- Wir können in allen Belangen unser Gehirn konstruktiv nutzen und trainieren.
- Wir können selbst dafür sorgen, dass es uns mental gut geht, und müssen das nicht von anderen Menschen oder Begebenheiten abhängig machen.
- Wir dürfen nicht alles glauben, was wir denken!

Jeder von uns hat schon einmal die Erfahrung gemacht, dass wenn wir an eine konkrete schmerzhafte Situation denken, wir die Gefühle (z. B. Ärger, Wut, Ohnmacht) automatisch wiedererleben, die in der schmerzhaften Situation selbst eine markante Rolle gespielt haben. Unser Gehirn unterscheidet nicht eindeutig zwischen einer real erlebten Situation und den Erinnerungen, verbunden mit emotionalem Erleben, an diese Situation. Unser Gehirn greift auf bereits abgespeicherte Erfahrungen und Erinnerungen zurück, denn es will Energie sparen und nicht in jeder Situation alles neu lernen müssen. Und deswegen vereinfacht unser Gehirn für uns Wahrnehmungs- und Denkprozesse, weswegen es unbewusste Vorurteile gibt. Sie sollen eigentlich unser Leben vereinfachen.

Die Komplexität unserer Welt hat sich jedoch schnell und weitaus vielfältiger entwickelt, als unsere Gehirne dies erfassen können. Und gerade in Situationen, in denen wir Dinge nicht mehr verstehen und Dinge uns unbehaglich erscheinen, greift unser Gehirn zuerst auf tiefe innere Muster zurück, die ihm, und damit uns, das Gefühl von Sicherheit geben. Die schnelle Reaktion des Gehirns soll uns also vermitteln, dass einfaches Denken in Vorurteilen uns selbst Stabilität gibt. Dies entspricht aber nicht mehr dem, was die komplexe Welt gedanklich von uns braucht oder erwartet, um mit ihr zurecht zu kommen. Wir können die mannigfaltigen Entwicklungen nicht mehr zurückdrehen, auch wenn wir uns das noch so sehr wünschen würden. Wir sind also mehr oder weniger gezwungen, uns mit der modernen und vielfältigen Welt auseinander zu setzen und gemeinsame Lösungen für die Zukunft zu finden. Wir sollten von daher nicht alles glauben, was uns zu einem Thema oder einer Person zuallererst in den Sinn kommt, sondern neugierig und interessiert bleiben. Wir können selbst entscheiden, was und wie wir denken wollen. Denn unser Denken bestimmt unser Sein und hat enorme Auswirkungen auf unsere Ausstrahlung und unsere Kommunikation.

Wir haben es selbst in der Hand, ob wir an den Themen, die um uns herum stattfinden, krank werden oder nicht. Wir müssen nicht in eine Opferrolle gehen, wenn um uns herum nicht alles so läuft, wie wir es gerne hätten. Wir können mit unserer Vernunft und unserer Kreativität in Selbstwirksamkeit kommen und Dinge um uns herum verändern.

Alle Mitglieder eines Gremiums oder Ausschusses sollten sich dieser mentalen Kompetenzen bewusst sein, denn diese sind es, die letztlich eine positive Ausstrahlung ausmachen und die letztlich dafür sorgen, dass andere Menschen gerne in unserer Nähe bleiben und mitmachen, bei all den Themen, die ein Gremium stemmen muss. Betriebsratsgremien sind wichtige Bestandteile der Entwicklung einer Gesellschaft hin zu Solidarität, Gerechtigkeit und Vielfalt. Dies gilt es sich und dem Gremium immer mal wieder vor Augen zu führen.

e. Eine Botschaft – vier Seiten – ein Kommunikationstool

Obwohl wir jeden Tag kommunizieren und eigentlich davon ausgehen, dass Kommunikation stets einfach und klar ist, verläuft sie manchmal doch ganz anders, als wir dachten.

> **Merke:**
> Das am häufigsten verwendete Tool der Kommunikation ist das Missverständnis.

F. Schulz von Thun[18] hat dies genauer untersucht und hat mit seinem Kommunikationsquadrat ein hilfreiches und weit verbreitetes Instrument für eine bessere Kommunikation vorgestellt. Bekannt wurde das Modell zuerst als Vier-Ohren-Modell. Mittlerweile wird das Modell beschrieben als Sender – Empfänger-Modell mit vier Schnäbeln (Sender) und vier Ohren (Empfänger) und dazwischen die Botschaften einer Äußerung:[19]

- Sachinhalt (Worüber informiere ich),
- Selbstkundgabe (Was gebe ich von mir zu erkennen),
- Beziehungshinweis (Was denke ich über mein Gegenüber),
- Appell (Was möchte ich bei meinem Gegenüber erreichen).

Da beide Beteiligten (oder mehrere) einer Kommunikation bewusst oder unbewusst in einem Gespräch die vier Seiten einer Botschaft im Senden und Empfangen verwenden, wird klar, dass Kommunikation zu vielen Missdeutungen und Missverständnissen führen kann.

---

18 Vgl. Schulz von Thun, F. 1981.

19 Vgl. *https://www.schulz-von-thun.de/die-modelle/das-kommunikationsquadrat.*

> **Merke:**
> Der häufigste Grund für Konflikte in Gruppen ist die falsche Deutung, die falsche Annahme, die falsche Interpretation von/über etwas, das gesagt wurde.

Von daher ist es wichtig, dass beide Kommunikationspartnerinnen oder -partner die Verantwortung dafür übernehmen, dass Missverständnisse sofort geklärt werden und eher die Ausnahme im Dialog bleiben. Auch, wenn nicht direkt im Gespräch, sondern erst später, weil man möglicherweise erst mit etwas zeitlichem Abstand merkt, dass etwas nicht stimmt. Es gibt die Empfehlung, etwas, was einen 48 Stunden lang stark beschäftigt, innerhalb der kommenden 24 Stunden zu klären.
Im Folgenden werden wir die vier Botschaften etwas genauer betrachten (mit dem bekannten Beispiel: »Die Ampel ist grün.«) und werden sehen, welche Interpretationen einer Aussage beim Empfänger denkbar sind. Wir werden ein paar Tipps anschauen, wie ein Gespräch ohne Missverständnisse geführt werden kann und uns zum Schluss ein konkretes Alltagsbeispiel anschauen.

aa. Die vier Seiten einer Nachricht[20]

Hier schauen wir genau auf die vier Aspekte einer Nachricht und darauf, was jeweils in ihnen steckt.
Auf der **Ebene des Sachinhaltes** einer Information wird die reine Sachinformation kommuniziert. Es geht um Zahlen, Daten, Fakten (ZDF), die vermittelt werden. Im Gespräch kann weiter darüber gesprochen werden, ob die Sachinformationen

- wahr oder falsch sind (zutreffend oder unzutreffend),
- ausreichende und vollständige Informationen enthalten oder ob noch etwas fehlt,
- gerade relevant sind für das anstehende Thema oder gerade nicht von Bedeutung.

Also: Worüber möchte ich informieren?
Beispiel: »Die Ampel ist grün.« (Eine reine Sachinformation.)
Auf der **Ebene der Selbstkundgabe bzw. Selbstaussage** sende ich Botschaften über meine eigenen

- Gefühle,
- Werte,
- Bedürfnisse oder
- meinen aktuellen Gemütszustand (alles bewusst oder unbewusst).

20 Ebenda.

Also: Was gebe ich gerade von mir preis?
Beispiel: »Ich bin total im Stress.« (Könnte im obigen Satz zu der grünen Ampel mittransportiert werden.)
Auf der **Ebene der Beziehung** gebe ich zu erkennen, wie ich gerade zur anderen Person stehe, was ich gerade von ihr halte. Diese Beziehungsbotschaften werden insbesondere durch

- Tonfall,
- Mimik,
- Gestik,
- und die Art der Formulierung vermittelt.

Also: Was halte ich von dir? Wie stehe ich gerade zu dir?
Beispiel: »Ich traue dir nicht zu, gut zu fahren.«, »Du nervst mich.«
In einem Gespräch möchte der Sender einer Botschaft in aller Regel auf der **Appell-Ebene** etwas bewirken oder erreichen, dies kann sein

- Andere bewegen,
- senden von Ratschlägen,
- Anweisungen,
- Wünschen oder
- direkten Apellen.

Also: Wozu möchte ich dich veranlassen.
Beispiel: »Fahr (endlich) los!«
Es wird nach diesen Darstellungen klar, welch großes Potential an Missverständnissen entstehen kann. Insbesondere bei uneindeutig, unklar oder widersprüchlich formulierten Aussagen. Je nach Tonfall, Mimik und Gestik, kann auf der Seite des Empfängers zudem einiges falsch interpretiert werden. Wie Informationen aufgenommen werden, hängt auch vom »Zustand« des Empfängers ab. Hier gibt es zu jeder der vier Seiten einer Nachricht jeweils wieder Kriterien der Aufnahme von etwas Gesagtem seitens des Empfängers.

Sachinhalt

Der Empfänger kann hier prüfen:

- Ist die Information zutreffend, unzutreffend, wahr oder falsch?
- Ist die Information relevant, nicht relevant?
- Ist sie klar und verständlich formuliert?
- Fehlen Informationen, Fakten, Daten?

Also: Worüber spricht der andere?
Beispiel: »Stimmt, die Ampel ist grün.«

Selbstaussage

Hier kann der Empfänger wahrnehmen und interpretieren:

- Gefühl des Senders (gestresst, genervt, besorgt, müde),
- Werte oder Einstellungen (Pünktlichkeit, Zuverlässigkeit),

- Bedürfnisse (Ordnung, Sicherheit, Ruhe),
- Kompetenzen oder Unsicherheiten,

Also: Was sagt der andere gerade über sich selbst?
Beispiel: »Er ist wohl gerne pünktlich und zuverlässig.«

Beziehung
Hier nimmt der Empfänger wahr:

- Tonfall, Mimik, Gestik;
- Wunsch nach Nähe oder Distanz;
- Wertschätzung oder Ablehnung;
- Respekt oder Geringschätzung.

Also: Was hält der andere von mir? Wie steht der andere zu mir?
Beispiel: »Hält er mich für unaufmerksam? Kritisiert er mich gerade?«

Appell
Der Empfänger kann sich fragen:

- Wie soll ich das verstehen?
- Ist das eine Aufforderung?
- Welche Handlung wird von mir erwartet?
- Ist das berechtigt? Ist das manipulativ?

Also: Was soll ich tun, fühlen oder denken?
Beispiel: »Soll ich besser aufpassen?«
Menschen hören gerne auf ihrer bevorzugten Seite. Das kann z. B. die Beziehungsseite sein. Somit kann eine sachliche Kritik als Kritik an der gesamten Person verstanden werden und als Beziehungsstörung interpretiert werden. Eine mögliche Vorstufe eines tieferen Konflikts.

bb. Wie könnt Ihr Aussagen besser rahmen, so dass Missverständnisse verringert werden können?

Manchmal kommen wir zu schnell auf den Punkt, sind zu direkt, zu plump und geben dem Gegenüber nicht die Chance in Ruhe und mit Gelassenheit zuzuhören. Einige wichtige Hinweise, für eine gute Rahmung, eine Verpackung, wenn man so will, schauen wir uns im Folgenden an.

Kontext
Wir können, bevor die eigentliche Kernaussage ausgesprochen wird, zuerst einen Kontext geben, also erläutern, warum wir etwas sagen möchten. Oder noch besser, wofür oder wozu wir etwas sagen möchten. Der Empfänger kann dann besser einordnen, warum uns die Aussage wichtig ist. Beispielsweise:

- »Ich möchte gerne über folgendes Thema sprechen. Es liegt mir sehr am Herzen, weil ich sonst befürchte, dass …«

- »Ich möchte mit dir ein wichtiges Thema besprechen, aber keine Sorge es ist nichts Dramatisches und soll uns in unserer Zusammenarbeit nicht stören.«
- »Ich bin gerade etwas gestresst, habe wenig Zeit, deshalb formuliere ich ausnahmsweise direkter.«

Sagen, wie man eine Aussage verstanden haben möchte

Das ist ein sehr starker Hebel, denn es liefert eine Art »Gebrauchsanweisung« zu dem Gesagten gleich mit. Man steuert damit, welche der Vier Seiten der Nachricht im Vordergrund steht. Beispielsweise:

- »Ich möchte die folgende Aussage wirklich rein sachlich verstanden wissen.«
- »Bitte unbedingt nicht persönlich nehmen, obwohl es sich vielleicht so anhört.«
- »Das soll keine Kritik an dir sein, ich möchte nur meine Beobachtung schildern.«
- »Ich spreche gerade über mich, nicht über dich.«

Den Appell explizit machen

Viele Missverständnisse entstehen, weil ein Appell verdeckt formuliert wird bzw. nicht herausgehört oder verstanden wird. Mögliches Rätseln kann aber vermieden werden. Beispielsweise:

- »Ich möchte dich wirklich ganz konkret bitten, …«
- »Es geht mir darum, dass wir hier eine gemeinsame reale Lösung finden. Bitte helft mit.«
- »Mein Ziel ist es, dass wir diesen Punkt heute beenden und zu einer Abstimmung bringen können. Unterstützt mich hierbei bitte.«

Beziehungsbotschaften bewusst erwähnen

Gerade, wenn man mit jemandem spricht, der verstärkt auf der Beziehungsebene hört, ist es ratsam, seine Aussage auch dort zu rahmen. Beispielsweise:

- »Ich schätze deine Beiträge und habe noch eine ergänzende Anmerkung.«
- »Mir ist wichtig, dass wir weiterhin gut zusammenarbeiten, ich möchte noch einen mir wichtigen Punkt mit dir klären.«

Nachfragen statt Annahmen

Man kann oft am Gesicht eines Gegenübers sehen, ob eine Botschaft ankommt oder nicht. Aus der Erfahrung heraus hat man hierzu auch eine gute Intuition. Sollte man merken, dass eine Botschaft nicht angekommen ist, oder missverstanden wurde, ist es ratsam, dies sofort zu klären. Beispielsweise:

- »Ich möchte sicher sein, dass wir uns richtig verstehen.«
- »Ich bin gerade nicht sicher, ob du mich richtig verstehst.«
- »Wie kommt mein Satz bei dir an?«
- »Sag mir mal, was du gerade verstanden hast. Ich glaube, wir haben hier ein Missverständnis.«

Tonfall und Körpersprache bewusst einsetzen

Der Empfänger einer Botschaft hört stärker über die Wahrnehmung von Mimik, Gestik und Ton als über den reinen Sachinhalt. Je nach Tonlage, kann man die vier Seiten einer Nachricht besonders betonen und damit bewusst steuern, welche am deutlichsten wirken soll. Beispielsweise:

- Ruhiger Ton – Sachinhaltsseite.
- Freundlicher, zugewandter Ton – Beziehungsseite.
- Klarer, deutlicher Ton – Appell-Seite.
- Offener Ton – Selbstoffenbarungsseite.

Ich-Botschaften

Ein »du« kann schnell nach Vorwürfen klingen, deshalb wird es auch im Streitgespräch intuitiv am häufigsten verwendet. Ich-Botschaften hingegen, geben Auskunft darüber, was der Sprecher oder die Sprecherin wahrgenommen hat, warum er oder sie es ansprechen möchte und was schließlich sein/ihr Wunsch oder Bitte sein könnte. Der Empfänger oder die Empfängerin hört also mehr die Perspektive des Senders oder der Senderin und muss sich nicht unmittelbar angegriffen fühlen und verteidigen. Beispielsweise:

- »Ich sehe die Sache so, …«
- »Ich möchte dich um folgendes ganz konkret bitten …«
- »Mir ist wichtig, dass wir hierzu eine Lösung finden.«
- »Mir ist aufgefallen, dass … und das ist mir wichtig, weil … und von daher bitte ich dich …«

Beispiel:
Ein Betriebsratskollege erledigt seine vereinbarten Aufgaben wiederholt nicht. Wenn ein Kollege im Gremium seine klar mit ihm vereinbarten Aufgaben wiederholt nicht erledigt, ist es wichtig, ihn unmittelbar anzusprechen. Erstens, damit er merkt, dass das gesehen wird und nicht übergangen wird und zweitens, damit nicht der heimlichen Erwartung stattgegeben wird, dass vielleicht ein anderer die Aufgabe, ohne offen darüber zu sprechen, übernimmt, weil »irgendwer muss es ja machen«.

Rahmende Einstiegssätze
Die Beziehungsseite wird gesteuert und es wird verhindert, dass der Empfänger oder die Empfängerin direkt in eine Abwehrhaltung geht.
»Ich möchte kurz etwas ansprechen, und mir ist wichtig, dass du weißt, es geht mir um die Sache und darum, dass unser Ausschuss gut funktioniert. Es ist keine persönliche Kritik.«
Konkrete Aussage auf der Sachebene
»Mir ist aufgefallen, dass deine Aufgaben, die Vorbereitung der Unterlagen zu den Personalumsetzungen, die wir besprochen haben, für unsere Sitzungen mehrmals nicht erledigt wurden.«
Selbstoffenbarung
Perspektive des Senders oder der Senderin, ohne Vorwurf.
»Ich merke, dass mich das verunsichert. Wir geraten dadurch ins Stocken. Ich weiß aber nicht, woran das bei dir liegt.«
Expliziter Appell
Lösungsorientiert, offen und nicht belehrend.
»Ich möchte dich bitten, dass wir gemeinsam klären, wie wir das zukünftig zuverlässig hinbekommen. Brauchst du dazu etwas von mir? Müssen wir dazu etwas klären, dass du die Aufgabe zuverlässig erledigen kannst?«
Beziehungsbotschaft
Stabilisiert die Beziehungsebene.
»Mir ist wichtig, dass wir auch weiterhin gut zusammenarbeiten und keine Missverständnisse oder Ärger entsteht. Ich schätze deine Arbeit und deine Erfahrung und möchte, dass wir hier eine Lösung finden.«

Warum diese Formulierungen funktionieren?
- Keine Du-Vorwürfe, sondern Ich-Perspektive.
- Konkrete Beispiele statt pauschaler Kritik.
- Bewusste Steuerung der vier Seiten.
- Verhinderung von Fehlinterpretationen.
- Klarer Appell statt verdeckter Erwartungen.
- Beziehungsseite wird aktiv positiv betont.
- Die Selbstoffenbarung macht Botschaft nachvollziehbar und annehmbar.

f. Der Umgang mit Widerspruch im Gespräch

Als Neuling in einer Gruppe versucht man seinen Platz zu finden. Man versucht mitzudenken und mitzudiskutieren. Häufig jedoch fordern neue Ideen und Argumente das Alteingesessene heraus.[21] »Das haben wir schon immer so gemacht!«, »Komm' du erstmal im Gremium an!«, »Für

21 Vgl. Baschab, F. 2024.

neue Dinge haben wir keine Zeit!« sind nur einige der Argumente, die einem vorschnell und zurückweisend entgegenschlagen. Gruppen neigen dazu, sich zu stabilisieren, in den Rollen der Mitglieder genauso, wie in den etablierten Vorgehensweisen. Es ist durchaus möglich, dass neue Ideen einzelne Rollenträger herausfordern, ebenso wie neue Vorschläge zu Verfahrensweisen, alten Routinen und Gewohnheiten. Um eine zu große, unsichere Dynamik abzublocken, wird erstmal dagegen gehalten. Neue Gruppenmitglieder nehmen diesen vermeintlichen Schutz für die Dynamiken der Gruppe oder Einzelner manchmal persönlich. Sie fühlen sich nicht nur auf der Ebene der Sachargumente angegriffen, sondern auch auf der persönlichen. Eine Basis für Konflikte könnte gelegt sein.
Die folgenden Fragen können hilfreich sein, sollte dies neuen Mitgliedern im Gremium passieren. Gerade, wenn kein wirklich sinnvolles Argument zu hören ist, sondern lediglich ein Abblocken erkennbar ist. Schließlich sollen sich auch Neue einbringen und behaupten können.

Wichtige Hinweise zum Umgang mit Widerstand:

1. **Beobachten, was da eigentlich passiert**
   - Wird inhaltlich widersprochen oder meiner Person?
   - Sind es immer dieselben? In welchen Situationen?
   - Wie schnell wird widersprochen?
2. **Mit welchen Strategien kann ich regieren?**
   - Tempo rausnehmen und die eigene Position ruhig darstellen:
   - »Ich sehe, dass ihr mir hier widersprecht. Ich möchte dennoch meine Position in Ruhe darstellen. Dann könnt ihr antworten.«
   - Nicht in den Kampfmodus gehen, das Gegenargument verstehen wollen: »Interessant, dass du das anders siehst. Was bringt dich zu deiner Einschätzung?«
   - Gemeinsame Ziele/Ergebnisse betonen:
   - »Wir wollen ja eigentlich dasselbe, verlieren uns hier aber auf dem Weg dahin, oder?«
   - Wenn es respektlos wird, Grenzen setzen:
   - »Ich diskutiere gerne und habe sicher nicht eure Erfahrung. Diesen Ton mir gegenüber, verbitte ich mir aber.«
   - Die Meta-Ebene nutzen:
   - »Mir fällt auf, dass ihr nur mir widersprecht. Ich möchte das gerne verstehen. Könnt ihr mir das erklären!«
3. **Was ich selbst beeinflussen kann?**
   - Kürzer einsteigen. Menschen widersprechen oft, sobald sie erahnen, worauf jemand hinaus will.
   - Eine Frage stellen, bevor man Position bezieht:
   - »Wie seht ihr das bisher? Meine Meinung zu dem Thema ist, …«

- Mein eigenes Bedürfnis klären. Geht es um mein eigenes Gesehen-werden-Wollen? Möchte ich streiten? Möchte ich mehr Einfluss?

Vor allem die letzte Frage hilft dabei, sich der eigenen Motivation bewusst zu werden. Hier können Erklärungen dafür gefunden werden, warum die anderen widersprechen, auch, wenn die Erkenntnisse zunächst schmerzhaft sein könnten. Letztlich hilft aber ein offenes Gespräch, sich und sein Wirken auf die Gruppe besser kennen und einschätzen zu lernen.

g. Ein wichtiges Tool: Rollenverhandeln

Ein wichtiges Universaltool, das zu Beginn der Übernahme einer Aufgabe und von Zeit zu Zeit, sowie bei akutem Bedarf eingesetzt werden kann, ist das Rollenverhandeln. Dieses Tool richtig eingesetzt, erspart Missverständnisse, Unmut, Frust und Ärger.
Das Tool geht davon aus, dass es zu Gesprächen über Rollen und Beiträge zwischen allen Beteiligten im Gremium kommt. Es ist so, dass z. B. die Rolle des Ausschussvorsitzenden laut BetrVG definiert ist. Dort sind die wichtigsten Aufgaben beschrieben. In jedem Gremium, in jedem Betrieb, ja sogar von Ausschuss zu Ausschuss, wird diese Rolle jedoch anders wahrgenommen, anders gelebt. Von daher ist es hilfreich, neben der offiziellen Rolle, auch zu besprechen, wie genau die Rolle speziell bei uns für unseren Zweck ausgefüllt wird. Ist dies klar besprochen und kommt so auch in die Umsetzung, weiß jede und jeder, was sie oder er selbst genau zu tun hat, aber auch, was nicht. Und jede und jeder weiß zudem, was die anderen von ihr oder ihm erwarten, das ist ein wichtiger Unterschied. Das Rollenverhandeln kann für alle angewendet werden, gleich, ob als Mitglied eines Ausschusses, Vorsitzende/r eines Ausschusses, Assistenz oder als Betriebsratsmitglied.

Hinweis: Grundidee von Rollenverhandeln
Mit dem Tool kann geklärt werden:
- Das eigene Rollenverständnis.
- Die Erwartungen der anderen an meine Rolle.
- Technische oder andere Hilfsmittel, die ich brauchen werde.
- Die Zeit, die ich zur Verfügung stellen kann.

Viele Gremien klären diese Fragen unmittelbar zu Beginn der Legislaturperiode innerhalb von Klausuren oder Seminaren, die sie gemeinsam zur Besprechung der Organisation ihrer Gremiumsarbeit durchführen.

Je mehr Zeit zur Verfügung steht, um Details zu besprechen und zu diskutieren, umso besser. Diese Zeit braucht man später nicht zur Klärung möglicher Konflikte aufgrund von Unklarheiten und Missverständnissen.

Hinweis: Zuerst die eigene Rolle definieren
Die Rolleninhaberin beschreibt ihre Rolle:
- Welche Aufgaben gehören zu meiner Rolle (z. B. der Ausschussvorsitzenden)?
- Welche Rechte, welche Pflichten und welche Verantwortung?
- Welche Entscheidungsbefugnisse habe ich?
- Was muss ich genau beachten, befolgen, damit wir rechtssicher sind?
- Was brauche ich, um die Rolle gut ausfüllen zu können (Technik, Material, Kompetenz)?
- Wieviel Zeit kann ich zur Verfügung stellen? Was brauche ich stattdessen **nicht mehr zu tun? Was muss ich abgeben?**

Wichtig ist zu sehen, dass es um eine Rolle geht, und nicht um eine Person. Die Person ist Rolleninhaber/in und kann demzufolge, wenn die Rolle klar beschrieben ist, gut ersetzt werden, sollte sie mal z. B. krankheitsbedingt ausfallen. Im nächsten Schritt werden die Erwartungen der anderen an die Ausübung der Rolle gesammelt. Hier können sich schon erste Lücken aufzeigen. Dabei kann erkannt werden, wie gut es ist, dass darüber gesprochen wird.

Hinweis: Erwartungen sammeln
- Wie erwarten die anderen, wie ich die Rolle ausübe (Ausschussmitglieder, Gremium)? Welche Details wären wichtig?
- Was wird von der Rolleninhaber/in noch an Informationen gebraucht?
- Wie sollte sie/er die Rolle nicht ausfüllen? Was wäre nicht hilfreich?

Das Tool kann auch eingesetzt werden, wenn soziale Verhaltensweisen angesprochen werden müssen, die die Beteiligten in der Ausübung ihrer Rolle stören, und die diese klären möchten, wie z. B. ein/e Ausschussvorsitzende/r, der sich arrogant, von oben herab und nicht auf Augenhöhe mit allen Mitgliedern des Gremiums verhält.
In diesem Fall würde man die Rolle (nachverhandeln) mit Formulierungen, wie:
- »Ich würde meine Arbeit lieber machen wollen, wenn du folgendes weniger tun würdest … Von daher bitte ich dich … darum …«
- »Ich könnte meine Aufgabe besser erledigen, wenn du in Zukunft folgendes mehr tun würdest … Folgendes fände ich sehr hilfreich …«

- »Was können wir festhalten, vereinbaren?«

Wichtig ist es, zum Schluss durch den Dialog, durch das Verhandeln zu einer klaren Vereinbarung zu kommen. Das Geben von Feedback bedeutet noch nicht, dass es auch angenommen wird. Deshalb ist es möglich, dass eine Zeit lang diskutiert werden muss, wo man sich in der Mitte treffen kann.

h. Geben und Nehmen von Feedback

Feedback geben ist eigentlich ein Dialog, und nicht ein: »Was ich dir schon immer mal sagen wollte!« Von daher hat Feedback viel mehr mit dem oben beschriebenen Rollenverhandeln zu tun. Es ist kein bloßes »Auskotzen«. Denn, wenn ich jemandem vorgetragen habe, was mir nicht passt, weiß ich noch lange nicht, ob meine Äußerungen auch angekommen sind. Und wenn etwas davon ankommt, weiß ich noch nicht, wie genau und was genau schließlich passieren wird. Wünsche nach Verhaltensänderungen sollten stets in geschlossenen Kommunikationskreisläufen geschehen und nicht nur von der einen zur anderen Seite, in der Hoffnung, dass es schon richtig ankommen wird.

Die **Grundprinzipien** eines Feedbackgespräches sollten deshalb sein:

1. Dialog statt Monolog.
2. Hilfreich statt bewertend.
3. In die Zukunft gerichtet statt alte Kamellen aufwärmend.
4. Respektvoll statt verletzend.
5. Klar statt vage.
6. Konkret statt allgemein.

Kaum einem Menschen fällt es leicht Feedback zu erhalten. Deshalb sollte auch die Schwere aus dem Prinzip genommen werden, die Dramatik, und es sollte schon gar nicht zur Show vor dem Gremium werden, oder gar zu einer Abreibung. Feedbackregeln, die sich als hilfreich erwiesen haben, sind die folgenden.

Tipp: Richtig Feedback geben:

1. **Beobachtung statt Interpretation**

Ich sage, was ich gesehen/erlebt/gehört habe, nicht, was ich vermute/hineininterpretiere/annehme.

Z. B.: »Mir ist aufgefallen: Du hast die Einladung der letzten drei Sitzungen jedes Mal zu spät verschickt.« – und nicht: »Du bist unzuverlässig!«

2. **Die Wirkung auf mich/uns beschreiben**

Ich sage, was es bei mir oder dem Team auslösen kann.

z. B.: »Dadurch werden wir angreifbar, weil wir die rechtlich vorgeschriebenen Fristen nicht einhalten.«

3. **Erwartung oder Bedürfnis mitteilen**
Ich sage, was ich brauche, damit ich meine Arbeit gut machen kann und zufrieden sein kann.
Z. B.: »Mir ist wichtig, dass wir rechtlich sauber sind. Ich möchte nicht, dass wir Dinge deshalb gegen die Wand fahren oder sie umsonst gemacht haben.«
4. **Wunsch/Bitte äußern oder ein Angebot machen**
Ich formuliere klar meine Erwartung.
Z. B.: »Ich möchte dich bitten, die Fristen einzuhalten. Das wäre mir sehr wichtig. Falls du dazu etwas brauchst, können wir gerne darüber reden.«
5. **Dialog eröffnen**
»Wie siehst du das?«; »Was sagst du dazu?«
6. **Vereinbarungen treffen**
Diese sollen sein: Machbar und realistisch, nachvollziehbar und auf Augenhöhe.

Man muss stets damit rechnen, jemanden auf dem falschen Fuß zu erwischen, ebenso damit, dass sich jemand beleidigt fühlt. Das sollte aber kein Grund sein, kein Feedback zu geben oder nicht ins Rollenverhandeln zu gehen. Duldet man ein falsches Verhalten, sendet man dadurch das Signal, dass dies in Ordnung ist. Das klärende Gespräch sollte deshalb zum festen Bestandteil der gemeinsamen Arbeit werden, auch wenn es sich bei der Arbeit im Gremium lediglich um ehrenamtliche Tätigkeiten handelt. Auch das konstruktive Annehmen von Rückmeldung oder Kritik (wie gesagt an der Rolle, nicht der Person) kann trainiert werden.

Tipp: Feedback richtig annehmen

1. **Zuhören, zuhören, zuhören – nicht verteidigen**
Zuerst alles verstehen, nicht unmittelbar in eine Abwehr gehen.
2. **Nachfragen, wenn etwas unklar ist**
Nichts im Unklaren lassen, aber Gehörtes auch nicht überinterpretieren.
3. **Eigene Gefühle steuern**
Kritik kann wehtun, dennoch auch berechtigt sein. Von daher, ruhig zuhören, nicht triggern lassen und nicht kämpfen wollen.
4. **Eigene Darstellung einbringen**
Sollte etwas objektiv falsch dargestellt worden sein, auf der Basis der eigenen Beobachtungen reagieren. In Betracht ziehen, dass es stets gegensätzliche Sichtweisen geben kann.
5. **Dialog eingehen**
Gemeinsam über Lösungen beraten.

> 6. **Vereinbarungen treffen**
> Machbar und realistisch, nachvollziehbar und auf Augenhöhe.

Neben der wichtigen Kommunikation innerhalb des Gremiums, ist ein wesentlicher Bestandteil der Mitbestimmungsarbeit die Kommunikation mit den Kolleginnen und Kollegen im Betrieb.

5. Beratungsgespräche mit Kolleginnen und Kollegen im Betrieb führen

a. Rahmenbedingungen

Wir betrachten in diesem Kapitel die Gespräche, die ein Betriebsrat aus dieser Rolle heraus mit Kolleginnen und Kollegen führen kann und auch darf. Wir schauen dabei auf grundsätzlich Bedingungen und danach auf konkrete Techniken.

> **Hinweis:**
> Im BetrVG (§ 39) ist geregelt, dass ein Betriebsrat während der Arbeitszeit Sprechstunden einrichten kann.
> Der Besuch einer Sprechstunde ist jedem/jeder freigestellt. Es darf dabei keine Nachteile für den/die Einzelne geben.[22]

Der Betriebsrat darf also Beratungsgespräche mit Kolleginnen und Kollegen des Betriebes durchführen. Obwohl keines der Betriebsratsmitglieder darin ausgebildet ist, Beratungsgespräche zu führen, sollten diese auch angeboten werden. Dies ist ein wichtiges Handlungsfeld von Betriebsratsarbeit und Mitbestimmung.
Die Themen der Gespräche können individueller Art sein, z. B. möchte ein Kollege an einen anderen Arbeitsplatz versetzt werden oder eine Kollegin fühlt sich nicht richtig eingeschätzt, was ihre Tätigkeit und Verantwortung angeht, und möchte in eine andere Entgeltstufe. Die Themen sind jeweils für die Betroffenen wichtig und von Bedeutung, daher sollten diese Gespräche sehr ernst genommen werden. Oftmals ist der Betriebsrat die einzige kompetente Stelle, in der unabhängige Informationen ein-

22 Vgl. Helms, H./Rehbock, A. 2022 S. 124.

geholt werden können und mit der ergebnisoffen beraten werden kann, wie ein weiteres Vorgehen zum jeweiligen Thema aussehen könnte.

b. Grundhaltung für ein Beratungsgespräch

Allparteilichkeit und Rollenbewusstsein

Als beratendes Betriebsratsmitglied ist man nicht Anwalt des Kollegen, das wird oft falsch verstanden. Von beiden Seiten. Oft gehen ratsuchende Kolleginnen und Kollegen mit diesem Bild in ein Beratungsgespräch und hoffen darauf, dass der Betriebsrat das konkrete Problem stellvertretend lösen wird. Oft glauben aber auch gerade unerfahrenere Mitglieder des Gremiums, häufig auf der Basis noch nicht ganz verstandener gesetzlicher Möglichkeiten, dass das Gremium, oder letztlich die Vorsitzenden, Probleme für Kollegen und Kolleginnen lösen können. Oft wollen sie dabei einfach nur helfen, schätzen aber ihre Möglichkeiten (noch) falsch ein. Zudem möchten sie vermeiden, dass eine Kollegin oder ein Kollege enttäuscht ein Gespräch verlässt.

> **Hinweis:**
> Ein Betriebsrat vertritt die Interessen der Belegschaft und unterstützt dabei die Kolleginnen und Kollegen, ohne dabei falsche Versprechen zu machen. Ein Betriebsrat ist kein Therapeut und kein Anwalt. Die Aufgabe im Beratungsgespräch ist es zu informieren, zu begleiten, zu unterstützen, vielleicht auch zu vermitteln.

Vertraulichkeit

Ein enorm wichtiger Faktor ist die Vertraulichkeit. In Betrieben wird gerne geratscht und getratscht. Gerüchte kursieren sehr schnell. Noch schneller sogar, wenn sie mit dem Sigel des Geheimen (»Bitte nicht weitersagen!«) versehen wurden. Ein Beratungsgespräch zwischen einem Kollegen und dem Betriebsrat **muss** aber vertraulich sein. Dies ist rechtlich aus mehreren Gründen verpflichtend. Zudem auch aus sozialen Gründen, denn, wenn ein ratsuchender Kollege erfährt, dass Inhalte aus einem Beratungsgespräch in die Betriebsöffentlichkeit gelangen, wird er nie wieder ein Beratungsgespräch suchen. Und er wird mit anderen Kollegen darüber sprechen, was bedeutet, das Gremium wird enorm an Vertrauen verlieren. Zudem unterliegen die Informationen des Kollegen dem Datenschutz, was ein Weitererzählen sogar angreifbar macht.

> **Hinweis:**
> Alles, was in einem Beratungsgespräch gesagt wird, bleibt auch dort – es sei denn, der Kollege wünscht ausdrücklich etwas anderes.

Wertschätzend, nicht wertend

Kommt ein Kollege oder eine Kollegin zu einem Beratungsgespräch zu einem Betriebsrat, so steckt dahinter häufig ein Problem, zu dem der Kollege oder die Kollegin aktuell keinen Rat weiß. Auch, wenn das Problem aus Sicht des Betriebsrates gar nicht so groß erscheint oder man ähnliche Probleme bereits gelöst hat, ist es dennoch wichtig, die Situation möglichst vollständig zu erfassen. Zuhören und Fragen stellen sind die Techniken, mit denen zu Beginn eines Gesprächs hauptsächlich gearbeitet wird. Bewertungen, wie: »Das ist doch kein Problem!« oder »Das ist doch nicht schlimm!« sollten unterbleiben, auch wenn sie naheliegend erscheinen mögen und dem alltäglichen Sprachgebrauch entsprechen. Für die Ratsuchende sieht die Sache aber anders aus, denn für sie ist es gerade schlimm. Eine Beschwichtigung kann beleidigend wirken oder Gefühle verletzen. Das jeweilige Befinden des Kollegen/der Kollegin ist also unbedingt wertzuschätzen. Im Verlaufe des Gesprächs oder am Ende werden Lösungs- oder Vorgehensvorschläge besprochen, zu Beginn noch nicht. Erst, wenn der Kollege/die Kollegin dazu bereit ist, und der Betriebsrat der Ansicht ist, die Situation gut erfasst zu haben, biegt man auf die Lösungsgeraden ein.

> **Hinweis:**
> Der Kollege oder die Kollegin sollte seine/ihre Situation und Erfahrungen erzählen können, ohne dass eine vorschnelle Bewertung erfolgt. Es ist wichtig, die vollständige Sicht des Kollegen/der Kollegin zu erfahren und zu erfragen, um ein möglichst vollständiges Bild zu erhalten. D. h. zuhören, ohne zu schnell eine Einschätzung oder Lösung zu präsentieren. Denn: »Ratschläge können wie Schläge wirken!«

> **Tipp:**
> Es ist je nach Situation zudem sehr hilfreich, braucht auch etwas Mut und Erfahrung, den Kollegen/die Kollegin nach seinen/ihren eigenen Anteilen an seinem/ihrem momentanen Problem zu fragen.

Lösungsorientierung statt Problemfokus

Im Grunde geht es ja darum, ratsuchende Kolleg/innen handlungsfähig zu machen. Dies kann zu Beginn des Gesprächs betont werden, im Zusammenhang mit der Klärung der Rolle des Betriebsrats. Es geht darum, die Möglichkeiten und Ressourcen des Kollegen/der Kollegin auszuloten und sie/ihn zu unterstützen, zu informieren und zu beraten. Handeln muss der Kollege oder die Kollegin selbst. Weniger hilfreich ist also, ratsuchende Kolleg/innen zu etwas zu drängen oder die eigene Wunschlösung zu pushen. Auch, wenn man als Betriebsrat dazu eigene Ideen hätte. Die Konsequenzen muss am Ende die ratsuchende Person tragen. Deswegen ist es auch nicht förderlich ein Beratungsgespräch dazu zu nutzen, gemeinsam über den Arbeitgeber zu schimpfen. Gemeinsam zu jammern. Denn sicherlich mag die ratsuchende Person möglichweise sauer auf den Arbeitgeber sein, möglicherweise sucht er eine Bestätigung beim Betriebsrat, der Sache muss dies allerdings nicht zuträglich sein. Der Betriebsrat kann nur auf der Basis von Fakten und dem BetrVG aktiv werden, nicht auf der Basis von Emotionen. Von daher ist eine gute Grundhaltung gegenüber der ratsuchenden Person immer lösungsorientiert und unterstützend: »Egal, was kommt, du bist nicht allein!«

c. Gesprächsstruktur

Zuerst geht es in einem Beratungsgespräch darum, das Anliegen der ratsuchenden Person zu klären. Durch gutes Zuhören und das Stellen von Fragen hilft der Betriebsrat der ratsuchenden Person dabei, ihre Situation zu schildern, auszubreiten und am Ende auf den Punkt zu bringen. Es ist möglich, dass die ratsuchende Person im Verlaufe des Gesprächs ihr ursprüngliches Anliegen verändert, erweitert oder abmildert. Vielleicht hat sie bisher mit keiner Person gesprochen und braucht erstmal jemanden für das Ablassen von Ärger, oder er sucht generellen Rat. Manchmal scheint das Erzählen des Anliegens unsortiert, manchmal wirr und emotionsgeladen, manchmal klar und eindeutig. In jedem Fall hilft der Betriebsrat der ratsuchenden Person dabei, ihr Thema zu schildern, um dabei selbst das Thema bzw. das Anliegen so vollständig wie möglich zu erfassen. Zu Bedenken gilt jedoch, dass der geschilderte Sachverhalt immer nur die Sichtweise der ratsuchenden Person sein kann und nie ein komplett vollständiges Bild der Gesamtsituation, oder gar die *reine Wahrheit.*

Liegen alle Aspekte auf dem Tisch, kann der BR über die Rechtslage informieren und die Möglichkeiten des Betriebsrates schildern. Hier ist es wichtig, realistisch zu sein und keine Versprechungen zu machen. Auch sollte aufgepasst werden, dass die ratsuchende Person die Aussagen des BR nicht als Versprechungen deutet. An dieser Stelle ist eine klare und präzise Sprache notwendig, auch wenn die ratsuchende Person möglicherweise enttäuscht sein könnte, weil sie mehr erwartet hat.

Auf der Basis des Anliegens, der rechtlichen Möglichkeiten und der Klärung der Möglichkeiten des BR kann danach die Besprechung von Handlungsoptionen erfolgen. Hier hilft der BR beratend dabei, Handlungsoptionen zu finden und sie in Einzelschritten aufgeschlüsselt zu erläutern. Ggf. auch Erfolgsaussichten aufgrund ähnlicher Fälle und Erfahrungen. Aber wie gesagt, keine Versprechungen, denn jeder Fall liegt anders. Hier ist es notwendig, die ratsuchende Person über alle Optionen zu informieren, über Vor- und Nachteile, Aussicht auf Machbarkeit und eine Einschätzung über einen möglichen Zeitrahmen. Die ratsuchende Person braucht an dieser Stelle in der Regel etwas Zeit, alle Informationen richtig aufnehmen zu können. Von daher hilft auch hier ein ruhiges und behutsames Vorgehen seitens des Betriebsrats, möglicherweise ein zweiter Gesprächstermin.
Zum Schluss des Beratungsgespräches kann/können ein erster Schritt oder die nächsten Schritte vereinbart werden. Wer wird was tun, bis wann, eventuell mit wem? Ist ein nächster Termin mit dem Betriebsrat sinnvoll? Ungefähr wann? Wie wird zwischenzeitlich kommuniziert, informiert? Was wird noch gebraucht?

Tipp – Struktur eines Beratungsgesprächs:
1. Anliegen klären.
2. Sachverhalt möglichst vollständig erfassen.
3. Rechtsgrundlage erläutern, die Möglichkeiten des BR erklären.
4. Gemeinsam Handlungsoptionen entwickeln.
5. Nächste Schritte vereinbaren.

d. Gesprächsleitfaden

Aus dieser Struktur kann ein detaillierter Leitfaden abgeleitet werden, der als Vorlage für die konkrete Durchführung eines Gespräches dienen kann. Es ist erlaubt, den Gesprächsleitfaden vor sich auf dem Tisch liegen zu haben, während man das Beratungsgespräch durchführt. Der/die Ratsuchende wird es danken, denn er/sie sieht, dass der Betriebsrat das Gespräch ernst nimmt und professionell vorgehen möchte. So zu tun, als wisse man bereits alles auswendig und sei routiniert, kann zu Fehlern führen.
Ein Gesprächsleitfaden ist, wie der Name sagt, ein Leitfaden, kein dogmatisches lineares Konzept und keine Vorschrift. Die Schritte können in dieser Reihenfolge sinnvoll sein, müssen es aber nicht in jedem Fall. Das hängt sehr stark von den Beteiligten und dem zu besprechenden Thema

ab. Ebenso vom emotionalen Zustand der Betroffenen, sowie der Kommunikationskultur des Betriebes. Der folgende Leitfaden hat sich jedoch als sehr effektiv und hilfreich herausgestellt und kann eine gute Basis für ein gelingendes Beratungsgespräch darstellen.

1. **Einstieg**
   - kurze Begrüßung des Kollegen/der Kollegin;
   - Zeitrahmen klären;
   - dafür sorgen, dass das Gespräch ungestört bleibt;
   - Rollenklärung des Betriebsrats;
   - Vertraulichkeit zusichern;
   - Gesprächsablauf kurz erläutern.
2. **Anliegen schildern lassen**
   - Kollegin/Kollegen ins Erzählen bringen;
   - Zuhören, ohne Bewertung, ohne Unterbrechung;
   - Notizen machen, wenn notwendig, dies aber vereinbaren.
3. **Klärung des Anliegens**
   - klärende Fragen stellen, um das Anliegen gut zu verstehen;
   - nicht bewerten, keine Ratschläge, keine Kommentare;
   - Fakten und Emotionen voneinander trennen;
   - immer wieder Zusammenfassungen anbieten.
4. **Sachverhalt prüfen**
   - Was ist bislang dokumentiert (E-Mails, Gesprächsprotokolle, …)?
   - Was gab es nur mündlich?
   - Gibt es laufende Fristen?
   - Gibt es Zeugen?
   - Gibt es andere Betroffene?
   - Gibt es bereits getroffene Absprachen oder Regeln?
5. **Information und Möglichkeiten**
   - rechtliche Möglichkeiten schildern;
   - mögliche rechtliche Schritte aufzeigen;
   - Unterstützungsmöglichkeiten klären;
   - Unterstützungsmöglichkeiten und Grenzen des Betriebsrates
   - klar erläutern;
   - Prüfen, ob weitere Personen/weiterer Sachverstand hinzu
   - gezogen werden sollte/n;
   - keine falschen Hoffnungen entstehen lassen;
   - keine falschen Zusagen oder Versprechungen geben.
6. **Optionen entwickeln**
   - Erfragen, was der Kollege/die Kollegin möchte?
   - Was wären realistische Wünsche, Ziele?
   - Mit welchen Konsequenzen (Vor- und Nachteile)?

- Was wären nächste sinnvolle Schritte?
- Gemeinsame Bewertung der Optionen.

7. **Entscheidung und Vereinbarung**
   - konkrete Schritte entscheiden;
   - Verantwortlichkeiten klären;
   - Vereinbarungen nochmals klar wiederholen;
   - Vereinbarungen schriftlich festhalten;
   - nächste Schritte terminieren;
   - Folgegespräch vereinbaren;
   - Vereinbarung darüber, wie weiterhin informiert bzw.
   - kommuniziert wird.
8. **Ende des Gesprächs**
   - Zusammenfassung der nächsten Schritte;
   - wertschätzender Abschluss;
   - Verabschiedung.
9. **Nachbereitung (betriebsratsintern)**
   - kurze Notiz zu dem Fall;
   - bereits während des Gesprächs gemachte Notizen ergänzen;
   - falls nötig, weiteren rechtlichen Rat einholen;
   - Gesprächsverlauf reflektieren.

e. Techniken für ein Beratungsgespräch

aa. Aktives Zuhören

Eine der wesentlichen Voraussetzungen ist zuzuhören. Zuhören ist aber nicht gleich Zuhören. Man hat immer Dinge im Kopf, die nicht zu dem jetzt gerade stattfindenden Gespräch passen. Man entwickelt oft schon beim Zuhören eigene Ideen. Man ist möglicherweise selbst betroffen, verärgert oder manchmal auch gelangweilt. Das sind aber keine guten Voraussetzungen für ein Beratungsgespräch. Um wirklich gut zuhören zu können, gibt es die Form des aktiven Zuhörens. Die Grundidee ist, sich auf die Aussagen des Erzählenden zu fokussieren, unterstützt durch gute und informationsproduzierende Fragen.

Folgende Verhaltensweisen sind für die Beratungssituation förderlich:[23]

- Ich stelle mich auf meinen Gesprächspartner ein.
- Ich sorge für eine angenehme Atmosphäre, kein Druck, kein Zwang.
- Ich versuche, gegenseitiges Vertrauen herzustellen.

---

23 Vgl. Helms, H./Rehbock, A. 2022, S. 122.

- Ich widme mich ausschließlich meinem Gesprächspartner (nicht aufs Smartphone schauen, keine Anrufe entgegennehmen).
- Ich vermeide Ablenkungen.
- Ich nehme mir Zeit, drängle nicht, sehe nicht immer wieder auf die Uhr.
- Ich halte mich mit meinen Gefühlen zurück, auch wenn es schwerfällt, zeige keine Empörung, werde nicht parteiisch.
- Ich versuche nicht, gleichzeitig zuzuhören und zu sprechen.

Damit mein Gegenüber das Gefühl bekommt, verstanden zu werden, ist das *aktives* Zuhören wichtig, d. h.:

- den Gesprächspartner ausreden lassen;
- mit Nicken und Blickkontakt, deutlich machen, dass man zuhört und den Inhalt anhört;
- offene Fragen stellen und deutlich machen, dass man mitdenkt;
- kleine Zwischenfazits ziehen, um sicher zu geben, gut verstanden zu haben.

bb. Fragen stellen

Im Folgenden betrachten wir die gängigsten Fragetechniken, die in Beratungsgesprächen eingesetzt werden. Mit einem Irrtum soll hier jedoch gleich aufgeräumt werden, die sogenannten W-Fragen können sowohl hilfreiche Fragen sein als auch nicht. Von daher soll der Anfangsbuchstabe nicht der Maßstab sein, sondern die Fragetechnik selbst.[24]

Fragetechniken

1. **Offene Fragen**
   Lassen kein eindeutiges »Ja« oder »Nein« als Antwort zu und helfen ein breites oder tiefes Verständnis und viele Informationen zu erhalten.
   »Was ...?«, »Wer ...?«, »Wie genau ...«, »Wodurch ...?«, »Und danach?«, »Und am Ende ...?«
2. **Geschlossene Fragen**
   Helfen dabei zu konkretisieren, zu fokussieren, klären Fakten, helfen klarer zu verstehen.
   »Ist das Angebot für dich ok?«, »Hast du mit deinem Gruppenleiter gesprochen?«, »Du möchtest also eher wechseln?«
3. **Zirkuläre Fragen**
   Können Beziehungen oder Dynamiken sichtbar machen, eröffnen neue Perspektiven, erkunden Zusammenhänge.

24 Vgl. Kindl-Beilfuß, C. 2021.

»Wenn ich deinen Kollegen direkt fragen würde, was würde der über deine Kommunikation sagen?«

4. **Hypothetische Fragen**
   Erlauben gedankliche Experimente ohne Festlegung, eröffnen Szenarien/verschiedene Lösungsräume.
   »Mal angenommen, du würdest doch in der anderen Abteilung arbeiten. Was würde dir denn dort gut gefallen?«
5. **Konfrontierende Fragen**
   Helfen dabei, blinde Flecken zu finden, bringen festgefahrene Muster ans Licht, ebenso Widersprüche.
   »Du sagst, du möchtest das schon lange nicht mehr. Warum hast du es denn nicht geändert?«
6. **Zukunfts-Fragen**
   Helfen dabei, eine Richtung zu finden, Ziele, Wege, helfen bei der Orientierung und der Priorisierung.
   »Wie möchtest du denn mal leben? Was wäre dir denn das wichtigste?«, »Wie stellst du dir dich in 5 Jahren vor?«
7. **Sowie: paraphrasierende Fragen**
   Helfen dabei zu konkretisieren, zu fokussieren, klären Fakten, helfen bei Zusammenfassungen.
   »Wenn ich dich gerade richtig verstanden habe, möchtest du …?«»Also ich habe dich gerade so verstanden, dass …?«
8. **Und: Fragen über das Gespräch selbst**
   Helfen zu erfahren, ob das Gespräch für den Ratsuchenden gut verläuft, wie man gemeinsam unterwegs ist, ob etwas geändert werden sollte, was der Kollege gerade braucht.
   »Sind wir gut unterwegs, kannst du noch?«, »Brauchst du gerade was anderes von mir?«

f. Empathie

Empathie ist ein großes Wort und wird oft als esoterisch angehaucht verstanden. Wer empathisch ist, sei eher ein Softie, laufe mit, habe keine eigene Meinung. Das ist damit aber bei weitem nicht gemeint. Empathie steckt in viel mehr Menschen, als wir gemeinhin annehmen. Und ebenso ist Empathie im Alltag wesentlich gebräuchlicher, als die falsch verstandene Deutung des Begriffes uns glauben lässt. Und gerade in der Interessenvertretung, mit den vielen Gesprächen und den nicht immer leichten Beratungsgesprächen, ist Empathie eine wesentliche, häufig anzutreffende Kompetenz. Menschen sind von jeher eher kooperativ als Konkurrenten, eher für ein Miteinander als für ein dauerhaftes und tiefes Gegeneinander.

Formen von Konkurrenz im Betrieb oder Wettbewerb um Arbeitsplätze oder Lohn sollten nicht als tiefe allgemeine menschliche Regungen verstanden werden, sie sind vorteilsichernde Verhaltensweisen auf einen aktuellen Kontext bezogen. Studien zeigen jedoch immer wieder, dass Menschen von ihrem tiefen Inneren her kooperative Wesen sind.[25]
Empathie besteht aus drei miteinander verbundenen Ebenen der Interaktion mit anderen Menschen:

1. Das **Verstehen**, wie es einem anderen Menschen geht und was er gerade erlebt bzw. durchmacht. Hier ist gemeint, die Kompetenz oder Erfahrung, sich in andere Menschen und deren Situation hineinversetzen zu können.
2. Ein **Mitfühlen**, wie es dem anderen Menschen in seiner aktuellen Situation geht. Nachvollziehen können, wie sein Inneres gerade aussieht und wie er sich fühlt. Dies ist nicht zu verwechseln mit Mitleid. Mitfühlen heißt nachvollziehen können, Mitleid heißt selbst ähnlich (nach)fühlen. Mit letzterem wäre in aller Regel einem Ratsuchenden aber nicht geholfen, denn es kann den Beratenden selbst lähmen.
3. Eine angemessene **Reaktion** im Handeln. Hier stellt man sich auf die Beobachtung des Gegenübers ein und versucht, sein Handeln anzupassen, z. B. Unterstützung anbieten, Hilfestellung geben, Aufgaben übernehmen, nur zuhören ohne Handeln, Rücksicht nehmen.

Es wird klar, dass Empathie eine der sozialen Kompetenzen ist, die in vielen Menschen aus reiner Lebenserfahrung heraus bereits existiert. Sich darüber bewusst zu sein und sie als eigene bewusste soziale Kompetenz anzuerkennen, wäre demnach angemessen.

g. Integrität und Vertrauenswürdigkeit

Die Arbeit als Betriebsrat basiert auf vielen, vielen Gesprächen. Gespräche im Gremium, in den Ausschüssen, mit Kolleginnen und Kollegen im Betrieb. Ein großes Pfand, dass die Arbeit erleichtert, ist die Vertrauenswürdigkeit bzgl. des Handelns, der Kommunikation und der Haltung. Man kann auch sagen: die Integrität, die ein Betriebsrat an den Tag legt. Letztlich steht die Frage auf dem Spiel, ob Menschen einem zuhören oder nicht, ob sie dem Glauben schenken, was man sagt und ob sie Vorschlägen folgen würden. All das kann durch wiederholte Missachtung einiger weniger Punkte aufs Spiel gesetzt werden. Gute Betriebsratsarbeit ist auch stets integrere und vertrauenswürdige Zusammenarbeit und Kommunikation.

25 Vgl. Bregmann, R. 2022.

Was macht Integrität (Charakterfestigkeit) und Vertrauenswürdigkeit aus?

Bestandteile charakterfesten und vertrauenswürdigen Handelns und Redens sind:

- **Ehrlichkeit**: Bedeutet, man steht zu dem, was man sagt; gibt Fehler offen zu; teilt Informationen offen mit allen relevanten Personen und verschweigt Probleme nicht.
- **Verantwortungsbewusstsein**: Man steht ebenso zu seinen Handlungen, ob hilfreich oder nicht; zu seinen Erfolgen und Misserfolgen und schiebt letztere nicht anderen in die Schuhe, oder weist eigene Schuld generell nicht von sich.
- **Transparenz**: Die eigenen Interessen, Wünsche, Bedürfnisse werden offen mitgeteilt, nicht halbherzig, nicht verdeckt; auch eigene Entscheidungen werden standhaft vertreten.
- **Verlässlichkeit**: Übernommene Aufgaben werden zuverlässig erledigt; Zusagen werden eingehalten; Fristen und Zeitpläne werden eingehalten.
- **Respektvoller Umgang**: Unterschiedliche Meinungen werden ernst genommen; man hört sich zu und setzt sich konstruktiv und lösungsorientiert mit Meinungen anderer auseinander.
- **Fairness**: Alle Mitglieder einer Gruppe werden gleichbehandelt; es gibt keine Unterschiede im Umgang miteinander; niemand wird übergangen; niemand wird ausgenutzt.
- **Loyalität**: Man handelt mit der Perspektive der gemeinsamen Ziele und der gewünschten Ergebnisse, nicht aus Eigennutz oder Eigeninteresse; man steht zur Gruppe in guten und in schlechten Zeiten.

Charakterfestes Verhalten schafft Vertrauen. Vertrauen[26] ist die Basis für eine gute und zufriedenstellende Arbeit in Gruppen. Die Zusammenarbeit wird erleichtert, denn Vertrauen reduziert Komplexität. Man muss sich nicht jeden Tag fragen, wie ein Satz eines Kollegen gemeint sein könnte.[27] Man muss auch nicht dauernd fragen, wie ich jetzt das genau Richtige sage, um niemanden zu verletzten. Vertrauen ist ein robustes Fundament von Arbeitsbeziehungen, die etwas aushalten. Arbeitsbeziehungen, die nicht bei jedem noch so kleinen Fehler auseinanderbrechen.

26 Endreß, M. 2002.
27 Malik, F. 2019.

6. Lernbereitschaft und Selbstreflexion

a. Wie Menschen lernen

Wie kann man neue Verhaltens- oder Denkweisen trainieren? Wie kann man am besten dazulernen? Auch hier kann uns die Hirnforschung wiederum gute Dienste erweisen. Sie bietet Erkenntnisse darüber, wie wir Wissen und Handeln lernen bzw. abspeichern können, also in neue Gedanken oder Verhaltensmuster überführen können. Was sind die genauen Mechanismen beim Lernen?[28]

1. **Netzwerke unserer Gehirnzellen**
Das Gehirn knüpft permanent neue neuronale Verbindungen. Je öfter ein Gedanke oder eine Kompetenz aktiviert wird, desto fester wird das neuronale Netzwerk und umso besser speichert sich das Gelernte ab.
2. **Fokussierung der Aufmerksamkeit**
Je tiefer in einer Situation, je konzentrierter bei der Sache, umso eher speichert das Gehirn ab, was man gerade tut.
3. **Verknüpfung mit Vorerfahrungen**
Unser Gehirn sucht automatisch nach Vorerfahrungen. Neues Wissen bleibt besser im Kopf, wenn es an bereits gemachte Erlebnisse anknüpfen und darauf aufbauen kann.
4. **Emotionen**
Gefühle wirken wie ein Verstärker beim Lernen. Je eher sie beteiligt und je intensiver sie sind, umso eher speichert unser Gehirn die neue Situation ab.
5. **Wiederholung**
Um aus dem Kurzzeitgedächtnis ins Langzeitgedächtnis zu kommen, braucht unser Gehirn Wiederholungen. Nur einmal etwas Neues gemacht oder gehört, reicht noch nicht aus, damit es dauerhaft gespeichert wird.
6. **Aktives Lernen**
Selbst etwas erarbeiten, anderen etwas erklären, austesten oder ausdiskutieren führt zu einem tieferen Eingang des Gelernten.

b. Informationsaufnahme des Gehirns

Unser Gehirn ist grundsätzlich darauf ausgerichtet zu lernen. Ein Leben lang. Eigentlich lernen wir andauernd. Der Grund dafür ist, dass unser Gehirn uns schützen möchte, vor Gefahr, vor Krankheit oder anderen für uns Menschen bedrohlichen äußeren Einflüssen. Daher bekommen

28 Schmidt, G. 2010.

wir häufig gar nicht mit, was wir genau lernen, denn unser Gehirn übernimmt das für uns und entscheidet, wie und welche Informationen in unser Gehirn gelangen, dort verarbeitet und abgespeichert werden. Grundsätzlich kennt unser Gehirn drei Arten von Speicher:

- das Langzeitgedächtnis,
- das Kurzzeitgedächtnis und
- das Ultrakurzzeitgedächtnis.

Wie welche Information wohin gelangt und bleibt, hängt davon ab, mit welchen Sinneskanälen wir sie aufnehmen und wie viele unterschiedliche Sinneskanäle beteiligt sind. Jeder von uns kann mühelos nachempfinden, dass viele Dinge, die wir in der Schule lernen mussten, nach kurzer Zeit wieder vergessen wurden, weil wir sie nur mit unserem Kurzzeitgedächtnis erlernt haben. In der Regel befanden wir uns in einem Modus des teilnahmelosen Lernens, ohne Motivation und ohne überhaupt einen Sinn darin zu erkennen, gerade diesen speziellen Inhalt nun zu lernen. Für unser Gehirn denkbar ungünstige Bedingungen, um nachhaltig zu lernen. Aus diesem Grund hat der Lernstoff gerade mal bis zur nächsten Prüfung überlebt und wurde danach wieder vergessen. Für unser Gehirn ein normaler und auch notwendiger Vorgang, denn zu viele Informationen überlasten uns. Haben wir aber nachmittags, nach der Schule beispielsweise, an unserem Mofa herumgeschraubt und es hat uns jemand gezeigt, wie man eine neue Antriebskette einbaut, wissen wir das meistens noch lange Zeit. Und das nicht nur, weil wir es möglicherweise danach öfter wiederholt haben. Nein, auch deswegen, weil dieser Lernvorgang mit viel mehr Sinnen vonstattenging, die es unserem Gehirn allesamt erleichtert haben zu lernen. Da waren die Hände, die das Material, dessen Beschaffenheit, Temperatur, dessen Oberfläche (dreckig, ölig u. ä.) und Gewicht gespürt und ertastet haben. Wir haben sehr ausgeprägte Sinneskanäle in unserem Körper, die von den Fingerspitzen unmittelbar zum Gehirn führen. Was wir also mit den Händen tun, wirkt im Gehirn anders als etwas, das wir lediglich über unsere Ohren aufnehmen. Hätte uns jemand nur erklärt, wie man die Kette wechselt, ohne dass wir es selbst hätten tun können, wüssten wir es nach kurzer Zeit möglicherweise ebenfalls nicht mehr. Aber es sind noch mehr Sinne beim Wechsel, beim aktiven Schrauben an der Kette eines Mofas beteiligt. Der Geruchssinn z. B., wie riecht ein Mofa, wie das Öl, das Werkzeug, wie der Raum, die Garage, die Werkstatt, in der die Arbeit stattfindet? Auch Gerüche werden mitabgespeichert, wenn wir etwas tun. Wir können uns bei vielen markanten Situationen auch an Gerüche erinnern. Dann weiter: Wie ist die Temperatur um uns herum, ist es kalt, warm? Wie ist das Wetter, trocken, nass? Schwitzen wir? Dann: Wie ist unser Gefühl zu dieser Tätigkeit? Sind wir konzentriert, vorsichtig, stolz? Freuen wir uns über jeden geglückten Arbeitsschritt? Und letztlich, wie ist das Gefühl, wenn wir nach erfolgreicher Arbeit mit dem reparierten Mofa wieder durch die Gegend fahren können? Es gibt sogar noch mehr Sinneskanäle, die an Aktivitäten beteiligt sein können, wir belassen es aber an dieser Stelle bei den eben genannten.

Forschungen zum Thema Lernen besagen, dass die Wahrscheinlichkeit des Behaltens von Lerninhalten sehr stark davon abhängt, welche Sinne beim Lernen *wach* sind.

Wir lernen also stets mit mehreren Lernformen gleichzeitig. Die eigene Erfahrung zeigt uns schnell, wo unsere Schokoladenseite liegt.

Informationsaufnahme und Wahrscheinlichkeit des Behaltens:

Selbst machen	90 %
Nacherzählen/erklären	70 %
Hören + sehen	50 %
Sehen	30 %
Hören	20 %

Anhand dieser Zahlen ist klar zu erkennen, dass aktives Tun wesentlich effektiver für nachhaltiges Lernen ist als bloßes Sehen oder Hören. Je mehr Sinneskanäle bei der Informationsaufnahme gleichzeitig angesprochen werden, desto eher werden die Informationen im Gehirn abgespeichert und umso besser können sie wieder abgerufen werden.

Für die Arbeit in und mit Gruppen, als neues Mitglied im Gremium oder Ausschuss bedeutet dies, dass das Hineinwachsen in die Rolle, oder das inhaltliche Lernen der notwendigen Gesetze u. ä. am allerbesten durch aktives Tun funktioniert, sowie durch das Erzählen dessen, was man getan hat, tun möchte, plant oder die gedankliche Reflexion einer Tätigkeit. Es ist also enorm wichtig, eine aktive Beteiligung aller zu ermöglichen, damit alle ins Tun kommen und dabei lernen können. Das kann, wie bereits erwähnt, niedrigschwellig beginnen und sich dann im Schwierigkeitsgrad oder der Komplexität steigern. Es muss das Gefühl erzeugt werden, dass man durch Tun lernt und das dies ein Erfolgserlebnis bringen kann. Erzeugt man jedoch das Gefühl einer permanenten inhaltlichen Überforderung, verhalten sich einige der Beteiligten wie früher in der Schule. Sie kommen, setzen sich dazu, bleiben aber teilnahmslos und passiv.

Wichtige Hinweise für ein individuelles Lernen:

- Ausprobieren (lassen) ist nachhaltiges Lernen.
- Fehler dürfen dabei passieren, denn durch sie lernt das Gehirn zusätzlich, da Fehler starke Lernsignale im Gehirn erzeugen.
- Freiräume schaffen für die Mitglieder des Gremiums, um sich und die Themen ausprobieren zu können.

- Jeder hat mal klein angefangen und ist Schritt für Schritt professioneller geworden.
- Alle interaktiven Lernformen, die viele Sinne ansprechen, wie bspw. Seminare, erhöhen die Möglichkeit des nachhaltigen Lernens, gerade bei schwierigen Themen.
- Gleiches kann aber auch für Arbeitsgruppen im Gremium, interne Klausuren oder Workshops innerhalb des Gremiums gelten.

c. Lernen und wieder Vergessen

Hier schließt sich die Frage an, wie wir lernen können, ohne wieder zu vergessen, oder aber die Frage, warum wir dennoch wieder vergessen?
Je häufiger wir Gelerntes anwenden, umso sicherer ist es, dass wir dies im wahrsten Sinne des Wortes verinnerlichen. Wenn wir Gelerntes nicht in die Anwendung bringen (können), ist die Wahrscheinlichkeit hoch, dass wir das Gelernte wieder vergessen. Unser Gehirn hat deswegen die drei oben genannten Speicherbereiche entwickelt, damit es, und damit wir, von der Fülle der Reize, die jeden Tag auf uns einströmen, nicht überfordert wird und werden. Manche Informationen sind nach kurzer Zeit wieder vergessen, wenn wir diese nicht aktiv aufnehmen und verarbeiten, da es sonst zu einer Überflutung von Informationen kommen würde. Für die Arbeit im Gremium ist demnach wichtig, neben dem, was die Mitglieder lernen können und auch sollen, das Gelernte in Anwendung zu bringen.

Hinweise zum Lernen im Gremium:
- Betriebsräte kommen häufig hochmotiviert aus Weiterbildungen und Seminaren, haben aber vorher nicht geklärt, wie sie ihr neues Wissen aktiv einbringen können.
- Manchmal scheinen sie dadurch die Abläufe oder Routinen des Gremiums zu stören.
- Oft werden sie daraufhin gebremst und auf den Boden der Tatsachen zurückgeholt.
- Dies kann dazu führen, dass sie ihr neues Wissen nicht anwenden können und es deshalb nach relativ kurzer Zeit wieder verpufft.

Tipps für ein gemeinsames Lernen im gesamten Gremium:
- Eine gemeinsame Grundlagenbildung ist unabdingbar, alle benötigen das gleiche Basiswissen über die rechtlichen Grundlagen der Mitbestimmung.
- Eine gezielte, gemeinsam abgestimmte Weiterbildungs-Planung ist sinnvoll, ebenso eine Planung von Ausbau-Wissen.

- Bevor Mitglieder in eine Weiterbildung gehen, kann es sehr hilfreich sein zu klären, wie das neue Wissen konkret in das Gremium eingebracht werden kann.
- Ein kleiner Arbeitsauftrag, wie zum Beispiel eine kleine Präsentation der groben Inhalte des besuchten Seminars in einer der ersten Sitzungen danach, gibt dem Gremium eine Übersicht und vertieft gleichzeitig das Wissen der präsentierenden Person.
- Eine klare Einbindung des neuen Wissens in die Abläufe der Arbeit des Gremiums gibt Raum für die Anwendung und somit die Verfestigung.
- Durch diese Vorgehensweise wird die Kompetenz Einzelner und somit die des gesamten Gremiums nachhaltig erhöht.
- Die Motivation Einzelner steigt, weil sie einen Platz, eine Bedeutung und damit Relevanz für die Arbeit in und mit dem Gremium erlangen.

d. Die vier Kompetenzen beim Lernen

Die Frage, wie wir eigentlich mitbekommen, was wir lernen ist ebenso interessant wie die Frage, wie wir lernen. Lernen ist jeweils eingebunden in den jeweiligen Kontext. Jeder Kontext braucht die dazugehörigen Kompetenzen, um darin fit und erfolgreich agieren zu können. Wenn ich in meinem ursprünglichen Fachgebiet gut bin, bedeutet das noch nicht, dass ich das auch in anderen Fachbereichen bin. Bin ich ein perfekter Einrichter, heißt das (leider) noch nicht, dass ich auch ein wirksamer Betriebsrat bin. Jede Aufgabe in einem neuen Umfeld braucht also wieder neues Handwerkszeug, d. h. das Erarbeiten neuer Kompetenzen.
Wir kennen allgemein vier Stufen von sich entwickelnden Kompetenzen.

1. Unbewusste Inkompetenz

»Ich weiß nicht, dass ich etwas nicht kann, es aber für mein aktuelles Umfeld gerade brauchen würde.«
Es gibt Themengebiete, von denen man noch nie etwas gehört hat, aber auch nicht weiß, dass man davon noch nie etwas gehört hat.

Tipp:
Betriebsräte kommen häufig hochmotiviert und voller Kampfgeist in ein Gremium und sind erstaunt, was alles bedacht werden muss, um Betriebsratsarbeit ins Laufen zu bekommen. Manchmal haben sie noch keine Ahnung davon, auf welchen Gesetzen die Arbeit fußt, und sie wissen nicht, dass sie es nicht wissen. Dies kann dazu führen, dass sie
- die eigenen Möglichkeiten überschätzen;
- Schwierigkeiten und Risiken unterschätzen;
- gar nicht erst auf die Idee kommen, etwas lernen zu müssen.

2. Bewusste Inkompetenz

»Ich merke, dass ich etwas nicht kann, was für meine Tätigkeit aber notwendig wäre.«

Man merkt nun, dass bestimmte Kompetenzen fehlen. Grundsätzlich ist das kein Drama, man kann sie schließlich lernen. Man entscheidet sich, sich fortzubilden.

> **Tipp:**
> Betriebsräte können nun für die Tätigkeit, die sie vorhaben, gezielt Fortbildungen planen, interne Schulungen durchführen, mit erfahrenen Kolleginnen zusammenarbeiten und ihnen dabei über die Schulter schauen, und ähnliches. Wichtig ist die bewusste Entscheidung, sich etwas drauf schaffen zu wollen. Wichtig, zu bedenken ist,
> - dass Unsicherheit am Anfang etwas völlig Normales ist und
> - dass man erst nach den ersten Schritten erkennt, wie groß die Aufgabe ist und was alles dazu gehört.
>
> Wichtig hier: Nicht demotivieren lassen, alle haben einmal am gleichen Punkt gestanden.

3. Bewusste Kompetenz

»Ich weiß nun, dass ich etwas gelernt habe, kann es einsetzen, muss mich dabei aber noch konzentrieren.«

Wissen und Können bezüglich einer Aufgabe steigen. Die Aufgaben erscheinen einfacher als zu Beginn und machen sogar Freude. Man hat eine gewisse Selbstwirksamkeit und die gibt Menschen in der Regel Befriedigung in dem, was sie tun.

> **Tipp**
> Mit dem Anwenden des Gelernten wird die Arbeit leichter und zeigt Erfolge. Man erkennt Sinn in der Tätigkeit.
> - Übung macht den Meister.
> - Was zu tun ist, ist klar, aber noch nicht automatisiert.
> - Eventuell helfen noch Checklisten, kurze Rücksprachen, aber die Betriebsratsarbeit läuft zunehmend routiniert.

4. Unbewusste Kompetenz

»Ich kann die Aufgabe und muss gar nicht mehr groß darüber nachdenken.«

Die Tätigkeit ist in Routine übergegangen. Man ist stabil im Tun und setzt mehr oder weniger intuitiv die erlernten Kompetenzen ein. Die Arbeit fließt, man braucht weniger Zeit, weniger Energie und Erfolge nehmen zu.

Tipp:
Betriebsräte sind nun in der Lage äußerst routiniert und selbstbewusst aufzutreten. Damit erhöhen sie zudem die Macht gegenüber dem Arbeitgeber, durch Kompetenz, Wissen und Erfahrung. Sie erinnern sich nur noch selten daran, dass sie einmal in der ersten Stufe voller Vorsicht und Respekt vor dem, was da kommen mag, begonnen haben. Aber dennoch, gilt es bedenken, dass

- neue Kollegen im Gremium in der ersten Stufe beginnen;
- man sich also ab und zu in diese Perspektive versetzen kann und
- man nicht davon ausgehen soll, dass man nie mehr etwas Neues lernen braucht, denn die Welt dreht sich weiter. Neue Themen liegen an und neues Wissen ist gefragt.

Die bewusste Wahrnehmung dieser vier Schritte der Kompetenzentwicklung helfen dabei, den riesigen Berg an Wissen und Erfahrung, der vor einem zu liegen scheint, in kleinere und überschaubare Schritte einteilen zu können. Man muss zu Beginn nicht direkt alles können. Man kann sich auf andere verlassen. Man kann Lernprozesse realistisch einschätzen und versteht besser, warum man gerade zu Beginn der Kompetenzentwicklung häufig noch frustriert ist. Man kann aber auch nachvollziehen, dass es die Zeit geben wird, in der man auf dem Gipfel ankommen wird. Und das ist ermutigend. Es geht also darum, gut zu beginnen und Schritt für Schritt weiterzumachen.

VI. Der Umgang mit Problemen und Konflikten

1. Der Unterschied zwischen Problem und Konflikt

Ein Problem ist in der Regel ein Thema, das von außen an eine Gruppe herangetragen wird und zu dem die Gruppe, weil sie Teil eines Kontextes ist und diesen bearbeitet, aufgefordert ist, eine Reaktion zu zeigen oder eine Lösung anzubieten. Im Betrieb können das alle Themen sein, die ein Betriebsratsgremium im Sinne der Mitbestimmung bearbeiten kann und soll. Ein Problem ist weniger emotional als ein Konflikt und oft sind Lösungen einfacher zu finden, weil sie nicht ins tiefere Innere eines Menschen greifen, was bei Konflikten oft der Fall ist. Probleme können aber auch innerhalb eines Gremiums entstehen, sind aber häufig auf der organisatorischen oder inhaltlichen Ebene zu lösen. Die Beziehungsebene zwischen den Beteiligten spielt dabei eher eine weniger ausschlaggebende Rolle.

Konflikte entstehen innerhalb einer Gruppe in der Regel aus Differenzen zwischen den Interessen, Bedürfnissen und Werten der beteiligten Personen. Ein Konflikt bekommt deshalb große Bedeutung, weil die Gruppe ein gemeinsames Ziel verfolgt und deren Engagement für dieses Ziel mit Energie- und Zeitaufwand verbunden ist. Man ist also miteinander verbunden. Konflikte können auch aus zwischenmenschlichen Dynamiken entstehen, wie z. B. persönlichen Beziehungsstörungen zwischen Beteiligten, Kämpfen um Aufgaben, Rollen, Status oder Arbeitsweisen. Konflikte werden häufig emotional geführt und brauchen mehr Aufwand und Energie für deren Lösung. Oft ist eine eindeutige Lösung für beide Konfliktparteien nicht möglich. Für nur eine Seite schon eher, aber dann wäre die andere Seite mitzunehmen, was schwierig ist, denn genau das ist ja eben oft das Konfliktthema.

Ein Problem kann mit Routine, Erfahrung oder mit erprobten Mitteln gelöst werden und eine hohe emotionale Beteiligung ist zur Lösungsfindung nicht notwendig. Ein Konflikt wird hingegen meistens unter emotionaler Beteiligung geführt, sowie eine Lösung unter emotionaler Beteiligung gesucht wird. Kaum ein Konfliktlösungsgespräch, auch nicht mit Hilfe einer Moderation durch eine neutrale Person, wird ohne emotionale Beteiligung laufen.[1]

Hier haben wir es bereits mit einem ersten großen Missverständnis zu tun, das häufig in der Beschäftigung mit Konflikten in Seminaren oder Fortbildungen oder der Literatur zu finden ist, nämlich, dass ein Konfliktlösungsgespräch quasi wie ein neutrales, völlig neu angesetztes Gespräch geführt werden kann, so, als ob es den heißen Teil des Konflikts vorher nie gegeben hätte. Nur weil das Label Konfliktlösungsgespräch angeheftet wird, würde es harmonisch verlaufen, sachlich und kontrolliert. Ein Konfliktlösungsgespräch wird nie linear, logisch oder optimal verlaufen. Es wird immer Turbulenzen geben. Es geht dabei auch nicht um ein schönes Gespräch, sondern am Ende geht es um Machbarkeit. Pragmatische Lösungen sind besser als perfekte Lösungen.

Grundsätzliche Annahmen über Konflikte:

- Konflikte sind fester Bestandteil der menschlichen Existenz.
- Konflikte sind komplexe Vorgänge im Denken, Fühlen und Handeln, nicht linear und deren Verläufe stets unvorhersehbar.
- Es gibt keine einheitliche Theorie über alle Arten von Konflikten. Konflikte entwickeln eine jeweilige Eigendynamik.
- Es gibt keine einheitliche Methodik der Konfliktbearbeitung. Jede Eigendynamik braucht eine jeweils individuelle Bearbeitung.
- Eine hilfreiche Grundhaltung wäre: inhaltliche Differenzen aufzeigen und klären, aber gleichzeitig menschliche Verbindungen erhalten oder schaffen.
- Eine Kernkompetenz zur Konfliktanalyse wäre: für die Organisation nötige Konflikte von unnötigen Konflikten unterscheiden zu können.

a. Ist eine problem- oder konfliktfreie Zusammenarbeit überhaupt möglich?

Hier kommen wir zum zweiten großen Missverständnis, das immer wieder vorzufinden ist, wenn das Thema Konflikte angesprochen wird. Wir gehen davon aus, dass nur die konfliktfreie Zusammenarbeit die einzige erfolgsversprechende Form der Kooperation in Organisationen ist. Konflikte stören oder zerstören und Harmonie ist Hauptbestandteil einer unbedingt zu erreichenden Teamkultur.

---

1 Baschab, F. 2021.

Eine zu starke Betonung von Harmonie kann jedoch zum »Wärmetod«[2] einer Gruppe führen. Notwendige Konflikte werden nicht mehr ausgetragen und die Gruppe verliert an Bedeutung, weil sie deswegen keine Ergebnisse mehr erreicht. Das Gegenteil muss der Fall sein. Konflikte und deren Austragung sind notwendige Potentiale für Entwicklungen und Verbesserungen. Sie gehören zum Leben dazu und somit auch zur professionellen Kooperation.[3] Sie lösen Starre, bringen neue Ideen, Innovation und Veränderung. Es gibt sie nicht, die konfliktfreie Zusammenarbeit. Da, wo Menschen zusammenkommen, an gemeinsamen Themen arbeiten und Herzblut investieren, gibt es zwangsläufig Reibungen und Konflikte.

Die Frage ist also gar nicht die, Konflikte zu vermeiden oder konfliktfrei zu arbeiten. Dort, wo viele Konflikte geklärt werden, sind nicht die schlechtesten Gruppen unterwegs. Auch hier ist wieder das Gegenteil der Fall. Die Tatsache, dass in einer Gruppe viel gestritten wird, sagt etwas darüber aus, dass in dieser Gruppe Konflikte diskutiert werden, was jedoch keine Aussagekraft darüber hat, wie die Qualität der Ergebnisse der Gruppe ist. Es ist wahrscheinlich so, dass diese Gruppe sehr gute Ergebnisse erzielt, gerade weil um die besten Ergebnisse gestritten wird.[4] Da, wo viel gestritten wird, werden Konflikte eher gelöst als da, wo sie vermieden werden. Schwelende, ungelöste Konflikte hemmen Engagement und Kreativität und können deswegen die Zusammenarbeit und das Erreichen von Ergebnissen enorm behindern.

b. Eine neue Denkweise

Doch woher kommt unsere Abneigung, Konflikte als etwas positives zu erleben? Dies hat wiederum mit den Erlebnissen in unserer Sozialisation zu tun und mit den inneren Mustern, die wir daraus abgeleitet haben.[5] In den meisten Fällen haben wir als Kinder, wenn unsere Eltern oder unsere Bezugspersonen in einem heftigen Streit waren, das Gefühl starker Unsicherheit erlebt, wie der Streit die Entwicklung der Familie beeinträchtigen könnte. Wir konnten als Kinder die Tragweite oder Konsequenzen eines Streits unserer Eltern nicht abschätzen, nicht einordnen. Uns fehlte die Erfahrung, die Übersicht und wir fühlten Hilflosigkeit. Wir haben, gerade, weil Kinder in einer starken emotionalen Beziehung zu

2 Edding, C./Schattenhofer, K. 2009, S. 37.
3 Vgl. Sprenger, R. K. 2022.
4 A. a. O.
5 Vgl. Eidenschink, K. 2024.

ihren Eltern stehen, oft mit schlimmen Folgen gerechnet, fühlten Angst über die gemeinsame Zukunft. Wir haben somit abgeleitet, dass Konflikte etwas Unangenehmes sind und es besser wäre, sie würden nicht existieren. Nur die Familien, in denen gestritten und sich in gleichem Maße wieder vertragen wurde, boten Kindern die Lernchance, dass Konflikte etwas Förderliches sein können und man lernen kann, sie zuzulassen oder zu nutzen. Es hängt also davon ab, welche eigenen Erfahrungen wir mit Konflikten und deren Lösungen gemacht haben, und wie wir daraus gelernt haben, später mit eigenen Konflikten umzugehen. Ob wir gut und mit einem sicheren Gefühl zu streiten gelernt haben, oder ob wir gelernt haben, Streit bedeutet Unsicherheit, die Möglichkeit einer Trennung oder des Verlassenwerdens.

Dementsprechend treffen wir heute Menschen, die unterschiedliche Formen der Auseinandersetzung gelernt und verinnerlicht haben. Jeder Mensch hat eine jeweils eigene, tiefe Erfahrung im Umgang mit Konflikten und greift im Konfliktfall auf diese ureigenen Muster zurück. In aller Regel geschieht dies unwillkürlich, also nicht wissentlich, da im Konfliktfall das limbische System aktiv ist, was schneller reagiert als unser Verstand.[6]

Wir brauchen also, um in Gruppen Konflikte auf einem für alle machbaren Level lösen zu können, eine gemeinsame Sichtweise auf das Thema Konflikte und deren Bedeutung für die Zusammenarbeit. Weiterhin braucht es eine gemeinsame Verabredung darüber, wie Konflikte gelöst werden können, mit welchen Mitteln, was dabei geschehen soll, was nicht und welche gemeinsamen Instrumente angewendet werden sollen. Gruppen brauchen gemeinsame Konfliktlösungsstrategien für den Fall eines Streits, sonst nutzt jede beteiligte Person ihre eigenen inneren Muster. Diese sind sehr unterschiedlich und führen zwangsläufig zu unterschiedlichen Austragungsformen, was einen Konflikt zusätzlich kompliziert macht, da ein unbewusster Kampf darüber entsteht, wie gestritten wird und nicht mehr nur darüber, über was gestritten wird.

Zusammenfassung zum Thema Konflikte in Organisationen:

- Es gibt nicht die konfliktfreie Organisationsform.
- Konflikte sind Ausdruck der Notwendigkeit einer Weiterentwicklung.
- Mit deren Hilfe bleiben Organisationen lebendig und überlebensfähig.
- Die Anzahl von Konflikten in Gruppen sagt nichts über die Qualität der Gruppe aus, sondern über die Art und Weise, wie sie ausgetragen werden.

---

6 Vgl. Kapitel V. 4. a.

- Die Entwicklung einer konstruktiven Streitkultur ist für Gruppen überlebenswichtig.
- Es ist notwendig Konflikte dort auszutragen, wo es eine gemeinsame Zukunft gibt.

Da, wo Konflikte nicht ausgetragen werden, kommt es zudem zu dem berühmten *Hintenrum-Reden*. Weil nicht direkt mit der Konfliktpartei gesprochen wird, man aber dennoch eine Bestätigung sucht, dass man mit seiner Meinung richtig liegt, während die andere Person unrecht hat, sucht man Kontakt zu anderen Personen, in der Hoffnung, von diesen Bestätigung zu bekommen. Meistens tun die Leute einem dann auch den Gefallen. Auch sie wollen keinen Konflikt, obwohl sie einer anderen Person wiederum etwas ganz anderes bestätigen. Es kommt zu einem bunten und munteren *Übereinander-Reden*, in allen Formen und Facetten. Miteinander streiten wird dadurch aber nicht gelernt, obwohl man annimmt, dass das *Übereinander-Reden* hilfreich wäre.
Ein wichtiger erster Schritt, um besser streiten lernen zu können, wäre eine kleine Selbstreflexion zum eigenen Konfliktverhalten und zur eigenen Haltung gegenüber Konflikten. Aus dieser Analyse können Schlussfolgerungen für ein Weiterlernen zu diesem Thema gezogen werden. Eine ähnliche Analyse könnte dann auch im gesamten Gremium durchgeführt werden.

Analyse des Konfliktverhaltens:
Wie ist mein Verhalten in Konflikten, nehme ich Konflikte an und versuche zu Lösungen zu kommen oder vermeide ich Konflikte lieber?

- In welchem Kontext das eine, in welchem das andere?
- Wie verhält sich unser Gremium, wenn es zu Konflikten kommt? Werden sie aufgegriffen und gelöst oder werden sie vermieden?
- Welche gemeinsame Absprache haben wir dazu bereits? Wie wollen wir künftig Konflikte im Gremium oder in den Ausschüssen lösen?
- Haben wir gemeinsame Techniken dazu? Sollten wir uns gemeinsam zu verwendende Techniken aneignen? Wenn ja, wie machen wir das genau?
- Was wäre unser Zielbild hierzu? Wie möchten wir in Zukunft streiten? Wie nicht mehr?

2. Konflikte in Gruppen und Organisationen

a. Wie zeigen sich Konflikte

Jeder Mensch in einer Gruppe sieht die Situation der Zusammenarbeit in der Gruppe aus seiner eigenen Sicht, mit seinen Hintergründen, Erfahrungen, Interpretationen und glaubt, dass dies die Wirklichkeit, die Realität, dieser Gruppe sei. Fragt man eine andere Person aus derselben Gruppe, kann eine völlig andere Beschreibung erfolgen. Prozesse der Wahrnehmung erzeugen innere Reaktionen, wie z. B., wenn ich mich im Halbdunkel auf der Terrasse über ein Stück Seil erschrecke, weil ich eine Schlange erahne, obwohl ich weiß, dass es in unseren Breiten eigentlich keine gefährlichen Schlangen gibt. Der Körper reagiert aber dennoch mit Amygdala-Reaktionen.[7] Genauso schnell können innere Reaktionen auf eine Aussage einer Person z. B. im Gremium erfolgen. Auf das, was ich aus den Aussagen heraushöre, was ich vermute und was das bei mir auslöst.
Kommunikation birgt immer die Gefahr schwierig und missverständlich zu sein. Sehr schnell können wir in der Zusammenarbeit mit anderen Menschen dorthin kommen, dass wir nicht mehr nur Aussagen von Ihnen bewerten, sondern gleich die gesamte Person. Wenn ich an eine bestimmte Sache häufig denke, und sei es eine Annahme oder Hypothese über jemanden oder etwas, dann werden diese Annahmen im Gehirn zu festen Bahnen verbunden. Genauso wie wir ein Gedicht oder ein Gesetz lernen, wird die Annahme über jemanden oder eine Sache als etwas »Gelerntes« abgespeichert und irgendwann glauben wir, diese Annahme sei die Realität. So ist es zu erklären, dass manche Leute mit voller Überzeugung die abstrusesten Dinge glauben, obwohl es überhaupt keine objektiven Beweise für diese »Tatsache« gibt. Ebenso können Menschen feste Meinungen über andere haben, obwohl sie nur ein paar Aussagen von Ihnen gehört haben, nie aber die Person dahinter wirklich kennen gelernt haben.
Generell kann man sagen, dass es »die Wirklichkeit« einer Situation nicht gibt. Es gibt stets unterschiedliche Sichtweisen sowie das eigene Verstehen einer Situation durch die jeweilige Person. Und diese »Wirklichkeiten« mehrerer Personen können in einigen Bereichen weit auseinander liegen.

7 Vgl. Kapitel V. 4. a.

> **Hinweis:**
> Die meisten Konflikte in Organisationen entstehen aufgrund falscher Interpretationen oder Vermutungen über Dinge, die von anderen gemacht oder gesagt wurden.

Ebenso können diese unterschiedlichen »Wirklichkeiten« innerlich mit völlig unterschiedlichen Bewertungen belegt werden, z. B. was für den einen noch normal ist, ist für eine andere Person bereits sehr ärgerlich.

> **Beispiel für unterschiedliche Wahrnehmungen in einer Sitzung:**
> - So kann z. B. eine Situation im Gremium, in der ein Kollege/eine Kollegin von der Sitzungsleitung stark eingebremst wird, von unterschiedlichen Beobachtern unterschiedlich wahrgenommen werden. Dem Kollegen/der Kollegin gegenüber Wohlgesonnene bewerten das Einbremsen anders als Kollegen, die seine/ihre langen und ausufernden Beiträge sowieso schon länger stören. Eine dritte Person wiederum könnte sich lediglich am strengen Ton der Sitzungsleitung stören, weil sie dies aus ihrem eigenen Fachbereich so nicht gewohnt ist. Einer wiederum anderen Person ist der Ton noch nicht scharf genug, sie hält die Sitzungsleitung für zu weich und nicht stringent genug.
> - Dies ist ein gutes Beispiel dafür, wie wichtig es ist, gemeinsam z. B. über Regeln und Formen der Moderation von Sitzungen zu sprechen und immer wieder dazu in gemeinsame Rückmeldeschleifen zu gehen, damit die Moderation Sicherheit bekommt.
> - In diesem Fall können Konflikte tatsächlich vermieden werden, weil eine gemeinsame Vorgehensweise besprochen werden kann. Sollten dennoch wieder Konflikte über die Moderation entstehen, kann darauf verwiesen werden, dass dies bereits geklärt wurde und eigene Störungen dazu auszuhalten wären. Es wurden also individuelle Wahrnehmungen nebeneinandergelegt und zu einer gemeinsam geteilten Vorgehensweise zusammengeführt.
> - Genauso könnte auch mit anderen sog. heißen Eisen verfahren werden, zu denen man durch Vereinbarungen gemeinsame Formen des Umgangs mit Störungen und damit mit möglichen Konflikten festlegen kann.

b. Konfliktarten

Was ist überhaupt ein Konflikt? Wann sprechen wir davon? Es gibt keine einheitliche Theorie, die alle Arten und Formen von Konflikten erfassen und beschreiben kann. Zudem gibt es keine einheitliche Definition, was überhaupt ein Konflikt ist. Eine nachvollziehbare Beschreibung, was einen Konflikt ausmacht, ist die folgende:[8]

> Ein Konflikt entsteht in der Regel aus einer wiederholten Verneinung einer Person zu einer wiederholten Verneinung einer anderen Person zu einem gemeinsamen Thema.

Eine Person fühlt sich beispielsweise durch eine Verhaltensweise einer anderen Person gestört und spricht sie an. Die andere Person negiert die Kritik und lehnt sie ab. Die erste Person gibt sich damit aber nicht zufrieden und verneint sozusagen die Rückweisung, was diese Person wiederum zurückweist, also verneint. Ein Kreislauf entsteht, der möglichweise in eine Eskalation führen kann.

Ein anderes Beispiel wäre, dass eine Person im Urlaub gerne zu Hause bleiben würde, während eine andere Person gerne verreisen würde. Eine Person lehnt also die Reise ab, durch das Neinsagen, die andere Person lehnt durch das Neinsagen das zu Hause bleiben ab. Gibt es hier kein Nachgeben oder keinen Kompromiss, kann auch diese Situation in einem Streit münden. Es kann eine Eskalationsdynamik entstehen, in der dann zusätzlich noch ganz andere Argumente ausgetauscht werden als nur für/gegen das Ziel des Urlaubes, wie z. B.: »Nie hörst du auf das, was ich will!«, oder: »Immer musst du dich durchsetzen.«

Im Gremium können Konflikte nach dem gleichen Prinzip beginnen und in eine Eskalation gelangen. Dabei können verschiedene Themen zu einem Konflikt führen, wie z. B. die Strategie zu einem Thema oder härtere Argumente gegenüber dem Arbeitgeber. Ein Konflikt besteht meistens nicht nur rein auf z. B. der strukturellen Ebene, ohne dabei auch etwa die Beziehungsebene zu betreffen. Ein Zielkonflikt kann immer auch einhergehen mit unterschiedlichen Wertevorstellungen. Die folgende Abbildung zeigt, welche unterschiedlichen Konfliktthemen in Gremien denkbar sind, aber auch, dass am Ende fast immer die Beziehungsebene betroffen sein kann.

8 Vgl. Eidenschink, K. 2024; und Simon, F. B. 2010.

Abb. 7: Unterschiedliche Konfliktarten (eigene Darstellung)

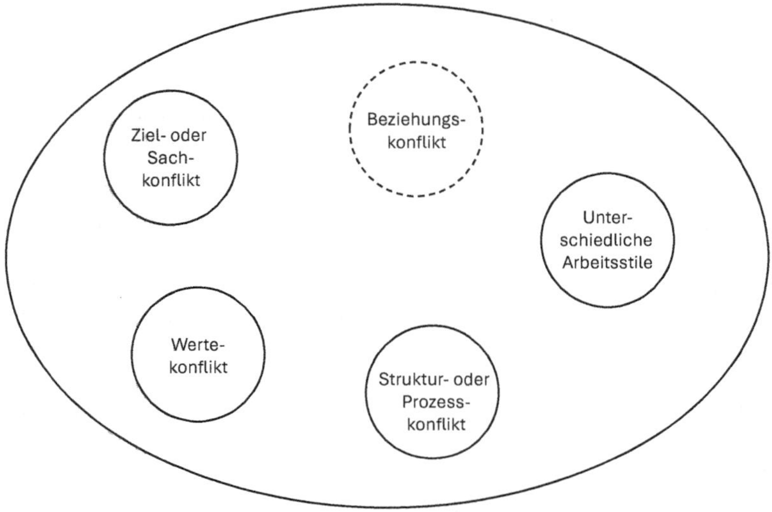

c. Der Verlauf von Konflikten

Wie verlaufen Konflikte und wie kommt es zur Übertragung auf die Beziehungsebene? Häufig geschieht folgendes: Zwei oder mehrere Beteiligte erleben im Konfliktfall Sachverhalte wechselseitig unterschiedlich (Wahrnehmungen), bewerten diese unterschiedlich und schätzen die Unterschiede dabei so ein, dass sie das jeweils *Eigene* bedrohen. Die eigenen Wünsche, Interessen oder Bedürfnisse sind in Gefahr. Man möchte das *Eigene* erhalten und durchsetzen, dies wird aber verhindert, weil die andere Person ihr *Eigenes* ebenso umsetzen will. Man geht davon aus, die eigene Position kann nur gesichert werden, wenn die andere Person ihre Wünsche oder aber sich selbst ändert. Dies führt dazu, dass man sich vom Verhalten des anderen abhängig macht, denn ohne sie gäbe es den Streit ja nicht. Dieses Abhängigkeitsverhältnis ist Basis für aufkommende Emotionen, wird aber meist nicht zugestanden, weder gegenüber sich selbst noch gegenüber der anderen Person. Das Abhängigkeitsverhältnis ist jedoch vorhanden, denn zur Lösung braucht es beide Seiten. Eine Konfliktdynamik[9] beginnt, wenn geschlussfolgert wird, dass eine Lösung nur dadurch erreicht wird, dass die andere Partei ihre Position

9 Vgl. Schmidt, G.: Hypnosystemische Konzepte für Konfliktberatung und Mediation – innere und soziale Konflikte als Chance., *www.meihei.de.*

verändert, oder dadurch, dass man die eigene aufgeben muss. Dies führt zu dem Erleben, bedroht zu sein und letztlich, sich intensiver verteidigen zu müssen. Die Folge ist ein Kampf: »Es kann nur ein *Richtiges* geben, meins!« oder aber die Vermeidung: »Ist mir zu blöd!«, aber ohne einen inneren Frieden damit zu erreichen, denn der Konflikt schwelt weiter, denn man ist ja dennoch verbunden und abhängig, was in der Regel lange an einem nagen kann.

Menschen, die sich stark bedroht und abgewertet fühlen, reagieren aus einem »Gefahren-Kontext«[10] heraus. Ein tief in uns verankertes Überlebensmuster. Eigene Beiträge im Konflikt dienen deshalb immer dem Selbst-Schutz der eigenen Interessen, Bedürfnisse oder Werte. Angriffe auf die andere Person erfolgen aus dem Motiv dieses Selbstschutzes heraus. Dies wird von der anderen Person jedoch nicht als solches wahrgenommen. Sie fühlt sich selbst angegriffen. Ein Gleichziehen einer Argumentation einer bis dahin noch unterlegenen Position wird von der anderen Person als Eskalation wahrgenommen.[11] Eine Eskalation entsteht also, weil beide sich eigentlich selbst schützen wollen.

Zur Lösung des Konfliktes werden Veränderungen des Verhaltens durchaus gewünscht, jedoch hauptsächlich bei der anderen Person. Die *eigene* Konfliktwahrnehmung,[12] recht zu haben und der andere nicht, wird dabei innerlich stabilisiert und man gerät in einen sog. »Konflikt-Tunnel«, d. h. der Aufmerksamkeitsfokus geht dabei nach innen zu den eigenen Interessen und Gefühlen und zurück in die Vergangenheit (»Immer schon hast du …«). Damit wird ein starkes Misstrauen aufgebaut (»Ich glaube ihm kein Wort mehr.«) und Hypothesen über die Absichten des anderen werden erstellt (»Der will doch nur, dass ich …« oder »Der macht das nur, um mich zu ärgern!«). Dies wird wiederum verbunden mit starken Emotionen (Wut, Ärger, …), Verallgemeinerungen (»Immer machst du«, »Nie hast du …«) bis hin zu körperlichen Reaktionen. Das Blut kocht hoch, das Herz rast, das Gesicht wird rot. Zusätzlich entsteht ein verändertes Gefühl des eigenen Alters-, Größen- und Raumerlebens. Man fühlt sich auf einmal möglicherweise wie als Kind, klein und eingeengt. Die bisher schützenden eigenen Grenzen werden als gefährdet erlebt, was wiederum zu weiteren heftigen Angriffen führen kann. Allerdings, wie bereits gesagt, aus dem Motiv heraus, sich eigentlich schützen zu wollen. Man erlebt zudem eine Quasi-Zeitlosigkeit, alles schießt sich auf diesen Moment ein, als gäbe es keine gemeinsame gelungene oder schöne Ver-

---

10 Ebenda.
11 Vgl. Simon, F. B. 2010.
12 Vgl. Schmidt, G. a. a. O.

gangenheit und auch keine gemeinsame Zukunft. Ein Kampf genau im Moment, den es zu gewinnen gilt, entbrennt. Es kommt zum Einnehmen einer fundamentalen, stark polarisierenden Position und zu einer stark anklagenden, abwertenden und beleidigenden Kommunikation.

d. Die Konfliktklärung

Für eine Konfliktklärung ist es, wie bereits erwähnt, hilfreich, eine gemeinsame Vorgehensweise zu nutzen. Existiert diese gemeinsame Vorgehensweise nicht, nutzen, wie bereits weiter oben erwähnt, die Beteiligten ihre eigenen inneren, im Laufe ihrer Sozialisation erlernten Muster. Das bedeutet, dass es unterschiedliche Streit-Muster gibt und dass diese möglichweise, wiederum zum Thema des Konflikts werden.

Beispiele für Streitmuster:
- Das-letzte-Wort-haben-Müssen;
- Beleidigungen mit der Absicht, sich selbst zu erhöhen, den anderen erniedrigen;
- bewusste Falschbehauptungen, Lügen und Ausflüchte;
- konsequent das Gegenteil des vom anderen Gesagten behaupten;
- massive Drohungen, ohne eine wirkliche Macht dahinter;
- massive Angriffe auf die gesamte Person des Gegenübers;
- Generalisierungen und Übertreibungen, falsche Behauptungen;
- Verwendung möglicher Argumente anderer Autoritätspersonen.

Aber auch:
- Rückzug (beleidigt oder aggressiv, z. B. Türen knallen);
- Schreien, Brüllen;
- Kontaktvermeidung, aus dem Weg gehen;
- Völliger Abbruch des Kontakts;
- Gewalt gegenüber Dingen;
- Gewalt gegenüber der anderen Person.

Die Frage, die sich für die Konfliktaustragung im Gremium stellt, ist die, ob die Beteiligten im Gremium über geeignete Muster der Konfliktregulierung verfügen und ob sie der Meinung sind, dass ihre Kenntnisse ausreichen, um zu einer zukunftsorientierten Lösung zu kommen. Da, wo Gruppen qua Gesetz (Gremium, Ausschuss) eine gemeinsame Zukunft gestalten müssen (Mitbestimmung), sollten sie in die konstruktive Konfliktaustragung gehen, sofern sie nicht zerfallen möchten. Eine weitere wichtige Frage ist die, ob alle Beteiligten überhaupt an einer Lösung interessiert sind, oder ob es eine Partei oder Parteien gibt, die eher ein Interesse an der Aufrechterhaltung des Konfliktes haben. In demokratischen Wahlkämpfen z. B. kann dies für Einzelne oder Gruppen durchaus Sinn ergeben. Die sich daran anschließende Frage ist die, ob sich eine Konfliktaustragung derzeit gerade lohnt oder ob der Konflikt gerade Teil der Arbeit ist oder sein soll.

Eine letzte Frage, die sich im Zusammenhang mit einer Konfliktaustragung in einem Gremium stellt, ist die, ob eine externe Unterstützung bei der Lösung oder beim gemeinsamen Training und Einüben neuer Konfliktlösungs- und Kommunikationskompetenzen sinnvoll wäre. Ohne externe Unterstützung kann eine Gruppe in ihre alten, möglicherweise nicht funktonalen Streitmuster zurückfallen und sie kann keine neuen Techniken lernen oder neues Wissen zum Thema Konfliktlösungen erhalten.

Die folgende Abbildung zeigt, wie sich eine Konflikteskalation in ihrer Dynamik steigern kann. Beginnend bei Spannungen über ungeklärte Ansichten oder Themen, über gegenseitiges Missverstehen bis hin zu gegenseitigen Abwertungen oder einer Trennung. Ebenso zeigt die Grafik Auswege. Manchmal ist es sogar notwendig, Spannungen bewusst zu *eskalieren*, damit sie besprochen werden können, d. h. es kann absolut hilfreich sein, ein Thema anzusprechen, bevor es hochkochen kann. Meistens können wir hier unserer Intuition gut vertrauen. Die Grafik zeigt zudem, dass es zur Deeskalation von Konflikten, da wo eine Trennung nicht möglich ist, die Wiederherstellung einer Gesprächsmöglichkeit geben muss. Ziel ist stets die Vereinbarung einer gemeinsamen Zukunft. Der pragmatische Mittelweg ist der bewusste und geübte Disput über alle strittigen Themen, bevor sie eskalieren können.

Abb. 8: Eskalationsebenen der Konfliktaustragung/ Ausstiegsmöglichkeiten[13]

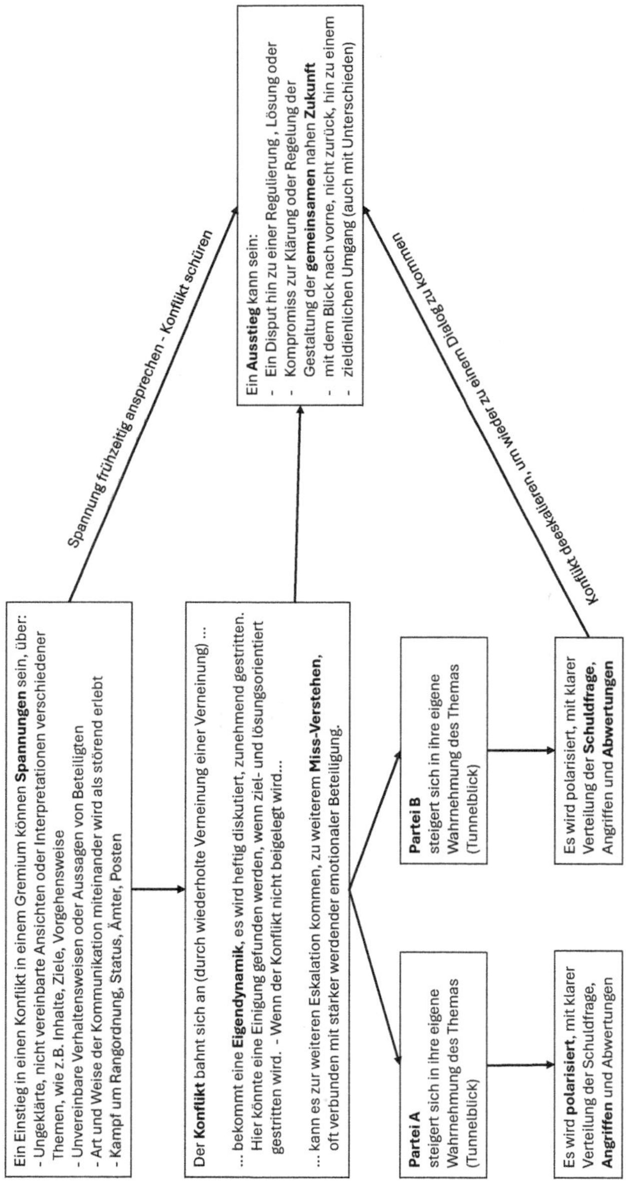

13 Eigene Darstellung; frei nach Pondy, L. R. und Eidenschink, K.

Ein zieldienliches konstruktives Konfliktmanagement vermeidet den intensiven und detaillierten Blick in die Vergangenheit. Untersuchungen zu Zeugenaussagen bei Verkehrsunfällen haben gezeigt, dass Augenzeugen sich, in einem größer werdenden zeitlichen Abstand zum beobachteten Unfall, unterschiedlich erinnern. Es ist irgendwann fast nicht mehr möglich, einen neutralen, objektiven Hergang des Beobachteten zu schildern. Jede Version der Aussagen unterscheidet sich von den vorherigen. Ähnlich verhält es sich bei der rückwirkenden Betrachtung von Streit. Dadurch, dass beide Parteien aus ihrem jeweiligen Tunnelblick heraus die Vergangenheit beschreiben, muss es zwangsläufig zu unterschiedlichen Darstellungen kommen. Es kann keine neutrale gemeinsame Sichtweise geben, es sei denn, beide Parteien sind ausdrücklich dazu bereit mit einer wirklich neutralen Haltung der jeweiligen Version des anderen zuzuhören und diese auch aufzunehmen.
Eine Ausnahme kann dadurch gemacht werden, dass sich die Beteiligten je nach Thema und Intensität darüber aussprechen, welche Verletzungen man sich gegenseitig zugefügt hat, welche Auswirkungen diese haben oder hatten und was man diesbezüglich für die Zukunft nicht mehr zulassen möchte.

Die wichtigsten Fragen sind also nicht:

- »Was war die Ursache?«,
- »Was ist das Problem?«,
- »Wer ist schuld?«;

sondern:

- »Was ist eine für unsere gemeinsame Zukunft sinnvolle und zieldienliche Weiterentwicklung?«,
- »Was brauchen wir neu?«,
- »Wie können wir trotz vorhandener Unterschiede zu verschiedenen Themen gut zusammenarbeiten?« (sowohl – als auch).

Der Sinn von Kooperation in Gruppen entsteht aus der angestrebten Zukunft, den Zielen, dem Grund des Zusammenkommens, um Probleme, die kommen werden, gemeinsam zu lösen. Es ist wesentlich effektiver, sich beim Aufkommen von Spannungen und Konflikten auf diese Fragen zu fokussieren, anstatt sich mit andauernden Schuldfragen oder Vorwürfen zu überziehen oder aber in zu detaillierten, sinnlosen, ausführlichsten Konfliktanalysen.
Eine Reihenfolge einer Konfliktregulation durch die Bearbeitung verschiedener Konfliktfelder in einer festgelegten Reihenfolge macht ohnehin wenig Sinn, denn kaum jemand ist derart diszipliniert im Streiten, dass man nur rein inhaltlich, nur rein über Strukturen oder Prozesse oder

Werte streiten kann, ohne dass dabei aufkommende Emotionen eine beeinträchtigende Rolle spielen würden. Alle Themen tendieren dazu, zu einem Konflikt auf der Beziehungsebene werden zu können. Es sei denn, die Austragenden verfügen über viel Erfahrung und Routine und können aufkommende Gefühle regulieren.
Starten kann eine Konfliktlösung damit, dass zuerst über die gewünschte Zusammenarbeit für die Zukunft gesprochen wird, über die Art der Beziehungsgestaltung und Wünsche zur Kommunikation. Danach kann eine Liste der Detail-Themen erstellt werden, die danach Schritt für Schritt besprochen wird. Aber wie bereits erwähnt, stets mit dem Blick nach vorne und mit dem Blick, ob die Beziehungsebene die Erarbeitung von Lösungen mittragen kann. Die Beziehungsebene kann von allen Konfliktursachen betroffen sein, alle berühren und ist deswegen stets bei allen Gesprächen über eine Lösung mit zu beobachten bzw. zu regulieren.
Die **übergeordneten Ziele (Meta-Ziele) eines Konfliktlösungsverfahrens**, die mit beiden Seiten besprochen werden sollten, sind:

- Beide Seiten erleben Sicherheit im Verfahren.
- Unterschiede werden nicht bekämpft, sondern können als Vielfalt erlebt werden.
- Ziel kann ein optimal zieldienlicher Umgang mit Unterschieden sein.
- Eine gemeinsame Vereinbarung zu gemeinsamen künftigen Kommunikations- und Kooperationsmustern wird festgehalten.
- Keine gegenseitigen Blockaden, sondern eine akzeptierte Co-Existenz trotz möglicher Unterschiede.
- Das Gefühl von Win-Win-Ergebnissen.

Hilfreiche Gesprächstechniken für ein Konfliktklärungsgespräch:

- Gemeinsam die Regeln, die angewandt werden sollen, besprechen (z. B. wirkliches zuhören und ausreden lassen), aber ohne hier bereits in den Konflikt einzusteigen.
- Ich-Botschaften verwenden; Du-Botschaften, Angriffe, Unterstellungen und Abwertungen unterbinden.
- Die Verwendung konstruktiver Gesprächstechniken.
- Die Förderung der Bereitschaft, die Perspektive des anderen zu verstehen.
- Gemeinsamkeiten fokussieren und festhalten, nicht auf Trennendem herumreiten, sondern dies isolieren.

Aber auch: Ehrenrunden einplanen und zulassen, denn diese werden geschehen. Alle Beteiligten lernen Stück für Stück hinzu, machen jedoch auch Fehler. D. h., es kann nie eine hundertprozentige Garantie dafür geben, das ein Lösungsgespräch erfolgreich ist. Es ist gut möglich, das abgebrochen werden und ein neuer Anlauf gestartet werden muss; und das möglicherweise mehrfach.

e. Weitere Konfliktbeendigungsformen

Neben dem, dass man im Konfliktfalle wirklich zum *aller Äußersten* greifen muss, wirklich zum *aller Äußersten*, nämlich dem **Miteinanderreden**, gibt es noch weitere Konfliktbeendigungsformen, auf die hier noch kurz eingegangen werden soll.

Es ist durchaus denkbar, dass eine Form der Konfliktbeendigung eine **Trennung** sein kann. Wenn alle Bemühungen fruchtlos geblieben sind, alle Gespräche und alle zusätzlichen Maßnahmen ohne Ergebnis, dann kann eine Trennung eine für alle Beteiligten sinnvolle, wenn auch schmerzhafte Lösung sein. Auch ein Mitglied eines Betriebsratsgremiums kann wegen grober Pflichtverletzung im Amt auf Antrag des Betriebsrates aus dem Gremium entfernt werden. Das ist kein einfacher Schritt und es braucht am Ende einen Gerichtsbeschluss. Dieser Schritt ist aber möglich und vom Gesetzgeber vorgesehen und wird in der Praxis auch hin und wieder praktiziert.

Eine weitere, wenn auch schwierigere Möglichkeit, einen Konflikt zumindest beizulegen, ist die **Isolation des Konfliktes**. Die Konfliktparteien entscheiden in beiderseitigem Einvernehmen, das strittige Thema ruhen zu lassen. Es auszublenden, nicht mehr anzusprechen oder aufzuheizen. Diese Form der Konfliktbeendigung braucht hohe Konzentration in der Kommunikation. Gleichzeitig braucht es den beidseitigen Wunsch, trotz dieses Konflikts, zu anderen Themen weiterhin zusammenarbeiten zu wollen.

3. Konflikte zwischen Gruppen

a. Denk- und Verhaltensmuster zwischen Gruppen

Was oben über Wahrnehmungsprozesse einzelner Menschen beschrieben wurde, gilt analog auch für Wahrnehmungsprozesse von Gruppen. Gruppen neigen dazu, sich ihre eigenen Wahrheiten über andere Gruppen und deren Themen zu *konstruieren* und dies als *die* Realität zu betrachten. Gruppen neigen dazu, sich von anderen Gruppen abzugrenzen. Im extremen Fall wird die andere Gruppe als Gegner betrachtet, obwohl dies von der Zielführung her, in dieser scharfen Form, gar nicht notwendig wäre.

Je nach Dynamik innerhalb der Gruppe kann es dazu kommen, dass Argumente *gegen* die andere Gruppe ein Aufschaukeln erleben, was starke Vorurteile und sogar Urteile ergeben kann. Mitunter werden Hypothesen entwickelt, wie und mit welcher Strategie die andere Gruppe unserer Gruppe schaden könnte, obwohl dies gar nicht das eigentliche Ansinnen der anderen Gruppe sein muss. Gruppen können sich so anderen Gruppen gegenüber kommunikativ verschließen. Eine Zusammenarbeit geschieht dann meistens nur noch rein strategisch und mit viel Misstrauen. Konflikte zwischen Gruppen lassen sich aus diesem Grund nur sehr schwer und mit hohem Auswand auflösen. Die Mechanismen der Dynamik innerhalb von Gruppen[14] können stabilisierend hinsichtlich der Abgrenzung zu einer anderen Gruppe wirken. Die jeweilige Alpha-Position einer Gruppe kann einen Konflikt gegen die andere Gruppe bewusst aufrechterhalten oder schüren, denn damit sichert sie sich ihre Macht, ihren Einfluss oder Bedeutung. Gruppenkonflikte können nur beigelegt werden, wenn die jeweiligen Alpha-Positionen dies fördern. Wird diese Dynamik nicht aufgedeckt, thematisiert oder analysiert, bleibt sie ein unbewusstes Muster des Verhaltens, das sich nur schwer selbst konstruktiv auflöst. Es bedarf also der aktiven Lösungssuche bei Konflikten zwischen Gruppen, im Idealfall mit allen Beteiligten beider Gruppen. Beide Gruppen sollten dabei aber in und mit ihrer ursprünglichen Gruppen-Identität erhalten bleiben und respektiert werden.

b. Umgang mit verschiedenen Listen im Gremium

Verschiedene Listen innerhalb eines Gremiums tragen verschiedene Identitätskriterien in sich und vertreten diese auch nach außen. D. h. Kriterien zur Abgrenzung gegenüber einer anderen Liste wirken nach innen identitätsfördernd und werden aus wahltaktischen Gründen öffentlich nach außen kommuniziert. Die Belegschaft hat mit den Betriebsratswahlen die Möglichkeit, sich zu entscheiden, welche Liste wie groß innerhalb des Gremiums wird. Es gibt also unauflösbare Mechanismen, die eine Konkurrenzsituation im Gremium fördern und die man sich auch nicht wegwünschen kann. Die demokratischen Prinzipien sowie die gruppendynamischen Prinzipien wirken zusammen.
Die sich ableitende Frage ist die, wie stark sich diese Situation auf die gesamte Arbeit des Gremiums negativ auswirkt und wie sehr sie das eigentliche Ziel beeinträchtigt, nämlich sich für die Interessen der Belegschaft einzusetzen. Versucht man nun, diese Interessen jenseits aller wahltakti-

---

14 Siehe Kapitel V. 2. c.

schen Manöver zu analysieren und stellt fest, dass es hier eine mögliche Schnittmenge gemeinsamer Interessen gibt, hat man einen Ansatzpunkt gefunden, gemeinsam zu verschiedenen Themen in die gleiche Richtung aktiv sein können. Hieraus lässt sich nun ein demokratischer Kompromiss entwickeln, der im Sinne der Belegschaft ausgehandelt, beschlossen und mit der Arbeitgeberseite verhandelt werden kann. Es ist also möglich, dass ein Konflikt zwischen Fraktionen abgefedert werden kann und mit den Mitteln der demokratischen Prinzipien rein auf der inhaltlichen Ebene durch den gemeinsamen Disput, durch Diskussion, mit Abstimmungen und Beschlüssen, sowie den nachfolgenden Maßnahmen von einer emotionalen Ebene auf eine rein pragmatische Ebene des Gebens und Nehmens, des Aushandelns und vieler Gespräche heruntergebrochen werden kann. Starke Emotionen können hier stören, denn die oben beschrieben demokratischen Prinzipien sind wie sie sind. Emotionen, Ärger oder starker Frust über Dinge, die nicht zu ändern sind, schaden dem übergeordneten Interesse und helfen dem Gesamten nur bedingt.
Anders verhält es sich, wenn die Situation zwischen Fraktionen bereits auf der Stufe eines starken persönlichen Konflikts angelangt sein sollte. In diesem Fall greifen hoffentlich noch die funktionierenden demokratischen Prinzipien und die noch verbindenden Kooperationsmöglichkeiten; die Gestaltung der Zusammenarbeit wird jedoch mit toxischer Kommunikation, Misstrauen und möglicherweise Lügen oder Beleidigungen untermauert. Diese Form eines Konflikts zwischen Gruppen, verbunden mit starken Emotionen und allen Merkmalen des persönlichen Kampfes, lassen eine konstruktive Lösung nur dadurch zu, dass a) die nächste Wahl möglicherweise zu anderen Mehrheitsverhältnissen und so zu einer Musteränderung des Konfliktverhaltens führt, b) die Fraktionen und ihre Mitglieder sich bewusst und ehrlich dafür entscheiden, die persönliche Ebene durch Klärung zu bearbeiten, oder c) einzelne Mitglieder, die persönlich zu sehr unter der Konfliktsituation leiden, sich entscheiden, auszusteigen und somit den Konflikt zu verlassen.
Alle drei Möglichkeiten bringen jedoch keine Garantie mit sich zu einer dauerhaften Ruhe zu gelangen, denn Konflikte entwickeln ihre eigenen Dynamiken, die unvorhersehbare Entwicklungen nehmen können, ebenso unvorhersehbare Wendungen, aber auch Folgen und sogar Spätfolgen für Einzelne haben können. Es braucht also den bewussten Einstieg auf die Ebene der allseitigen Vernunft, um vom heißen Kampf gegeneinander zu vernünftigen Arrangements einer zielorientierten Zusammenarbeit für die Belegschaft zu gelangen.

c. Bearbeitungsformen für Konflikte zwischen Gruppen

Wichtige Entscheidungen, die zur Bearbeitung von Konflikten zwischen Fraktionen zu treffen wären, sind:

- Sind alle Beteiligten mit der Einleitung eines Klärungsprozesses einverstanden?
- Können sich alle Beteiligten auf gemeinsame Regeln innerhalb der Durchführung des Klärungsprozesses einigen?
- Wird der Prozess durch eine externe Moderation, ausgestattet mit Erfahrung und methodischer Kompetenz zu solchen Prozessen, begleitet oder findet der Prozess in Eigenregie statt?
- Wenn letzteres, wer hätte welche Rolle, und wie?
- Wie viel Zeit (in Monaten) möchten man sich für den Prozess geben und wie hoch wäre der zeitliche Aufwand innerhalb einer Woche?
- Wer trägt anfallende Kosten? Wie werden diese verhandelt, verteilt? Durch wen, mit wem?

Mögliche **Bearbeitungsschritte** innerhalb des Klärungsprozesses unter systemischen Gesichtspunkten wären:

1. Erarbeitung von Beschreibungen der Selbstwahrnehmung bzw. von Selbstbildern der jeweiligen Gruppen, getrennt in den jeweiligen Gruppen. Wer sind wir? Wofür stehen wir? Was ist uns wichtig? Wodurch unterscheiden wir uns von den anderen?
   Aber auch: Welche Gemeinsamkeiten sehen wir?
2. Erarbeitung eines Fremdbildes der anderen Gruppe.
   Was glauben wir, wer sie sind? Was ihnen wichtig ist? Wofür sie stehen?
3. Erarbeitung des vermuteten Fremdbildes der anderen zu uns.
   Was glauben wir, wie die anderen uns sehen? Was denken sie, was uns wichtig ist? Was denken sie, wofür wir stehen?
4. Gegenseitige Vorstellung der Selbstbilder, der Fremdbilder und der vermuteten Fremdbilder. Schritt für Schritt im Modus des aktiven Zuhörens und Verstehens.
   Ziel: ein gemeinsames Erkennen von bisherigen starken Missverständnissen und Vorurteilen über die andere Gruppe.
5. Danach: Gemeinsames Erkennen möglicher Schnittmengen und gemeinsamer Interessen; aber auch gemeinsames Erkennen trennender Bereiche und Akzeptanz dieser.
6. Wiederum in den getrennten Gruppen: Was von dem Gehörten übernehmen wir in unser künftiges Bild der anderen? Was aus unserem alten Bild werden wir streichen? Wie werden wir uns künftig grundsätzlich verhalten? Welche Verhaltensweisen werden wir fördern,

welche unterlassen? Welche Verhaltensweisen erwarten wir von den anderen?

7. Gemeinsame Präsentationen der erarbeiteten neuen Sichtweisen zu Denken und Verhalten. Gemeinsame Erarbeitung gemeinsamer Vereinbarungen zu künftiger Zusammenarbeit. Sowie: Regelungen zu Erste-Hilfe-Maßnahmen bei großen Verstößen und zu der Notwendigkeit von Ehrenrunden, sollten Konflikte wieder aufbrechen.
8. Vereinbarungen bezüglich Review-Schleifen zu den getroffenen Vereinbarungen und deren Einhaltung.
9. Gemeinsame Feier und Würdigung des Erreichten.

Auch hier gilt: Die oben beschriebenen Schritte sind denkbare Möglichkeiten, um zu einer gemeinsamen Klärung kommen zu können. Nicht alle Schritte und die damit verbundenen Fragestellungen passen zu jeder Situation jederzeit. Hier muss auf einer Meta-Ebene stets abgewogen werden, welcher Schritt mit welcher Frage sinnvoll wäre. Auch ein solcher Prozess verläuft nicht logisch, linear, sondern dynamisch. Es braucht jedoch ein bewusstes Einlassen aller Beteiligter und die Bereitschaft die *heißen Kartoffeln* des aktuellen Konflikts ruhen zu lassen, um zu ersten pragmatischen Vereinbarungen kommen zu können. Vertrauen wird erst Schritt für Schritt wieder aufgebaut und kann nicht automatisch zu Beginn des Prozesses erwartet werden. Also auch hier keine Wunder erwarten. Wenn die eingebrachte Offenheit zur Konfliktklärung einen konstruktiven Prozess und vor allen Dingen ein Befrieden der Beziehungsebene zulässt, ist ein großer Schritt getan. Sollte dies nicht möglich sein oder im Verlaufe des Prozesses als sinnlos erkannt werden, kann zumindest über den jeweils kleinsten gemeinsamen Nenner verhandelt werden.

4. Passiv-aggressives Verhalten

Sind die gegenseitigen Beziehungen in Gruppen nicht geklärt, es also ungelöste Spannungen oder Konflikte gibt, dann kann es zu Verhaltensweisen von Mitgliedern der Gruppe kommen, die man als passive Aggressivität bezeichnet. Passiv deswegen, weil die Störungen nicht aktiv gelöst werden, dennoch aber *gezeigt* werden. Aggressiv, weil sie in ihrer dargebrachten Form ein kooperatives oder harmonisches Miteinander stark beeinträchtigen oder schlimmer noch: sabotieren.

In Betriebsratsgremien können diese Verhaltensweisen auftreten, wenn es noch nicht gelungen ist, die wesentlichen Aspekte der Zusammenarbeit zu klären. Insbesondere, wenn:

1. ungeklärte Ansichten über die gemeinsame Richtung der Arbeit existieren;
2. ein Groll gegenüber der Arbeit, der Rolle oder Art des Betriebsratsvorsitzes herrscht;
3. mehre Fraktionen im Gremium vertreten sind, die gegeneinander arbeiten;
4. ungelöste Konflikte unter den Betriebsräten bestehen;
5. Mitglieder sich nicht ernstgenommen fühlen oder
6. Mitglieder ihre eigene Rolle nicht verantwortlich ausführen.

Dennoch muss an dieser Stelle darauf hingewiesen werden, dass das Beobachten von Verhaltensweisen Anderer immer mit dem Aspekt der Wahrnehmungsverzerrung zu tun haben kann. D. h., nicht jedes als störend beobachtete Verhalten hatte eine negative Absicht. Tritt passive Aggressivität jedoch in erkennbaren Wiederholungen auf, so das eindeutige Verhaltensmuster beobachtbar sind und diese Beobachtungen andere Personen teilen können, kann man von einer Eindeutigkeit sprechen.

Das Verhalten bei passiver Aggressivität steht nicht im Einklang mit dem, was eigentlich ausgesagt werden soll. Es wird etwas anderes gezeigt, als ausgesprochen werden würde, würde man die Motive, die hinter den Verhaltensweisen liegen, ansprechen. Viele Menschen greifen jedoch auf diese Muster zurück, weil sie die Möglichkeit des offenen Dialoges oder der konstruktiven Konfliktklärung nicht anwenden. Möglicherweise liegt hinter der Verhaltensweise auch eine Art der Bestrafung, ohne diese konkret auszudrücken, jedoch in der Annahme, dass das Verhalten als Bestrafung aufgefasst wird, was aber ein Irrtum ist. Im Folgenden werden wir uns eine Liste häufig auftretender typischer Verhaltensweisen anschauen und am Ende auf Reaktionsmöglichkeiten eingehen.

a. Offenkundiges Zuspätkommen

Hiermit ist ein grundloses Zuspätkommen zu Sitzungen gemeint, ohne sich zu entschuldigen oder zu erklären. Auf diese Art soll eine Missachtung der Autorität des Vorsitzenden gezeigt werden oder eine Missachtung der Gruppe. Ziel ist es, die Arbeit der Gruppe zu beeinträchtigen oder zumindest zu stören. Gleichzeitig schreibt man sich selbst eine Art von Wichtigkeit zu, weil auf Zuspätkommende fälschlicherweise häufig Rücksicht genommen wird, indem die Sitzung neu begonnen wird, gewartet wird oder man zusammenfasst, was bisher besprochen wurde.

b. Falscher Humor – Sarkasmus

Hierbei geht es um Witze, die eigentlich keine sind. Witze, die nicht gemacht werden, um ehrlich miteinander zu lachen, sondern Witze, die auf Kosten von jemandem oder etwas gemacht werden. Es wird mit einer verdeckten Botschaft gearbeitet, es soll etwas transportiert werden, was nicht direkt angesprochen wird. Gefährlich dabei ist, dass diese Form des Humors Lacher erzeugt und somit mindestens bei einem Teil der Gruppe *ankommt*. Unklar bleibt jedoch, welche Botschaft genau ankommt. In der Regel sorgt diese Form der passiven Aggressivität für Verunsicherung, im schlimmsten Fall zur Spaltung der Gruppe.

c. Nicht-Zuhören

In den Sitzungen zwar anwesend sein, aber nicht zuhören und nicht mitwirken, Zeitung lesen oder sich mit dem mobilen Endgerät beschäftigen, obwohl gemeinsame Regeln dies eigentlich untersagen. Hierbei geht es um eine aktive Missachtung, die zeigen soll, dass das, was das Gremium tut, als völlig uninteressant oder gar als falsch betrachtet wird. Auch dieses Verhalten kann schnell Nachahmer finden und somit stark zu einer Beeinträchtigung der Leistung der Gruppe beitragen.

d. Pseudo-Rückmeldungen

Hierbei werden Dinge gelobt, die eigentlich gar nicht lobenswert sind und den eigentlichen Kern der Arbeit gar nicht treffen. Zum Beispiel, dass eine Sitzung gut vorbereitet wurde, anstatt das gelobt wird, wie sie geleitet wurde und welche Ergebnisse erzielt wurden. Es geht hierbei darum, sich selbst zu erhöhen, in dem man Rückmeldung zu anderen gibt. Es geht jedoch nicht darum, durch treffendes und konstruktives Feedback zu einer Verbesserung der gemeinsamen Arbeit beizutragen.

e. Bewusst keine positive Rückmeldung geben

Dieses Verhalten geht in eine ähnliche Richtung. Es wird zwar Rückmeldung gegeben, auch zu konkreten Inhalten, Ergebnissen oder Verhaltensweisen. Jedoch wird bei allem, was rückgemeldet wird, darauf geachtet, dass es nicht als positives Feedback verstanden werden kann. Auch hier steckt eine Überhöhung des Feedbackgebers und eine Abwertung der etwas leistenden Personen dahinter. Aber stets ohne das selbst Verantwortung übernommen wird.

f. Bewusstes Nicht-Antworten auf Nachrichten

E-Mails oder Sprachnachrichten werden nicht beantwortet oder ignoriert. Auch dieses Verhalten soll Desinteresse zeigen und transportieren, dass die Inhalte nicht wichtig sind oder man sich nicht einlassen möchte. In der Regel soll eine eigene gewisse Wichtigkeit vermittelt werden. Auch hier geht es darum zu signalisieren, dass die Themen und Inhalte eigentlich nicht relevant sind.

g. Vereinbarungen werden konsequent nicht eingehalten

In Sitzungen, auf der Bühne des Gruppengeschehens sozusagen, werden Vereinbarungen getroffen, die dann hinter dem Vorhang jedoch nicht mehr eingehalten oder umgesetzt werden. Es findet ein gewisses Spiel statt, das auf der einen Seite Kooperation zeigen soll, sie auf der anderen Seite jedoch unterläuft, indem signalisiert wird, dass Vereinbarungen und die damit verbunden Themen nicht wirklich wichtig sind.

h. Permanente Umleitung des Themas

Das eigentliche gerade anstehende Thema wird nicht aufgegriffen, sondern es wird zu den eigenen Lieblingsthemen umgeleitet. Hier wird signalisiert, dass alle anderen Themen weniger wichtig sind als das eigene Thema. Würde dieses Thema jedoch bearbeitet und abgeschlossen werden, würde es durch ein neues Thema ersetzt werden. Auch hier geht es eher um ein Spiel, das zeigen soll, dass durch passiv aggressives Verhalten Einfluss ausgeübt werden kann, ohne im eigentlichen Sinne über die gesamte Themenlage eines Gremiums sprechen zu wollen oder sich konstruktiv zu beteiligen.

i. Bewusst das Gegenteil machen

Eigentliche Vereinbarungen werden nicht aufgegriffen und umgesetzt, sondern es wird genau das Gegenteil gemacht. Hier wird gezeigt, dass man zwar aktiv ist, sich jedoch nicht einfangen lässt und vornehmlich sein eigenes Ding macht. Im eigentlichen Sinne könnte man dafür nicht kritisiert werden, weil man ja aktiv ist, gezeigt wird jedoch auch, dass man zur konstruktiven Kooperation nichts beitragen kann und möchte. Schon gar nicht möchte man anderen folgen.

j. Reaktionsmöglichkeiten auf passive Aggressivität

Wie bereits erwähnt, kann der Ursprung und der Kontext dieser Verhaltensweise unterschiedlich sein. Möglicherweise entspringt das Verhalten aus einem Überlegenheitsgefühl oder aber auch aus einem Gefühl der Unterlegenheit. Nicht selten verfügen Menschen, die dieses Verhalten zeigen, nicht über die notwendigen Kompetenzen, Konflikte anzusprechen oder über ihre eigenen Wünsche oder Bedürfnisse zu sprechen. Möglicherweise handelt es sich bei der gezeigten Verhaltensweise um lange eingeübte unbewusste Verhaltensmuster, die bislang nicht hinterfragt bzw. verändert werden mussten. Steigen Menschen mit diesen Verhaltensmustern in Kooperationen ein, können sich diese Muster für die Mitarbeit in einer Gruppe jedoch als unproduktiv erweisen. Dadurch, dass diese Muster in eine Gruppe getragen werden, und ihnen gegebenenfalls nicht widersprochen wird, haben sie das Potential zu mehr oder weniger akzeptierten Mustern der Gruppe zu werden. Sie können sich verfestigen.

5. Der konstruktive Umgang mit schwierigen Kollegen

Nichtkonstruktive Verhaltensweisen haben im Gremium, wie bereits erwähnt, starke zerstörerische Kräfte, werden diese nicht offen thematisiert.[15] Das offene Ansprechen ist dabei bereits ein halber Gewinn, denn auch, wenn die betroffene Person ihr Verhalten nicht ändern sollte, liegt jedoch ein Großteil der Aufmerksamkeit der Kolleginnen und Kollegen mittlerweile bei ihr. Die Verantwortung zu einer Verhaltensänderung wandert nun zum *Störenfried*. Es ist also in jedem Fall ratsam, nicht großzügig über passive Aggressivität oder auch aktive Disruption hinwegzusehen, sondern sie anzusprechen.
Möglichkeiten hierzu sind:
- Einzelgespräche am Rande von Sitzungen;
- die unmittelbare Reaktion in der Sitzung;
- eine Blitzlichtrunde am Ende einer Sitzung zur Wahrnehmung der Stimmung in der Gruppe;
- eine vertrauensvolle Vermittlerperson bitten mit dem Kollegen zu sprechen;

15 Baschab, F.: Podcast AiB Audio. Strategien beim Umgang mit schwierigen Kollegen; *https://www.bund-verlag.de/aib-podcast*. 06/2024.

- ein Aufgreifen der beobachteten Verhaltensweise auf der nächsten Klausur, offen, in der gesamten Gruppe.

Erst, wenn nach einer Adressierung des nicht erwünschten Verhaltens keine Veränderung geschieht, kann oder muss man vielleicht in den Modus des *Duldens-des-nicht-Optimalen* übergehen. Man hat alles getan, um zu einer einvernehmlichen Lösung zu kommen, kommt möglicherweise aber nicht weiter. Dennoch kann man dann aus der Haltung des *Erleidens* der Situation, in den Modus des *Ertragen-Könnens* kommen, denn wir können Menschen nicht ohne ein Mandat ändern. Was wir aber ändern können, ist unsere innere Einstellung dazu, denn am Ende ist es beispielsweise unser Schlaf, den wir uns nehmen lassen und zum Beispiel unser Magengeschwür, das wir uns mit andauerndem Ärger über eine Person einhandeln können. Wir haben aber durch unsere mentale Einstellung selbst in der Hand, ob wir es dazu kommen lassen.

6. Mobbing

a. Was ist Mobbing?

Eine extreme Form des Sich-durchsetzen-Wollens um jeden Preis ist Mobbing. Mobbing unterscheidet sich in Absicht und Verlauf deutlich von der Austragung von Konflikten. Mobbing ist ein systematisches und länger andauerndes Schikanieren, Demütigen und Ausgrenzen von Menschen, verbunden mit einer massiven Störung des Betriebsfriedens. Mobbing ist eine subtile und niederträchtige Form von Gewalt, die gleichzeitig geheim und öffentlich stattfindet. Diese Gewalt führt beim Opfer zu Grübel-Kreisläufen, negativen Fantasien und starken psychischen Beeinträchtigungen. Im Kontext der Arbeit in einem Betrieb kann Mobbing den beruflichen *Tod* eines Individuums zur Folge haben, begleitet von einem finanziellen Schaden, sowie der Zerstörung der Reputation. Im Extremfall kann Mobbing auch zum physischen Tod der betroffenen Person führen. Der Ort, in dem das Mobbing stattfindet, ist zwar der Betrieb, die Abteilung, das Team oder die Arbeitsgruppe. Der Ort, an dem Mobbing wirkt, ist aber die Psyche der gemobbten Person.[16]

Mobbing ist stets ein ungleicher Kampf, bei dem bereits im Vorfeld Gewinner und Verlierer feststehen. Sieg und Niederlage ist nur eine Frage der Zeit. Macht und Ohnmacht sind deutlich erkennbar. Deshalb ist Mobbing

16 Vgl. Wyrwa, H. 2012.

zu unterscheiden von Konflikten, die eher ergebnisoffen und auf Augenhöhe ausgetragen werden. Bei der Lösung von Konflikten werden in der Regel Kompromisse geschlossen. Mobbing in seiner perfiden Eigendynamik möchte das nicht, sondern möchte gewinnen.[17] Im heutigen gesellschaftlichen Rahmen mit einer Zunahme beleidigender Kommunikation in den sozialen Medien, Cybermobbing im und um den schulischen Alltag und gewaltvoller Sprache durch öffentlich wirkende Personen werden die Themen Mobbing, Ausgrenzung und Diskriminierung künftig noch weniger vor den Werktoren haltmachen.[18]

aa. Die Merkmale von Mobbing:

- systematische Wiederholung personenzentrierter destruktiver Handlungen;
- Zielgerichtetheit;
- eine gewisse Dauer;
- ein asymmetrisches Machtverhältnis und
- bewusste Schädigungsabsicht.

bb. Faktoren der Mobbingbereitschaft:

- Machtstreben, Kündigungsabsicht, Neid, Eifersucht, Erfolgswillen, Erfolgsdruck;
- soziale Faktoren, wie gruppendynamische Kämpfe, unklare Kommunikation, schlechtes Feedback, ungeklärte Konflikte oder Hypothesen über Absichten anderer;
- individuelle Faktoren, wie Arbeitsleistung, Persönlichkeitsmerkmale, Stil, Auftreten.

cc. Wer wird häufig Opfer?

Studien[19] besagen, Mobbing-Opfer sind zu großen Teilen:

- Mitarbeiter, die ihre Führungskräfte unerwünscht kritisiert haben;
- Mitarbeiter, die als Konkurrenz empfunden werden;
- Mitarbeiter mit starker Leistungsfähigkeit;
- ein beliebiger Mitarbeiter, wenn ein Sündenbock gebraucht wird;
- Personen, deren Arbeitsbereich die mobbende(n) Person(en) an sich ziehen will/wollen.

---

17 Vgl. Esser, A./Wolmerath, M. 2015.

18 Mobbing wirkungsvoll begegnen – ein Ratgeber der IG Metall, Arbeitshilfe 16, IG Metall Vorstand 2017.

19 Ebenda.

Hinweis:
In über der Hälfte der registrierten Mobbingfälle werden Mitarbeitende von ihren Vorgesetzten gemobbt.

dd. Der Verlauf von Mobbing

Mobbing hat einen konsequenten Verlauf und die resultierenden Reaktionen im psychischen System des Opfers sind in der Regel folgende:

1. **Start mit einem ungelösten Konflikt oder einer Mobbingabsicht.**
   Verursacht Stress beim Betroffenen.
2. **Wiederholungen des Mobbens durch den Mobber.**
   Beschwerden verstärken sich (Antriebslosigkeit, Gereiztheit, Aggression, Depression, Herz- und Kreislaufbeschwerden).
3. **Reaktionen der Unternehmensleitung, des Betriebsrats, der Gewerkschaft; aber oft begleitet durch eine destruktive Personalverwaltung.**
   Symptome nehmen dennoch weiter zu (Gefühl der Ohnmacht, Hilflosigkeit).
4. **Professionelle Hilfe für den Gemobbten.**
   Symptome stabilisieren sich, bleiben aber bestehen.
5. **Ausstieg aus der Firma oder dem Arbeitsleben.**
   Ein negatives Gefühl bleibt zurück, Unverständnis, Verlust des Selbstwertgefühls und der Selbstwirksamkeit, Depression.

b. Rechte und Pflichten des Betriebsrats bei Mobbing

Sollte der Betriebsrat auf Mobbing angesprochen werden/sollten Betroffene sich beim Betriebsrat beschweren, so muss er dies ernst nehmen und aktiv auf Abhilfe drängen. Verantwortlich für die Klärung ist der Arbeitgeber. Hier gilt: lieber früher als später. Auch wenn der Sachverhalt noch uneindeutig ist, muss der Betriebsrat die Beschwerde prüfen. Hält der Betriebsrat die Beschwerde für berechtigt, muss er den Arbeitgeber auffordern, Maßnahmen zu ergreifen. Welche genau liegt in der Verantwortung des Arbeitgebers. Der Betriebsrat kann, sollte der Arbeitgeber nicht angemessen reagieren, das Thema bis hin zur Einigungsstelle bringen. Der Betriebsrat kann zudem die Versetzung oder Entlassung der mobbenden Person fordern. Die betroffene Person braucht hierzu eine Dokumentation der Handlungen oder der Kommunikation gegen sie, in Form eines Mobbingtagebuchs. Dies ist als Basis für die rechtliche Reaktion unerlässlich.

Checkliste für Betriebsräte bei Mobbingfällen[20]

1. **Erstkontakt mit der betroffenen Person**
   Beratungsgespräch:[21] Beschwerde anhören, Sachverhalt aufnehmen, Dokumentation anregen (Mobbingtagebuch mit Datum, Vorfall, Zeugen) und Schutzbedürfnis der betroffenen Person klären (Gesundheitszustand, sofortige Maßnahmen, wie z. B. das Einschalten der Behörden).
2. **Rechtslage klären**
   Der Betriebsrat analysiert die Situation und prüft seine rechtlichen Möglichkeiten, wie z. B. § 84 BetrVG (Beschwerderecht), § 85 BetrVG (Abhilfe), § 104 BetrVG (Versetzung/Entlassung bei Störung des Betriebsfriedens). Dies ist nur eine kleine Auswahl der rechtlichen Reaktionsmöglichkeiten.
3. **Kontakt und Gespräch zum Arbeitgeber**
   Der Betriebsrat muss die Beschwerde, wenn er sie für berechtigt hält, weiterleiten und Abhilfe durch konkrete Maßnahmen einfordern und dem Arbeitgeber Fristen setzen.
4. **Unterstützung des Betroffenen**
   Der Betriebsrat kann den Betroffenen zu Gesprächen begleiten (als Zeuge und als Schutz). Er kann psychologische Hilfe organisieren, den Betriebsarzt, psychologische Beratung, die Gewerkschaft oder auch einen Anwalt.

c. Präventionsmaßnahmen im Betrieb

Der Betriebsrat hat die Möglichkeit auf die Wahrung des Betriebsfriedens zu drängen, er kann den Arbeitgeber hierzu drängen. Die rechtlichen Möglichkeiten sind, wie bereits erwähnt, gegeben.
Maßnahmen zur Prävention von Mobbing, und damit auch von destruktiven Handlungen, wie Ausgrenzen, Schikanieren oder Diskriminieren, die der Betriebsrat anregen kann, können sein:

1. **Schulungen der Führungskräfte** mit Einfluss des Betriebsrats auf die Inhalte der Schulungsprogramme, die Führungskräften Konfliktkompetenzen und Kommunikationskompetenzen an die Hand geben, sowie modernes Handwerkszeug.
2. **Sensibilisierung der Belegschaft** durch Informationsmaterial oder Informationskampagnen; Schulungen; Workshops; Gespräche in Abteilungen, Teams oder mit Einzelnen.

---

20 Vgl. Baschab, F. 2025.
21 Siehe Kapitel V. 5..

3. **Betriebsvereinbarungen** dazu mit dem Arbeitgeber verhandeln; mit klaren Ansprechpartnern, Vorgehensweisen, Regelungen, Sofortmaßnahmen und Programmen.
4. **Niedrigschwellige Anlaufstellen** schaffen, wie z. B. Ombudsstellen, die für das Thema und für dazu notwendige Beratungsgespräche besonders sensibilisiert und geschult wurden.

Literatur

Baschab, F.: 7 Fragen zur Führung eines Gremiums. In: Betriebsrat und Mitbestimmung 9/2024

Baschab, F.: Führen, ohne zu herrschen. In: AiB 2/2024

Baschab, F./Kolovos, A.: Tipps für Betriebsratsvorsitzende und Tipps für Betriebsrats- und Ausschussvorsitzende – Rechtliche Grundlagen – Führungswissen – Soziale Kompetenzen. 5. aktualisierte und neu bearbeitete Auflage, Bund Verlag, 2025

Baschab, F.: Mediation: Unter welchen Bedingungen die Methode Erfolg hat. In: Frankfurt in Takt, Magazin der Hochschule für Musik und Darstellende Kunst, Frankfurt am Main, 2021–2, S. 36–37

Baschab, F.: Mobbing: Auch im Betrieb ein Thema. In: AiB 1/2025

Baschab, F.: Betriebsratsführung: 5 Fallstricke vermeiden. In: AiB 2/2024

Bregmann, R.: Im Grunde gut. Eine neue Geschichte der Menschheit. 8. Auflage, Rowohlt Taschenbuch Verlag, 2022

Edding, C./Schattenhofer, K. (Hg.): Handbuch Alles über Gruppen. Theorie, Anwendung, Praxis. Weinheim/Basel: Beltz, 2009

Eidenschink, K.: Die Kunst des Konflikts. Heidelberg, 2024

Endreß, M.: Vertrauen. Transcript-Verlag, 2002

Esser, A./Wolmerath, M.: Mobbing und psychische Gewalt. Der Ratgeber für Betroffene und ihre Interessenvertretung. Bund-Verlag, 2015

Geisbauer, W.: Reteaming und Neue Autorität. Lösungsorientiert in eine neue Arbeitswelt. Erste Auflage. Heidelberg: Carl-Auer Verlag, 2023

Helms, H./Rehbock, A.: Tipps für neu- und wiedergewählte Betriebsratsmitglieder. 7., aktualisierte und neu überarbeitete Auflage, Bund-Verlag, 2022

Kindl-Beilfuß, C.: Fragen können wie Küsse schmecken. Systemische Fragetechniken für Anfänger und Fortgeschrittene. 10. Auflage, Carl-Auer Verlag, 2021

König, O./Schattenhofer, K.: Einführung in die Gruppendynamik. 4. Auflage, Heidelberg (Carl-Auer Compact), 2010

Löhmer, C./Standhart, R.: Themenzentrierte Interaktion. Die Kunst, sich selbst und eine Gruppe zu leiten. 2. Auflage, Mannheim: PAL Verlagsgesellschaft, 1994

Malik, F.: Führen Leisten Leben. Wirksames Management für eine neue Welt. Durgesehene und erweiterte Neuausgabe, Frankfurt: Campus Verlag, 2019

Pondy, L. R.: Organizational Conflict: Concepts and Models. Administrative Science Quarterly, 12/1967

Schulz von Thun, F.: Miteinander reden: 1 – Störungen und Klärungen. Allgemeine Psychologie der Kommunikation. 1981

Schmidt, G.: Liebesaffären zwischen Problem und Lösung. Hypnosystemisches Arbeiten in schwierigen Kontexten. 6. Auflage, Heidelberg: Carl-Auer Verlag, 2010

Schmidt, G.: Einführung in die hypnosystemische Therapie und Beratung. 8. Auflage, Heidelberg: Carl-Auer Verlag, 2016

Schwartau, B.: Betriebsratsarbeit gut organisiert. Bund-Verlag, Frankfurt am Main, 2019

Simon, F. B.: Einführung in die Systemtheorie des Konflikts. 1. Auflage, Heidelberg: Carl-Auer Verlag, 2010

Sprenger, R. K.: Magie des Konflikts. Warum ihn jeder braucht und wie er uns weiterbringt. München: Pantheon Verlag, 2022

Watzlawick, P./Bavelas, J. B./Jackson, D. D.: Menschliche Kommunikation. Formen, Störungen, Paradoxien. Nachdruck der 8. unveränderten Auflage, Bern: Huber, 1993

Wyrwa, H.: Konfliktsystem Mobbing. Heidelberg: Carl-Auer Verlag, 2012

Internet-Quellen:

Schmidt, G.: Milton-Erickson-Institut Heidelberg, *www.meihei.de*

Schulz-von-Thun, F.: *www.schulz-von-thun.de/die-modelle/das-kommuni kationsquadrat*

Podcasts:

Baschab, F.: Podcast AiB Audio. Wie führt man als BR-Vorsitzender ohne Chef zu sein. *https://www.bund-verlag.de/aib-podcast.* 01/2024

Baschab, F.: Podcast AiB Audio. Strategien beim Umgang mit schwierigen Kollegen. *https://www.bund-verlag.de/aib-podcast.* 06/2024

Sonstige:

Mobbing wirkungsvoll begegnen – ein Ratgeber der IG Metall. Arbeitshilfe 16. IG Metall Vorstand, 2017

Stichwortverzeichnis

Abteilungsversammlungen 53
Adrenalin 127
Amtszeit 20, 28, 33f., 55
Amygdala 127
Anhörung 35, 70, 74f., 77
Appell 135
Arbeitgeber 24, 35, 40, 49, 52, 56, 65, 81, 83
Arbeitnehmer*innen 24, 42, 47, 65, 75, 82, 88
Arbeitsgericht 33, 77, 82, 94, 99
Arbeitsgruppen 44, 71
Arbeitsverträge 63, 65, 76
Aufgaben des Vorsitzes 38
Ausschlussfristen 63
Ausschuss 44, 46, 52
Aussetzung von Beschlüssen 45

Beratungsgespräch 145
Beschlüsse 34
Beschlussfähigkeit 43
Beschlussverfahren 70, 77, 94, 99
Beschwerderecht 68, 80, 86
Betrieb 24
Betriebliche Bildungsmaßnahmen 84
Betriebliche Übung 65
Betriebsänderung 68, 81
Betriebsausschuss 44, 46
Betriebsrat 20
Betriebsräteversammlung (§ 53 BetrVG) 55
Betriebsratsmitglied
- Freistellung 19
Betriebsratssitzungen 34
Betriebsvereinbarung 26, 61, 63, 79, 82
Betriebsverfassungsgesetz 57, 60
Betriebsversammlung 51
Beziehung 134

Checkliste für Betriebsräte 189
Cortisol 127

Das limbische System 124
Das menschliche Gehirn 123
Direktionsrecht 66
Diskussion 145, 147, 152f.
- Kommunikationsquadrat 132
Diversität 130
Dopamin 129
Dynamische Balance 107

Eingruppierung 76
Einigungsstelle 51, 59, 68, 79, 82, 88, 90, 98
Ein- oder Umgruppierung 99
Einstellung 68, 74f., 99
Einstweilige Verfügung 78, 97
Ein- und Umgruppierungen 75
Emotionale Belastbarkeit 106

Empathie 152
Ersatzmitglieder 23, 39, 46
Erwartungen 18
Europäischer Betriebsrat 56

Fragetechniken 151
Freistellung 19, 26, 29f., 44, 68
Fristen 41, 46, 75, 77

Geben und Nehmen von Feedback 142
Gerichtsverfahren 79, 82, 93
Gesamtbetriebsrat 54, 68
Gesamtzusage 65
Geschäftsordnung 37, 44
Gesprächsleitfaden 148
Gesprächsstruktur 147
Gewerkschaft 25, 34, 41, 52, 58
Gremium 20
Gruppe 108
Gruppendynamik 109
Gruppenphasen 110
Günstigkeitsprinzip 66

Haftung 27

Ich-Botschaften 137
Informationsanspruch 72
Informationserlangung 68
Initiativrecht 79, 85
Integrität 153
Interessenausgleich 82, 91

Jugend- und Auszubildendenvertretung 38, 57

Kommunikation 123, 132
Kommunikationsfähigkeit 122
Konflikt 162
- Arten 168
- Beendigungsformen 177
- Eskalationsebenen 173
- Verlauf 170
Konflikte in Gruppen und Organisationen 167
Konflikte in Organisationen 165
Konflikte zwischen Gruppen 177
Konfliktfähigkeit 122
konfliktfreie Zusammenarbeit 163
Konfliktklärung 172
Konfliktklärungsgespräch 176
Konzernbetriebsrat 55, 68
Kooperationsfähigkeit 122
Kritikfähigkeit 122
Kündigungen 27, 59, 68, 70, 74, 77, 100

Ladung 38, 42, 46
Leiharbeitnehmer*innen 24, 76
leitende Angestellte 24, 49, 59, 74, 79
Lernbereitschaft 155
Lernen
- Gremium 158
- individuelles 139ff., 157
- Vergessen 158
Listenwahl 40
Lösungsorientierung 146

Mentale Stabilität 106
Missverständnisse 135
Mitbestimmung 32, 66, 68, 70f., 79, 86
Mitgliedschaft 18
Mobbing 186
Mobbingfälle 189

Nachladung 39
Niederschrift 44
Normenpyramide 66

Öffentlichkeitsarbeit 50
Oxytocin 129

Passiv-aggressives Verhalten 181
Personalplanung 68, 72 f., 84
Präventionsmaßnahmen 189
Problem 162
Protokoll 44
Psychologie 102

Qualifikation 144
Qualifizierung 31

Rangdynamik in Gruppen 112
Rechte und Pflichten des Betriebsrats bei Mobbing 188
Rolle in der Gruppe 105
Rollenerwartungen 105
Rollenverhandeln 140

Sachinhalt 134
Sachverstand 71, 82, 89
Sachverständige 28
Sarkasmus 183
Schulung 31 ff., 71
Schwerbehinderte Arbeitnehmer*innen 59, 61
Schwerbehindertenvertretung 38, 57
Selbstaussage 134
Selbstreflexion 155
Sitzung 168
Soziale Kompetenzen
- unangenehme Dinge ansprechen 104
Soziales System 108
Sozialplan 82, 91
Sprechstunde 51, 71, 80, 86, 91
Statuskämpfe in Gruppen 115
Straf- und Bußgeldvorschriften 68
Strafvorschriften 101

Tagesordnung 38, 42, 46
Tarifvertrag 61 f., 84
Teamfähigkeit 121
Team-Performance- 116
Teilfreistellungen 29

Umgang mit schwierigen Kollegen 185
Umgruppierung 74

Verantwortungsbewusstsein 122
Verhinderung 36 f.
Verlässlichkeit 122
Verlauf von Konflikten 170
Verlauf von Mobbing 188
Verschiedene Listen 178
Versetzung 68, 74 f., 99
Vertrauensvolle Zusammenarbeit 57
Vertrauenswürdigkeit 153
Vertraulichkeit 145
vier Kompetenzen 159
Vier-Ohren-Modell 132
Voreingenommenheit 129
Vorsitz des Betriebsrats 34
Vorurteile 129

Weiterbildung 85
Wertschätzung 122
Widerspruch 74, 78, 138
Wirtschaftsausschuss 49, 68, 72, 91

Zuhören, aktives 150
Zusammenarbeit 102
Zuspätkommen 182
Zustimmungsverweigerung 74

Kompetenz verbindet

Ewald Helml

Arbeitnehmer fragen – Betriebsräte antworten

Die 150 wichtigsten Fragen an den Betriebsrat
9., aktualisierte Auflage
2025. 687 Seiten, kartoniert
€ 49,-
ISBN 978-3-7663-7608-4

Sind Videoaufzeichnungen am Arbeitsplatz zulässig? Wann darf der Arbeitgeber eine Arbeitsunfähigkeitsbescheinigung anzweifeln? Und was zählt alles zur Arbeitszeit? Hier sind Antworten gefragt, die Ratsuchende leicht verstehen. »Arbeitnehmer fragen – Betriebsräte antworten« leistet dabei schnelle Hilfe. Gut strukturiert erhält der Betriebsrat konkrete Antworten auf die 150 wichtigsten Fragen der Beschäftigten. Damit kann er zuverlässig seine Funktion als erste Anlaufstelle im Betrieb und als kompetenter Arbeitnehmer-Berater wahrnehmen. Der Aufbau des praktischen Ratgebers orientiert sich am zeitlichen Ablauf eines Arbeitsverhältnisses. Die zentralen Fragen zu einem Themengebiet lassen sich so rasch nachschlagen und beantworten. Jeder Frage ist ein konkreter Fall vorangestellt, der den Einstieg in das Thema erleichtert.

Die neunte Auflage berücksichtigt die neue Rechtsprechung sowie aktuelle Themen wie mobiles Arbeiten und Homeoffice, den Beweiswert einer Arbeitsunfähigkeitsbescheinigung, Nachträgliche Änderungen im Arbeitszeugnis und wichtige Rechtsfragen zum Kündigungsrecht. Darüber hinaus wurden einige neue Fragen an den Betriebsrat sowie Tipps für die Praxis eingearbeitet.

Bund-Verlag